52 SEMANAS PELA BÍBLIA

UM ESTUDO BÍBLICO ANUAL

JOHN MACARTHUR

52 SEMANAS • PELA • BÍBLIA

UM ESTUDO BÍBLICO ANUAL

Tradução
Bruno Echebeste Saadi

THOMAS NELSON
BRASIL®

Título original: *52 Weeks through the Bible: A Year-Long Bible Study*

As citações bíblicas são da Nova Versão Internacional (NVI), a menos que seja especificada outra versão da Bíblia Sagrada.

Tradutor	Bruno Saadi
Preparação	Emanuelle Malecka
Revisão	Pedro Marchi e Jean Xavier
Diagramação	Caio Cardoso
Adaptação de capa e mapas	Lucas Massanéia

Dados Internacionais de Catalogação na Publicação (CIP)
(Benitez Catalogação Ass. Editorial, MS, Brasil)

M113c MacArthur, John
1.ed. 52 semanas pela bíblia : um estudo bíblico anual / John MacArthur, tradução Bruno Saadi. – 1.ed. – Rio de Janeiro : Thomas Nelson Brasil, 2025.
320 p.; 17 x 24 cm.

Título original: 52 weeks throught the bible: a year long bible study.
ISBN: 978-65-5217-329-4

1. Bíblia – Estudos. 2. Espiritualidade – Cristianismo. 3. Fé cristã. 4. Literatura devocional. 5. Palavra de Deus. 6. Princípios bíblicos. I. Saadi, Bruno. II. Título.

CDD 220 CDD 242

Índice para catálogo sistemático:
1. Literatura devocional : Cristianismo 242
Aline Graziele Benitez – Bibliotecária – CRB-1/3129

Rua da Quitanda, 86, sala 601A - Centro,
Rio de Janeiro/RJ - CEP 20091-005
Tel.: (21) 3175-1030
www.thomasnelson.com.br

SUMÁRIO

ANTIGO TESTAMENTO

NOVO TESTAMENTO

ANTIGO TESTAMENTO

"Esdras abriu o livro [...] Leram o livro da lei de Deus, interpretando-o e explicando-o, a fim de que o povo entendesse o que estava sendo lido" (Neemias 8:5,8). Embora esse grande renovo no interesse pelas Escrituras tenha ocorrido há mais de 2.400 anos, a necessidade essencial permanece para todas as gerações: ler e compreender a Bíblia e, assim, conhecer a bênção de Deus (veja Apocalipse 1:3).

Este é o objetivo de *52 semanas pela Bíblia*: guiá-lo, dia após dia, por passagens selecionadas da Escritura ao longo do próximo ano; proporcionar um panorama geral do conteúdo que você está lendo; oferecer algumas reflexões sobre a leitura e, após isso, incentivá-lo a responder perguntas de estudo. Tudo isso para ajudá-lo a conhecer e compreender de fato a Palavra de Deus. Você passará aproximadamente a primeira metade do ano (semanas 1-27) no Antigo Testamento, lendo cerca de dois a seis capítulos selecionados da Bíblia por dia (com exceção dos livros de 1 e 2Crônicas, cujo conteúdo é abordado em outros livros, como 1 e 2Samuel e 1 e 2Reis).

O Antigo Testamento pode ser dividido em cinco seções. Os primeiros cinco livros (Gênesis—Deuteronômio) formam uma unidade literária chamada Pentateuco, que significa "cinco rolos". Os cinco livros do Pentateuco foram escritos como uma sequência contínua, tanto em conteúdo quanto em ordem histórica, de modo que cada livro se inicia onde o anterior terminou. O Pentateuco começa com a criação do universo (Gênesis 1:1), narra a história de Abraão e dos patriarcas, descreve o êxodo dos hebreus do Egito e termina com os discursos de Moisés ao povo antes de entrarem em Canaã, a terra prometida por Deus. Tradicionalmente, acredita-se que Moisés seja o autor do Pentateuco (veja Êxodo 17:14; 24:4; Números 33:1-2; Deuteronômio 31:9). Por essa razão, esse compilado de livros também é conhecido como "Os livros de Moisés".

A próxima seção do Antigo Testamento (Josué—Ester) é conhecida como Livros Históricos. Esses doze livros iniciam com a ascensão de Israel na conquista da terra de Canaã sob a liderança de Josué. Depois disso, há um período em que o povo de Israel é governado primeiro por juízes (passando por diversas invasões estrangeiras) e depois por reis (Saul, Davi e Salomão). Após estes acontecimentos, segue-se um período de declínio, no qual a nação é dividida em dois reinos: Israel ao norte e Judá ao sul. O reino de Israel termina com a invasão da Assíria, e seu povo é, em grande parte, assimilado pela cultura do império estrangeiro. Já o reino de Judá chega ao fim com a invasão da Babilônia, mas seu povo se mantém seguro no Exílio, longe de sua terra natal. Com o domínio persa, os judeus exilados recebem permissão para retornar a Jerusalém em diferentes ondas, marcando o fim do período pós-exílico.

A próxima seção do Antigo Testamento (Jó—Cântico dos Cânticos) é conhecida como os Livros Sapienciais. Esses cinco livros retratam uma ampla gama de circunstâncias da vida sob o prisma divino. Alguns têm um propósito teológico, explorando o significado mais profundo da vida (Jó e Eclesiastes); outros expõem aspectos mais práticos da vida (Provérbios e Cântico dos Cânticos); e um livro (Salmos) é composto por uma coleção de cânticos ou poemas sagrados utilizados na adoração.

As duas últimas seções do Antigo Testamento são conhecidas como os Profetas Maiores (Isaías—Daniel) e os Profetas Menores (Oseias—Malaquias). Essa classificação se baseia no tamanho dos livros, pois os profetas maiores são, em geral, mais extensos e os menores, mais curtos. (Lamentações é incluído entre os Profetas Maiores em virtude de sua conexão com Jeremias.) Os profetas escritores surgiram durante o período do reino dividido de Israel, frequentemente advertindo o povo sobre o juízo de Deus caso não se arrependessem da idolatria e do pecado, e continuaram atuando no período pós-exílico. Esse período terminou cerca de quatrocentos anos antes da vinda de Cristo.

À medida que você percorre este estudo bíblico ao longo do próximo ano, lembre-se de que, apesar da abundância de livros, aplicativos e recursos disponíveis hoje, a Bíblia continua sendo a única fonte de revelação divina e poder para sustentá-lo em sua caminhada com Cristo. A Bíblia é a *fonte* da verdade de Deus (veja João 17:17). É a *fonte* da bênção de Deus quando é obedecida (veja Lucas 11:28). É a *fonte* da sua vitória sobre Satanás quando você a usa como uma arma (veja Efésios 6:17). É a *fonte* do seu crescimento espiritual (veja 1Pedro 2:2). É a *fonte* do seu poder como seguidor de Cristo (veja Romanos 1:16). Também é a *fonte* de orientação divina sobre como você deve viver (veja Salmos 119:105).

A Bíblia é importante para você como seguidor de Cristo porque contém a mente e a vontade de Deus para a sua vida. Ela é *infalível* em sua totalidade (veja Salmos 19:7). Ela é *inerrante* em suas partes (veja Provérbios 30:5-6). Ela é *completa* (veja Apocalipse 22:18-19), detém *autoridade* e é *definitiva* (veja Salmos

119:89). Ela é totalmente *suficiente* para as suas necessidades (veja 2Timóteo 3:16-17). A Bíblia realizará o que *promete* (veja Isaías 55:11) e lhe trará *certeza de salvação* quando você obedecer aos seus mandamentos (veja João 8:14).

O salmista escreveu: "Bem-aventurado aquele que não anda segundo o conselho dos ímpios, não se detém no caminho dos pecadores nem se assenta na companhia dos zombadores. Ao contrário, a sua satisfação está na lei do Senhor, e na sua lei medita dia e noite. É como árvore plantada junto a ribeiros: dá fruto no tempo certo e as suas folhas não murcham. Tudo o que ele faz prospera" (Salmos 1:1-3). Este é o objetivo de *52 semanas pela Bíblia*: ajudá-lo a se deleitar na Palavra de Deus, meditar em suas verdades, aplicar seus ensinamentos e permitir que a sabedoria nela contida transforme cada aspecto do seu ser. Assim, você experimentará uma vida abençoada e frutífera enquanto caminha com Deus.

SEMANA 1

DEUS SEMPRE CUMPRE SUAS PROMESSAS

GÊNESIS 1–36

LEITURAS DIÁRIAS: 1 | Gênesis 1–4 2 | Gênesis 6–9 3 | Gênesis 10–11
4 | Gênesis 12–16 5 | Gênesis 17–22 6 | Gênesis 23–27 7 | Gênesis 28–33

Toda história, assim como toda vida, tem um começo. Por isso, não surpreende que a Bíblia inicie a história da humanidade no princípio, antes de existir vida de qualquer tipo e de o mundo ter sido moldado. Mesmo assim, já havia uma vida – Deus, que é a própria Vida. Vemos ele dar ordens do céu enquanto também pairava sobre as águas do recém-formado planeta Terra.

O último ato da criação de Deus foi pegar um pouco de terra e formar o homem (Adão), como um escultor molda o barro. Ele soprou vida nas narinas do homem e, em seguida, formou a mulher (Eva) a partir do homem. Deus plantou um jardim ao usar as plantas e as formas de vida que já havia criado e colocou o homem e sua esposa ali. Finalmente, deu ao homem uma tarefa. Adão passou seu primeiro dia de vida conhecendo a criação de Deus e dando nomes a todos os animais.

Deus havia dito a Adão que ele poderia comer de qualquer árvore do Jardim, exceto da árvore do conhecimento do bem e do mal. Naquele tempo, não havia morte no mundo – toda a criação de Deus vivia em paz. Mas tudo mudou quando Adão e Eva desobedeceram a Deus. Os animais se tornaram hostis entre si e contra os seres humanos. Espinhos e cardos cresceram onde antes só plantas comestíveis haviam florescido. O pior de tudo foi que o sofrimento e a morte entraram no mundo.

Adão e Eva foram expulsos do Jardim e, pouco depois, tiveram seu primeiro filho, Caim, seguido por Abel. As Escrituras indicam que Deus havia ensinado a Adão e sua família como entrar em sua presença com sacrifícios apropriados, sendo o próprio Deus quem realizou o primeiro sacrifício de um animal no jardim. Assim, quando Caim trouxe uma oferta de frutas e vegetais, ela foi rejeitada por Deus, enquanto o sacrifício de um animal oferecido por Abel foi aceito. Isso deixou Caim irado, e ele matou seu irmão.

O tempo passou, mas a condição da humanidade não melhorou. Cerca de 1.500 anos após a Criação, a maldade na terra se tornou tão grande que Deus decidiu enviar um Dilúvio como juízo. Apenas um homem justo, Noé, foi encontrado para se tornar um segundo Adão. O Dilúvio durou quarenta dias e, após as águas baixarem, Deus prometeu nunca mais enviar um Dilúvio para destruir a humanidade. A partir de então, Noé e sua família receberam a responsabilidade de restabelecer a raça humana, repovoando a terra e dando origem a novos vilarejos, cidades e povoados.

Naquele tempo, toda humanidade falava uma única língua – provavelmente a mesma que Adão usava para se comunicar com Deus no jardim do Éden. Esse idioma comum permitia que as pessoas trabalhassem juntas para realizar grandes projetos. No entanto, isso mudou quando decidiram construir uma grande cidade, com uma torre que alcançasse os céus, para buscar sua própria glória. O ser humano ainda desejava tornar-se como Deus, rejeitando o senhorio do Criador. Então, o Senhor confundiu a linguagem da humanidade, tornando mais difícil que as pessoas se unissem em um esforço para se tornarem "como Deus".

Muitos anos depois, um dos descendentes de Noé, um homem chamado Abrão, vivia na cidade de Ur. Aos 75 anos, Deus o chamou para viajar a uma terra distante que lhe seria revelada. Abrão deveria deixar sua família e amigos para trás – exceto sua esposa, Sarai, e seu sobrinho Ló – e partir para um lugar com uma cultura diferente, onde não conhecia ninguém. Abrão obedeceu à palavra do Senhor e, eventualmente, chegou à terra de Canaã, que, naquela época, já era habitada pelos descendentes de Cam (um dos filhos de Noé). Então, Deus fez uma promessa a Abrão: apesar de sua idade avançada, Deus faria dele uma grande nação. E deixou claro que essa promessa se cumpriria por meio de um filho de nascimento milagroso, fruto da união de Abrão com sua esposa, Sarai.

Com o passar dos anos, Sarai começou a duvidar da promessa de Deus. Pior ainda, ela convenceu o marido a *agir* conforme suas inseguranças ao dar-lhe sua serva, Hagar. O plano de Sarai realmente resultou no nascimento de um filho, e Hagar deu à luz Ismael. No entanto, Deus rejeitou Ismael como o filho da promessa, e o plano de Sarai acabou gerando tensão e divisão na família. Finalmente, quando o filho prometido nasceu, Abrão e Sarai – agora chamados de Abraão e Sara – deram-lhe o nome de Isaque, que significa "ele ri". No entanto, a alegria do nascimento de Isaque despertou o ciúme de Ismael, que passou a zombar da posição do irmão mais novo. Isso levou Sara – a mesma que havia persuadido Abraão a ter um filho com Hagar – a exigir que Ismael e sua mãe fossem expulsos.

Deus cuidou de Hagar e Ismael, mas sua aliança continuou pela linhagem de Isaque. No entanto, quando Isaque já era mais velho – entre 14 e 21 anos – Deus ordenou que Abraão o sacrificasse como oferta a ele. Como, então, a promessa de Deus se cumpriria se Isaque morresse tão jovem? A ordem parecia incompreensível para Abraão, mas ele confiou em Deus e lhe obedeceu. Quando Deus viu que Abraão permaneceu fiel mesmo diante dessa instrução, ele proveu um carneiro para o sacrifício e poupou a vida de Isaque.

Isaque se casou com uma mulher chamada Rebeca, e juntos tiveram dois filhos gêmeos: Esaú e Jacó. Esaú, por ser o mais velho (ainda que por apenas alguns segundos ou minutos), recebeu o direito de primogenitura da família. No entanto, ele o trocou impulsivamente por um prato de lentilha oferecido pelo irmão mais novo. Mais tarde, Jacó, com a ajuda de sua mãe, enganou o pai para receber a bênção da primogenitura. Enfurecido, Esaú jurou matá-lo, forçando Jacó a fugir para a casa de Labão, seu tio materno.

Jacó se apaixonou por Raquel, a filha mais nova de Labão, e concordou em trabalhar sete anos para se casar com ela. No entanto, na noite do casamento, Labão o enganou, dando-lhe Lia, sua filha mais velha. Para finalmente se casar com Raquel, Jacó teve de trabalhar mais sete anos. Isso gerou tensões dentro da família, agravadas com o nascimento dos filhos. Após muitos anos, os conflitos familiares se tornaram tão intensos que Jacó e Labão não podiam mais viver juntos. Então, Jacó decidiu voltar para Betel, em sua terra natal.

Ao saber de sua chegada, Esaú foi ao seu encontro com quatrocentos homens. Temendo pela própria vida, Jacó clamou ao Senhor. Naquela noite, Deus lhe apareceu na forma de um homem e lutou com ele até o amanhecer. No fim, o Senhor feriu Jacó, deixando-o manco, mas também lhe concedeu uma bênção e um novo nome. Fortalecido, Jacó saiu no dia seguinte (levando presentes) para encontrar Esaú. Os dois irmãos se abraçaram e se reconciliaram.

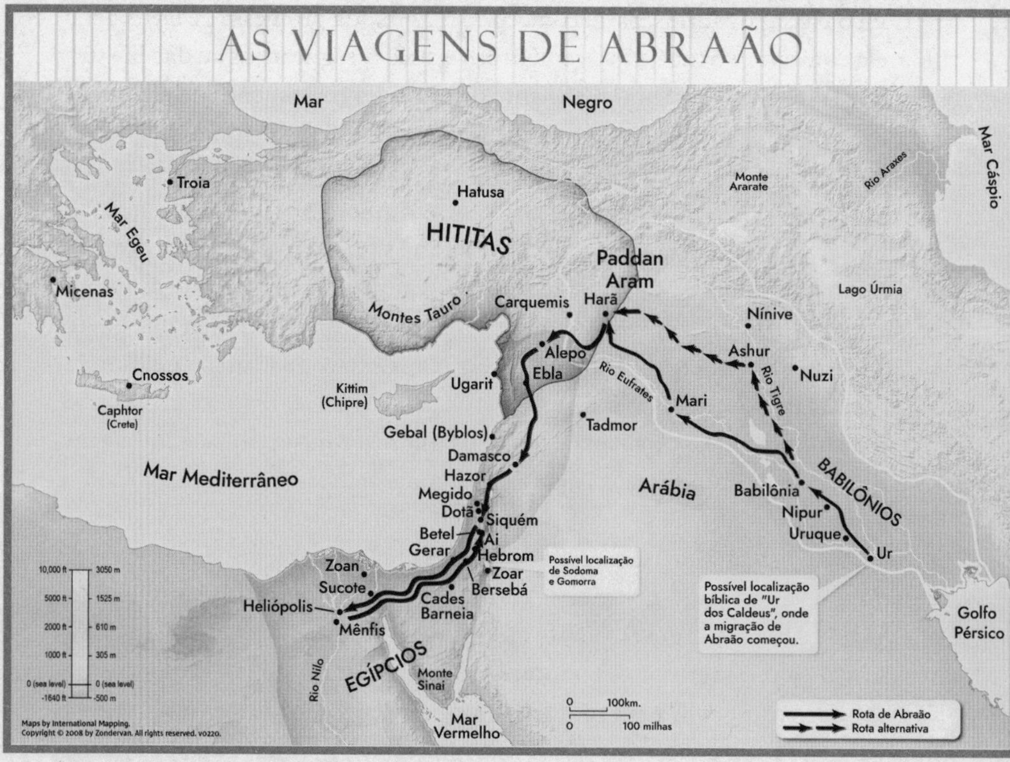

REFLEXÕES

Deus ama sua criação. Um dos aspectos marcantes que descobrimos no primeiro capítulo de Gênesis é o amor de Deus por toda a criação. Esse tema se repete ao longo das Escrituras, culminando no sacrifício supremo do próprio Filho de Deus na cruz. Vemos o Espírito de Deus pairar sobre as águas da criação antes mesmo de a terra ser formada (veja Gênesis 1:2), e sua presença é semelhante à de uma ave protegendo seus filhotes. Deus falou com suas criaturas à medida que as criava, e suas palavras foram todas de bênção: "Sejam férteis e multipliquem-se!" (v. 22, 28). Além disso, ao final de cada dia da Criação, Deus dava um passo para trás e contemplava sua obra, declarando que tudo "era bom" (v. 3, 10, 12, 18, 21, 25, 31). Fica claro que Deus se agradou do trabalho de suas mãos e amou toda a sua criação.

A humanidade é única em toda a criação. Gênesis destaca que os seres humanos são diferentes do restante da criação. Embora sejamos formados do mesmo material – o pó da terra (Gênesis 2:7) –, o Senhor fez mais do que apenas pronunciar uma ordem ao criar Adão. Ele moldou o pó com suas próprias mãos e soprou diretamente em suas narinas o fôlego da vida. Somente os seres humanos foram criados à *imagem* de Deus, o que, por si, é um tema profundo para reflexão. No aspecto intelectual, Adão e Eva eram semelhantes a Deus, pois tinham capacidade de raciocinar e compreender. No aspecto moral, também eram como Deus, uma vez que eram bons e sem pecado (embora isso tenha mudado quando desobedeceram).

O pecado resulta em separação. O pecado de Adão o separou de Deus. Antes, desfrutava comunhão diária com o Senhor, conversando com ele como um amigo íntimo. Mas o pecado destruiu essa relação para Adão e seus descendentes. Como Paulo escreveria mais tarde: "Portanto, da mesma forma que o pecado entrou no mundo por um homem, e pelo pecado entrou a morte, assim também a morte veio a todos os homens, porque todos pecaram" (Romanos 5:12). Essa comunhão face a face nunca será plenamente restaurada deste lado do céu. Além disso, o pecado separou a humanidade do restante da criação. A transgressão de Adão trouxe sofrimento e morte a todas as coisas, de modo que a criação, antes harmoniosa, passou a resistir à autoridade humana assim como o homem se rebelou contra a autoridade de Deus. Por causa do pecado de Adão, toda a criação está em constante conflito conosco.

Deus chama seu povo para andar pela fé. Deus revelou uma pequena parte de seu plano a Abrão e, em seguida, pediu-lhe que respondesse deixando para trás tudo o que conhecia. Isto é o que significa andar pela fé: avançar rumo ao desconhecido apenas com a Palavra de Deus como garantia. Ao chegar a Canaã, Abrão encontrou povos hostis ao seu redor. Nesse momento, Deus lhe prometeu que aquela terra seria herdada por seus descendentes. As circunstâncias faziam isso parecer impossível, mas Abrão confiou na palavra de Deus. Ele tinha 75 anos e não tinha filhos, mas creu que Deus lhe daria uma grande descendência. Andar pela fé significa aceitar a Palavra de Deus pelo que ela é, mesmo quando parece impossível que suas promessas se cumpram. Nesse sentido, Abrão e Sarai nos deixam um grande exemplo a seguir.

Nunca podemos prever as consequências do pecado. Sarai provavelmente não via seu plano com Hagar como algo pecaminoso e certamente não imaginava que isso causaria tanto sofrimento à sua família. Abrão talvez tivesse consciência de que aquilo era errado, mas não refletiu sobre o custo da desobediência. Muitas vezes nos convencemos de que "este pequeno pecado" não vai fazer mal "só desta vez". No entanto, esse único ato de desobediência de Abrão e Sarai levou a incontáveis mortes e atos de perseguição que continuam até hoje. Os seres humanos são especialistas em autossatisfação. Sempre conseguimos justificar e tolerar os "pequenos pecados" que cometemos. Contudo, devemos nos lembrar de que não podemos prever as consequências de cada "pequeno pecado" - como quantas pessoas inocentes podem ser afetadas, por quanto tempo as ondas desse pecado se espalharão, ou até que preço teremos de pagar.

> Pela fé, Abraão, quando Deus o pôs à prova, ofereceu Isaque como sacrifício. Aquele que havia recebido as promessas estava a ponto de sacrificar o seu único filho.
>
> Hebreus 11:17

Deus nos chama para uma obediência sacrificial. Abraão foi testado pelo comando de Deus para sacrificar seu filho. Contudo, esse não foi um teste aleatório; o propósito de Deus era provar a força da fé de Abraão. Além disso, ele queria revelar ao mundo um vislumbre de seu plano de sacrificar seu próprio Filho na cruz. Muitas vezes, Deus nos pede para obedecer-lhe de maneiras que exigem sacrifícios. O princípio que ele deseja que aprendamos é este: a obediência cheia de fé é mais valiosa do que qualquer coisa que este mundo possa oferecer. O outro lado desse princípio é que a obediência sacrificial leva a riquezas eternas. A obediência de Abraão trouxe uma bênção inestimável para o mundo inteiro, mostrando à humanidade o quão longe Deus estava disposto a ir a fim de nos redimir. Jesus também estava disposto a obedecer a qualquer custo, e devemos seguir seu exemplo.

Os propósitos de Deus não são realizados pelos nossos planos. Desde o início, Deus tinha a intenção de que Esaú fosse submisso a Jacó. Ele já havia prometido isso antes de os filhos nascerem e cumpriria sua promessa independentemente das situações familiares de Isaque. Vimos o mesmo princípio na vida de Abraão: ele tinha a promessa de Deus de um herdeiro por meio de Sara, mas permitiu que seus medos (e os planos de sua esposa) prevalecessem sobre sua fé na palavra de Deus. Em cada caso, os planos humanos levaram a consequências negativas. Os planos de Jacó o afastaram de seu irmão gêmeo e o levaram a ser enganado por outros. O envolvimento de Abraão com Hagar gerou uma inimizade profunda entre grupos de pessoas. Deus cumpre o que promete. Isso não significa que não estejamos envolvidos nessas promessas, mas nosso envolvimento requer obediência, e não artimanhas. Às vezes, nossa participação pode exigir apenas confiar na provisão de Deus, sem esforço adicional de nossa parte.

Deus nos usa apesar de nossas falhas. Jacó tinha muitas fraquezas e deficiências, e, sob a perspectiva humana, não era o tipo de pessoa em quem a maioria confiaria. Mas Deus ainda foi capaz de usá-lo de maneiras poderosas, e ele é listado entre os heróis da fé. "[...] O Senhor não vê como o homem: o homem vê a aparência, mas o Senhor vê o coração" (1Samuel 16:7). O Senhor olhou para o coração de Jacó e encontrou um homem que, no fim, desejava sua bênção e intimidade. Quando temos um relacionamento com o nosso Criador, ele nos forma com características que lhe são agradáveis. Por intermédio de seu Espírito, Deus desenvolve essas qualidades em nós, tornando-nos mais semelhantes a Cristo à medida que crescemos. Esse processo pode nem sempre ser agradável, mas, no fim, refletiremos a imagem de seu Filho.

PERGUNTAS DE ESTUDO

1. Como Gênesis 1:1–2:2 destaca a bondade e o amor de Deus pela criação? O que isso sugere a respeito da visão dele sobre você?

2. Qual foi a natureza da maldição de Deus em Gênesis 3:17-19? De que formas você tem percebido a manifestação dessa maldição em sua própria vida? Dê exemplos concretos.

3. O que exatamente a humanidade estava fazendo em Gênesis 11:1-9 que desagrada a Deus? Por que estavam fazendo essas coisas? Por que Deus não ficou satisfeito?

4. Colocando-se no lugar de Abrão, já em idade avançada junto com sua esposa, como você veria a promessa de Deus de que teriam um filho (veja Gênesis 15:1-6)?

5. Como a solução de Sarai para a questão da esterilidade evidenciou sua falta de fé e visão limitada sobre os planos maiores de Deus (veja Gênesis 16:1-4)?

6. Coloque-se no lugar de Abraão. Como você reagiria diante da ordem de Deus de sacrificar seu próprio filho (veja Gênesis 22:1-19)? O que você faria?

7. Por que Esaú estava tão disposto a vender seu direito de primogenitura? Na sua opinião, qual pecado é pior: o de Jacó ou o de Esaú (veja Gênesis 25:27-34)?

8. Por que Deus feriu a coxa de Jacó durante a luta (veja Gênesis 32:24-32)? De que maneira deixá-lo manco serviu como um lembrete da fraqueza de Jacó e sua necessidade de depender de Deus?

SEMANA 2

DEUS NOS LIBERTA DA ESCRAVIDÃO

GÊNESIS 37—ÊXODO 40

LEITURAS DIÁRIAS: **8** | Gênesis 37–41 **9** | Gênesis 42–45 **10** | Êxodo 1–3 **11** | Êxodo 7–11 **12** | Êxodo 14–17 **13** | Êxodo 19–20 **14** | Êxodo 32–35

Jacó, após transferir sua família de Siquém para Betel, sentia-se feliz pelos filhos que sua amada esposa, Raquel, lhe dera na velhice. No entanto, seus dez filhos mais velhos começaram a sentir inveja do favoritismo que demonstrava por José e Benjamim, e, eventualmente, canalizaram esse ressentimento contra José. Primeiro, tentaram matá-lo; depois, venderam-no como escravo e disseram ao pai que ele estava morto.

José foi comprado pelo comandante da guarda no reino do faraó, um homem chamado Potifar. Naquela época, o Egito era a potência mundial mais influente, um lugar de grande luxo e tecnologia. Em contraste, a família de José era composta por pastores nômades que viviam em tendas havia várias gerações. José estava entrando em uma nação que falava uma língua diferente, seguia normas culturais distintas e adorava deuses estrangeiros. Como escravo, o status de José no Egito estava no ponto mais baixo possível.

Durante o tempo em que José esteve escravizado, a "roda da fortuna" o fez passar de uma posição de privilégio (na casa de Potifar) para uma situação de subordinação (falsamente acusado e preso); depois, novamente, para o status elevado (servindo ao carcereiro); para, mais uma vez, ser derrubado (esquecido pelo chefe dos copeiros do faraó após este voltar ao palácio). Mas, então, um dia, o faraó teve um sonho perturbador que nenhum de seus sábios conseguiu interpretar. O chefe dos copeiros finalmente se lembrou de José, que havia interpretado corretamente o seu sonho enquanto estavam na prisão.

O faraó mandou chamar José, e o Senhor deu a ele a interpretação: haveria sete anos de abundância na terra, seguidos de sete anos de seca que ameaçariam todos os povos do mundo conhecido. Em uma notável reviravolta nas circunstâncias, após treze anos como escravo e prisioneiro, José foi elevado à segunda posição no comando do Egito e encarregado de preparar a nação para o que estava por vir.

Devido à gestão sábia de José durante os anos de abundância, os habitantes da região tiveram comida quando a fome chegou. Quando pessoas de outras terras ouviram falar disso, viajaram para o Egito em busca de grãos. Foi assim que os irmãos de José enfim reencontraram seu irmão perdido havia tanto tempo – mas eles não o reconheceram. Após uma série de testes que convenceram José de que o coração de seus irmãos havia realmente mudado, eles se reconciliaram, e ele providenciou para toda a família uma nova casa na parte mais rica do Egito.

Quando a fome chegou ao fim, o tempo de Jacó na terra também se foi. No último ato registrado de sua vida em Gênesis, ele reuniu seus doze filhos e pronunciou uma bênção – profecias específicas – para cada um. Embora Jacó estivesse cego, ele via cada filho com uma visão precisa, e suas bênçãos refletiram a soberania do Senhor Deus em ação. Apesar de a vida José ter sido preenchida por eventos aparentemente arbitrários que estavam fora de seu controle, eles nunca estiveram fora do controle de Deus. O Senhor tinha um plano de grande escala para sua nação escolhida, e esse plano incluía usar os planos malignos dos irmãos de José para avançar o seu bendito plano na vida de José.

De acordo com o livro de Êxodo, os israelitas permaneceram no Egito após a morte de José. Com o tempo, seu crescimento populacional preocupou o rei. Então, os egípcios transformaram os hebreus em escravos, e eles permaneceram nessa condição por mais de quatrocentos anos – até o tempo determinado por Deus para conduzir os descendentes de Abraão de volta a Canaã.

Deus escolheu um hebreu para liderá-los: Moisés, a quem o Senhor salvara ainda bebê do plano assassino do faraó e levara para a própria casa do rei, onde foi criado na corte real egípcia. Décadas depois, Deus chamou Moisés de seu exílio autoimposto (e de sua zona de conforto), e ele retornou ao Egito para cumprir sua missão. O Senhor disse a Moisés que endureceria deliberadamente o coração do faraó. Deus usaria a obstinação do faraó para manifestar sua glória e, no fim, libertar seu povo da escravidão.

O Senhor enviou nove pragas sobre a terra do Egito – cada uma mais drástica do que a anterior –, mas o faraó não cedeu. Então, o Senhor instruiu seu povo a se preparar para um evento devastador. Assim como ele havia poupado Israel das outras pragas, também os livraria dessa última. No entanto, para se protegerem, eles precisavam aspergir o sangue de um cordeiro sacrificado nos umbrais de suas portas. O anjo destruidor de Deus não olharia para os indivíduos, mas para esse sangue. Ele entrou em todas as casas que não estavam marcadas com o sangue do cordeiro pascal, matando o primogênito. Naquela mesma noite, faraó permitiu que os israelitas deixassem o Egito.

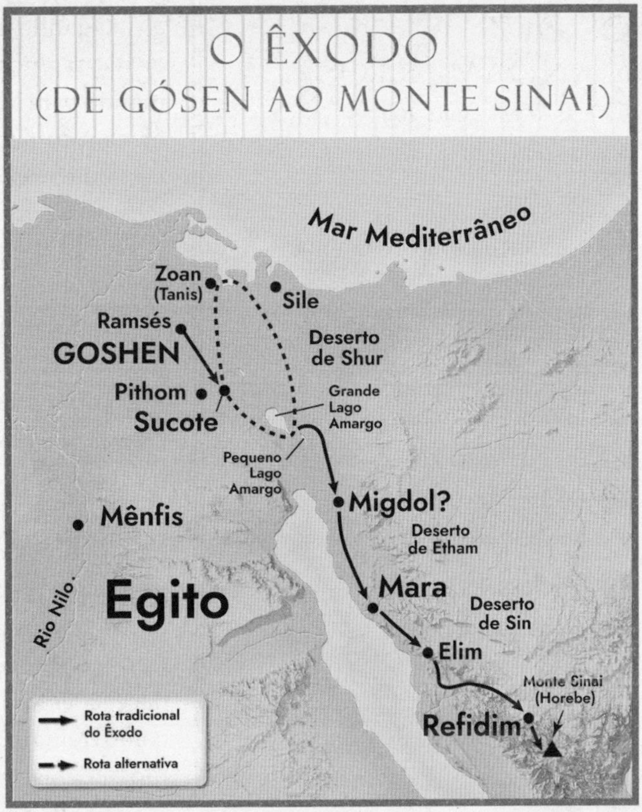

Durante sua jornada rumo à "terra prometida" de Canaã, os israelitas testemunharam o poder e a fidelidade de Deus de diversas maneiras. Ele os guiou por meio de uma coluna de nuvem durante o dia e uma coluna de fogo à noite. Providenciou alimento e água, livrou-os do exército mais poderoso da época ao abrir caminho pelo Mar Vermelho e revelou-se a Moisés face a face, entregando-lhe os Dez Mandamentos. No entanto, o povo constantemente murmurava contra Deus e contra Moisés.

O Senhor deu a Moisés instruções detalhadas sobre a construção de um tabernáculo móvel que serviria como local de adoração durante as peregrinações pelo deserto. Os detalhes dessa construção destacavam o abismo que separava um povo pecador de um Deus santo. O Senhor não apenas concedeu a certas pessoas habilidades para construir-lhe uma morada com qualidade excepcional, mas também já havia dado aos israelitas grandes riquezas dos egípcios, as quais poderiam ser usadas como matéria-prima. O fato de um santuário tão magnífico ter sido erguido em meio ao deserto evidencia o auxílio sobrenatural do Senhor.

OS DEZ MANDAMENTOS

(Com base em Êxodo 20:1-17)

1. Não tenha outros deuses além de mim.
2. Não faça para você nenhum ídolo.
3. Não tome o nome do Senhor, o seu Deus, em vão.
4. Lembre-se do dia de sábado para santificá-lo.
5. Honre o seu pai e a sua mãe.
6. Não assassine.
7. Não adultere.
8. Não furte.
9. Não dê falso testemunho.
10. Não cobice.

Quando a obra foi concluída, a glória de Deus encheu o Tabernáculo, confirmando para Moisés e o povo que o trabalho havia sido feito corretamente e que Deus permaneceria com eles.

REFLEXÕES

Deus usa provações para nos preparar para desafios maiores. Deus permitiu que José enfrentasse dificuldades para fortalecer sua fé e ensinar-lhe lições práticas para o futuro. José não tinha ideia de que, um dia, governaria o Egito como a segunda maior autoridade depois do faraó e jamais poderia se preparar sozinho para as habilidades que essa posição exigiria. Somente Deus conhecia esse plano e, por isso, usou decepções, fracassos, escravidão e prisão como treinamento. Talvez nunca nos tornemos líderes mundiais nesta vida, mas os planos do Senhor para o nosso futuro ainda são importantes dentro de seu propósito eterno. Ele nos molda agora para cumprir sua vontade e utiliza todas as circunstâncias – incluindo sofrimento e dificuldades – como parte desse preparo.

Deus está no controle de todas as nossas circunstâncias. Esse é o tema central de Gênesis. O Senhor disse a Abraão, muitos anos antes de José nascer, que seus descendentes iriam para o Egito por quatrocentos anos (veja Gênesis 15:13-14). Era o plano de Deus desde o início que José levasse sua família para o Egito, e as dificuldades que ele enfrentou lá faziam parte desse propósito divino. José não se alegrava no fundo do poço, nem era grato por ser enviado ao Egito para cumprir a profecia feita a Abraão. No entanto, ele conseguia reconhecer que o Senhor era completamente soberano sobre todas as coisas em sua vida. Da mesma forma, Deus prometeu que sempre será fiel a nós como seus filhos: "Sabemos que todas as coisas contribuem juntamente para o bem de todos aqueles que amam a Deus, dos que foram chamados de acordo com o seu propósito" (Romanos 8:28).

Deus nos capacitará para aquilo a que nos chama. Moisés tinha algum tipo de dificuldade na fala. Ele podia ter gagueira, como sugerem os escritores judeus tradicionais, ou apenas não se sentir eloquente. Seja qual for a causa, ele estava convencido de que não poderia cumprir a tarefa para a qual Deus o estava chamando. No entanto, a cada objeção que Moisés levantava, Deus prometia superar suas limitações. O Senhor pode, às vezes, nos chamar para tarefas aparentemente além de nossa capacidade, mas devemos nos lembrar de que não somos nós que agimos, mas o Espírito Santo em nós. Deus pode usar até mesmo nossas fraquezas para manifestar sua glória, e ele nunca nos chamará para fazer algo que não possamos fazer sem sua ajuda.

Devemos viver em expectativa da volta imediata de Jesus. Os israelitas foram ordenados a comer a ceia da Páscoa vestidos de uma maneira incomum: com sandálias, túnica de viagem e cajado, prontos para se levantar e marchar a qualquer momento. Isso se mostrou necessário naquela noite, pois o faraó os expulsou do Egito nas horas escuras da madrugada. Da mesma forma, Jesus prometeu que retornaria para levar seu povo para casa, transportando-nos para o céu da mesma forma que levou seu povo para fora do Egito. Somos chamados a viver com expectativa, sempre prontos para a aparição repentina e gloriosa de Jesus Cristo. "É como um homem que sai de viagem. Ele deixa a sua casa, encarrega de tarefas cada um dos seus servos e ordena ao porteiro que vigie. Portanto, vigiem, porque vocês não sabem quando o dono da casa vem: se à tarde, à meia-noite, ao cantar do galo ou ao amanhecer. Se ele vier de repente, que não os encontre dormindo! O que digo a vocês, digo a todos: Vigiem!" (Marcos 13:34-37).

Andamos por fé, não pelo que vemos. O exército egípcio era temido em todo o mundo e estava equipado com as tecnologias mais avançadas e o melhor treinamento daquela época. Já os israelitas eram escravos recém-libertados, sem experiência militar e sem carros de combate. Não é de se admirar que eles estivessem assustados ao ver a nuvem de poeira do exército do faraó se aproximar deles. Mas o maior exército da terra não é páreo para o poder de Deus. Ele conduziu os egípcios até o Mar Vermelho e, com a mesma facilidade com que quebra um palito de dente, fez as rodas das carruagens se soltarem. Então, conduziu seu povo pelo mar em terra seca. Eles nem sequer molharam os pés! Nossa tendência é acreditar nas evidências dos nossos sentidos. Mas o Senhor Deus nos chama a vivermos "por fé, não pelo que vemos" (2Coríntios 5:7), e a confiarmos plenamente em seu poder e fidelidade ilimitados.

A lei de Deus se resume em dois grandes mandamentos. Quando um homem perguntou a Jesus qual era o maior mandamento, ele respondeu: "'Ame ao Senhor, o seu Deus, com todo o seu coração, com toda a sua alma e com todo o seu entendimento'. Este é o primeiro e maior mandamento. E o segundo é semelhante a ele: 'Ame ao seu próximo como a você mesmo'. Desses dois mandamentos dependem toda a Lei e os Profetas" (Mateus 22:37-40). Os Dez Mandamentos se enquadram nessas duas categorias. Alguns deles explicam o que significa amar a Deus de todo o nosso coração, alma e entendimento, enquanto outros oferecem maneiras práticas de amar o próximo como a nós mesmos. Esses dois princípios resumem o que significa viver uma vida piedosa.

Deus quer que nos aproximemos dele. Moisés fez um pedido ousado ao querer ver a glória de Deus. Embora o Senhor já manifestasse sua presença entre seu povo, Moisés ansiava por conhecê-lo *ainda mais* – e Deus se agradou em revelar-lhe tudo o que ele podia suportar. Hoje, o Senhor já nos mostrou grande parte de sua glória ao nos redimir do pecado e nos tornar livres para acessar sua presença. Ainda assim, há sempre mais a conhecer! Podemos aprofundar nosso entendimento sobre seu caráter por meio da leitura e estudo diligente da Bíblia, além de buscá-lo em oração, pedindo que nos ensine mais sobre seu ser. Quando nos aproximamos de Deus, ele também se aproxima de nós (veja Tiago 4:8).

O TABERNÁCULO

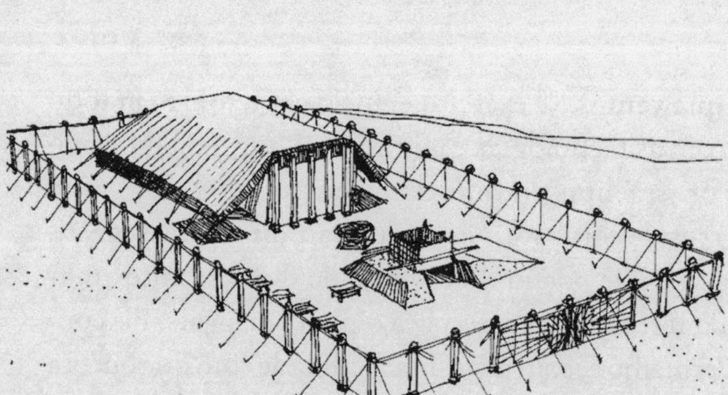

O Tabernáculo foi estabelecido como um lugar onde Deus pudesse habitar entre seu povo. O termo "tabernáculo" pode se referir à tenda em si, que abrigava o Lugar Santo e o Santo dos Santos, o qual era coberto por cortinas bordadas. Em outros contextos, porém, a palavra designa todo o complexo, incluindo o pátio cercado por cortinas onde a tenda estava situada.

PERGUNTAS DE ESTUDO

1. Era o plano de Deus que José fosse para o Egito (veja Gênesis 37:12-36). De que maneiras Deus guiou os acontecimentos na vida de José, mesmo sem que ele percebesse?

2. Por que Deus permitiu que José sofresse maus-tratos, primeiro nas mãos de seus irmãos e depois na casa de Potifar, mesmo ele não tendo feito nada para merecer isso (veja Gênesis 37:19-36, 39:6-20)?

3. Como Deus preparou José para assumir a posição de segundo no comando do Egito quando o faraó lhe concedeu esse cargo (Gênesis 41:37-45)? Cite exemplos específicos.

4. Qual você acha que foi o propósito de Deus ao enviar seca e fome tão severas sobre o mundo (Gênesis 41:53-57)? Que planos ele estava realizando e que provisões ele forneceu?

5. O que foi necessário da parte de José para se reconciliar com seus irmãos quando eles foram ao Egito? O que foi necessário da parte de seus irmãos (veja Gênesis 45:1-15)?

6. Voltando-se para o livro de Êxodo, se você estivesse na posição de Moisés, como teria respondido ao comando de Deus para conduzir os israelitas para fora do Egito (veja Êxodo 3:7-10)?

7. Por que o faraó persistiu em recusar-se a libertar os israelitas da escravidão no Egito (veja Êxodo 8:29-32; 9:7, 12, 35; 10:20; 11:10; 14:1-6)?

8. Por que os papéis de todos os que construíram o Tabernáculo eram igualmente necessários (veja Êxodo 35:4-35)? Por que algumas pessoas às vezes consideram certos papéis no serviço espiritual mais importantes do que outros?

SEMANA 3

DEUS NOS INSTRUI SOBRE COMO VIVER

LEVÍTICO 1—NÚMEROS 36

LEITURAS DIÁRIAS: **15** | Levítico 1–5 **16** | Levítico 8–10 **17** | Levítico 6; 23 **18** | Números 10–14 **19** | Números 15–17; 2 **20** | Números 20–21 **21** | Números 22–25

O Êxodo do Egito ocorreu por volta de 1445 a.C., e o Tabernáculo foi concluído um ano depois. O livro de Levítico dá continuidade à narrativa a partir desse ponto, enquanto Israel permanecia acampado no monte Sinai. Até então, os israelitas nunca tiveram um local central de adoração. Com o Tabernáculo finalizado, tornou-se necessário estabelecer sacrifícios organizados, celebrações festivas e funções específicas para o sacerdócio, além de instruções sobre pureza tanto nos rituais quanto na vida cotidiana.

Os israelitas foram escravos no Egito por séculos – uma terra com um número de deuses que aparentava ser infinito – e, por isso, seus conceitos de adoração e de vida piedosa estavam gravemente distorcidos. As leis levíticas não foram criadas para restringi-los ou limitar sua liberdade, mas para guiá-los na santidade, separados das práticas pagãs e imorais dos povos ao redor. Isso incluía o Egito, de onde o Senhor os havia libertado, e Canaã, a nova terra que o Senhor estava lhes dando.

O primeiro conjunto codificado de sacrifícios instituído por Deus simbolizava o anseio do adorador por purificação do pecado. Os três primeiros desses sacrifícios eram voluntários: o holocausto, a oferta de cereais e a oferta de paz. Os dois últimos, por sua vez, eram obrigatórios: a oferta pelo pecado e a oferta pela transgressão. Após essas instruções, Deus estabeleceu mais regulamentações sobre como os sacerdotes deveriam realizar os sacrifícios.

Levítico 8 descreve um momento fundamental: a consagração dos sacerdotes da nova nação. Moisés reuniu toda a congregação de Israel como testemunha e, em seguida, purificou e ungiu Arão e seus filhos, tanto física quanto espiritualmente, por meio de uma série de rituais, santificando-os para o serviço sacerdotal. Entretanto, a inauguração do sistema sacrificial não ocorreu como planejado. Dois dos filhos de Arão morreram na primeira vez em que ministraram porque não seguiram as instruções de Deus.

A vida do povo escolhido foi cuidadosamente ordenada por Deus, desde sacrifícios e leis criminais até alimentação, vestimenta, culinária, práticas sexuais e até o tratamento de doenças. Embora essas diretrizes trouxessem benefícios práticos, seu propósito principal era ensinar Israel a viver em santidade, diferenciando-se das outras nações. Ele queria que Israel parecesse diferente, agisse de maneira diferente e até se alimentasse de forma diferente porque ele era o seu Deus. Eles precisavam aprender a viver de acordo com a vontade de Deus – em todas as coisas.

Deus também deu instruções sobre várias festas e dias sagrados (como o Dia da Expiação e a Páscoa), bem como sobre celebrações de descanso e liberdade (como o sábado semanal e o ano do Jubileu). O objetivo era tanto a adoração quanto a lembrança, para que o povo de Deus e as gerações futuras não se esquecessem de sua fidelidade.

Um mês depois, quando começa o relato em Números, os israelitas ainda estavam acampados no monte Sinai. Um milagre em particular vinha acontecendo diariamente ao longo de todo o ano em que eles viajavam pelo deserto: todas as manhãs e noites, o Senhor fazia chover uma substância saborosa, semelhante a uma bolacha, chamada maná. Era tão nutritivo que o povo não precisava de mais nada para se alimentar. Eles também não precisavam sair para caçá-lo, pois o Senhor entregava o maná bem na porta de suas tendas! O melhor de tudo era que sempre havia o suficiente para todos, e ninguém passava fome.

Havia tanto amor de Deus no maná que é difícil acreditar que alguém reclamaria disso. No entanto, o povo reclamou, lembrando-se da variedade de alimentos que havia no Egito (enquanto, de maneira conveniente, esquecia-se do trabalho escravo) e murmurando sobre a falta de carne na sua alimentação. Moisés estava exausto com as constantes queixas. Deus também se desagradou. O Senhor lhes enviou carne, mas sua cobiça teve um preço: uma praga devastadora.

OFERTAS

(de Levítico 1—7)

Holocausto: Oferecida para expiar o pecado e simbolizar a consagração total a Deus.

Cereais: Oferecida para expressar gratidão e reverência a Deus.

Comunhão: Oferecida para demonstrar paz e comunhão entre aquele que oferta e Deus.

Pecado: Oferecida para expiar pecados cometidos por ignorância nos quais a restituição não era possível.

Culpa: Oferecida para expiar pecados cometidos por ignorância nos quais a restituição era possível.

Apesar das reclamações e falhas do povo, o Senhor continuou a guiá-los fielmente até as margens do rio Jordão, nas imediações da Terra Prometida. Ele estava prestes a dar-lhes a terra que mana leite e mel. No entanto, antes disso, Moisés enviou doze homens, um de cada tribo de Israel, para espionar a região e traçar uma estratégia militar. Esses doze homens viram as mesmas coisas: gigantes, cidades cercadas de muros e uvas imensas. Dez deles determinaram que Israel jamais conquistaria a terra, enquanto dois estavam convencidos de que, com o poder de Deus, poderiam tomá-la. Infelizmente, o relatório negativo dos dez espias prevaleceu, fazendo com que o povo perdesse a fé em Deus e, em seu desespero, se recusasse a entrar em Canaã. Como resultado dessa rebelião, o Senhor decretou que todos os adultos (exceto Calebe e Josué, os dois espias fiéis) morreriam no deserto, forçando os israelitas a vagar pelo deserto por muitos anos a mais.

Quando os israelitas se viram sem água em Meribá, voltaram a reclamar. O Senhor resolveu o problema da mesma forma que fez anos antes em Refidim: instruiu Moisés a falar à rocha. Mas Moisés perdeu a paciência com o povo e não seguiu o comando exato de Deus. E a consequência disso foi triste: Moisés foi impedido de levar o povo à Terra Prometida.

À medida que a geração do "Êxodo" de israelitas falecia, a nova geração atingia a maioridade. Os israelitas haviam derrotado vários exércitos cananeus, e o poder do Senhor era tão evidente que as nações de Canaã tinham medo do povo de Deus. Uma dessas nações era Moabe, cujo povo descendia de Ló. Apesar da promessa do Senhor, anos antes, de que os descendentes de Ló desfrutariam de uma herança na terra de Canaã, os líderes de Moabe temiam que Israel os destruísse.

O líder moabita, Balaque, decidiu que, se não pudesse derrotar os israelitas com força física, os derrotaria espiritualmente. Ele contratou um profeta pagão chamado Balaão para ajudá-lo nesse objetivo. Balaão ensinou aos moabitas como seduzir o povo de Deus com práticas pagãs. Os israelitas caíram em imoralidade sexual, e Deus enviou uma praga como julgamento. Após a praga ser afastada, um segundo censo do povo foi realizado enquanto se preparavam para herdar a Terra Prometida. O livro de Números termina com os israelitas acampados no lado oriental do rio Jordão, em frente a Jericó, prontos para iniciar a conquista.

REFLEXÕES

O pecado é algo sério. Imagine ser uma criança na época de Moisés. Você vê seu pai levar um cordeiro ou boi até a entrada do Tabernáculo. Depois de uma conversa com os sacerdotes, seu pai coloca a mão sobre a cabeça do animal e corta sua garganta. A mensagem seria clara: o pecado é algo sério. O pecado leva à morte, porque Deus é totalmente justo e perfeitamente reto. E o pecado só pode ser coberto com sangue.

Escolha ser grato. Deus conduziu seu povo a uma região sem comida e água para mostrar que ele supriria todas as suas necessidades. Fez chover maná sobre eles duas vezes por dia e providenciou água de forma milagrosa. Mas o povo se cansou dessas provisões e murmurou por não ter carne em sua alimentação. Isso nos ensina um princípio importante: podemos escolher sermos gratos ou não (veja Filipenses 4:11).

Murmurar tem um efeito negativo sobre os outros. Os israelitas constantemente murmuravam durante o Êxodo do Egito. Mesmo que Deus tenha demonstrado sua graça e poder para eles repetidas vezes, eles continuaram a acusá-lo de traição. É natural reclamar quando as coisas não saem como esperávamos, mas, ao fazer isso, é como se disséssemos que não confiamos na soberania do Senhor. Em vez disso, como Paulo escreveu, devemos escolher fazer "tudo sem murmurações nem discussões" (Filipenses 2:14).

PERGUNTAS DE ESTUDO

1. Como o sistema sacrificial enfatizava a santidade de Deus e o alto custo do pecado de Israel (veja Levítico 1—5)? Em que momento de sua vida você foi confrontado com a seriedade do pecado?

2. Como você descreveria os eventos que ocorreram no Dia da Expiação? Qual foi o papel do bode expiatório nas cerimônias do Dia da Expiação (veja Levítico 16:1-34)?

3. Qual era o propósito das festas do Senhor? Quantas dessas festas são descritas em Levítico 23:1-44? Por que Deus queria que seu povo celebrasse essas festas?

4. Por que os israelitas não eram gratos pelo maná que Deus, em sua misericórdia, forneceu a eles no deserto (veja Números 11:4-6)? O que é necessário para que a gratidão se torne realidade?

5. O que levou Miriã e Arão a se rebelarem contra Moisés e como Deus respondeu a isso? Como a atitude deles distinguia-se da atitude de Moisés (veja Números 12:1-16)?

6. Por que os dez espias disseram que os israelitas não podiam derrotar seus inimigos (veja Números 13:17-29)? Por que Josué e Calebe disseram que podiam derrotá-los (veja Números 13:30, 14:6-9)?

7. Por que Balaão não conseguiu amaldiçoar Israel (veja Números 22:1-6)? Como Balaão, no fim das contas, ficou com o dinheiro que Balaque lhe pagou para amaldiçoar o povo de Deus (veja Números 25:1-3)?

8. O que Deus revela sobre seu caráter com a história de Balaão (veja Números 22:4–24:25)? O que aprendemos sobre a natureza humana?

SEMANA 4

DEUS É SEMPRE FIEL

DEUTERONÔMIO 1—34

LEITURAS DIÁRIAS: **22** | Deuteronômio 1—4 **23** | Deuteronômio 5—9 **24** | Deuteronômio 12—16 **25** | Deuteronômio 26—27 **26** | Deuteronômio 28—29 **27** | Deuteronômio 30—32 **28** | Deuteronômio 33—34

Logo após saírem do Egito, os israelitas seguiram a presença visível de Deus em direção à terra que ele havia prometido ao povo – uma terra que mana leite e mel. No entanto, apesar dos milagres que presenciaram, eles se recusaram a entrar na sua nova casa, temendo os cananeus, um povo guerreiro que habitava a Terra Prometida na época.

Ao rejeitar o plano de Deus, os israelitas rejeitaram o próprio Deus. Como consequência, Deus os fez vagar pelo deserto como nômades por quarenta anos, até que a geração que havia se rebelado morresse. Sob a orientação de Moisés, a nova geração de israelitas se preparou para quando Deus novamente lhes apresentasse a Terra Prometida.

Como parte dessa preparação, Moisés, nas últimas semanas de sua vida, registrou uma série de discursos e os entregou aos sacerdotes e anciãos. Deuteronômio registra essas explicações de Moisés sobre a Lei e suas implicações para a nova geração à medida que se preparavam para entrar na Terra Prometida. Essas palavras trazem à tona tudo o que foi revelado de Gênesis a Números, completando, portanto, a unidade literária de cinco partes conhecida como o Pentateuco.

Assim como em Levítico, os eventos de Deuteronômio se desenrolam em um único local, durante um período de cerca de um mês. No entanto, agora os israelitas estavam acampados a leste do rio Jordão, em frente a Jericó.

Moisés poderia ter abordado muitos temas em suas últimas palavras ao povo de Israel. No entanto, escolheu começar com sua história recente. Ele iniciou com o momento de maior transgressão e vergonha: a recusa em obedecer ao comando de Deus de entrar e tomar posse da terra que ele havia prometido a Abraão, Isaque e Jacó. Moisés queria gravar esse momento na memória coletiva do povo: não para puni-los, mas para que evitassem repetir o mesmo padrão pecaminoso no futuro. Ele também desejava alertar o povo sobre os perigos futuros que enfrentariam na terra de Canaã, sendo o principal deles a idolatria, e os convocou a se concentrar em obedecer aos mandamentos de Deus.

O segundo discurso de Moisés em Deuteronômio vai do final do capítulo 4 até o capítulo 28. Ele deu aos israelitas uma compreensão clara de sua aliança com Deus, o que incluía vários mandamentos e métodos destinados a ajudar os pais a ensinar aos filhos o que significava viver em aliança com Deus.

A instrução inicial de Moisés para a adoração a Deus foi talvez a mais chocante: os israelitas deveriam destruir por completo todos os locais falsos de adoração em Canaã quando tomassem posse da terra. Isso servia como um lembrete de que o povo de Deus não deveria ter qualquer ligação com práticas pagãs. Nas instruções aos futuros reis de Israel, cada um deles deveria literalmente escrever à mão uma cópia da Lei e lê-la todos os dias de sua vida. O propósito? Aprender a temer o Senhor.

Moisés também profetizou sobre um futuro profeta, que conhecemos como o Messias, Jesus Cristo. Segundo Moisés, esse profeta falaria com a voz de Deus e demonstraria o mesmo poder e autoridade que o Senhor revelou no monte Horebe (Sinai), quando os israelitas tremeram de medo.

Além disso, por meio de Moisés, Deus ordenou uma cerimônia significativa assim que os israelitas cruzassem o rio Jordão. Eles deveriam erguer grandes pedras, pintá-las de branco e escrever nelas todas as palavras da Lei – possivelmente todo o livro de Deuteronômio. Somente depois disso é que deveriam construir um altar, oferecer sacrifícios e celebrar juntos.

Quando Moisés finalizou seu segundo discurso aos israelitas, ele detalhou todas as bênçãos que o povo receberia se permanecesse fiel a Deus ao habitar Canaã. Ele também mostrou as maldições que enfrentariam caso fossem rebeldes como seus antepassados foram. Para demonstrar isso de forma dramática, Deus ordenou que representantes das doze tribos de Israel subissem em dois montes dentro de sua nova terra. Um grupo proclamaria as bênçãos enquanto o outro anunciaria as maldições.

OS DISCURSOS DE MOISÉS	
Primeiro discurso: um prólogo histórico	Deuteronômio 1:3—4:43
Segundo discurso: estipulações da aliança do Sinai	Deuteronômio 4:44—28:68
Terceiro discurso: outra aliança	Deuteronômio 29:1—30:20

O terceiro e último discurso de Moisés reafirmou a aliança entre Deus e a geração de Israel que estava entrando na terra. Diferentemente dos anteriores, esse discurso foi apresentado na forma de um cântico.

Mesmo ao exortar o povo à fidelidade, Moisés sabia que os israelitas não cumpririam sua parte da aliança. Gerações futuras se afastariam de Deus, repetindo os pecados do passado. No entanto, apesar da rebeldia vindoura de Israel, Moisés ainda olhava para o futuro com esperança. Ele confiava no tempo em que Deus estabeleceria *outra* aliança com seu povo - uma nova aliança, marcada não pela circuncisão física, mas pela circuncisão do coração.

Uma das últimas tarefas de Moisés foi passar o bastão da liderança para Josué. Seu fiel assistente e comandante dos exércitos de Israel no deserto seria quem guiaria o povo à nova terra. Após liderar os israelitas por mais de quarenta anos e viver cento e vinte, Moisés teve a chance de contemplar a Terra Prometida do alto do monte Nebo antes de ser chamado por Deus.

É provável que os dois últimos capítulos de Deuteronômio tenham sido escritos por Josué, pois registram os eventos imediatamente anteriores e seguintes à morte de Moisés. Esses capítulos reforçam os temas principais que Moisés havia abordado: Deus é fiel ao seu povo, soberano sobre todas as coisas e o único Deus verdadeiro.

Desde o início da jornada rumo à Terra Prometida, Deus reforçou a importância da santidade pessoal. No fim de sua vida, Moisés convocou aquele mesmo povo a rejeitar os erros cometidos em sua história e a escolher um futuro melhor — um caminho de *vida* em vez de *morte*, e de *bênção* em vez de *maldição*.

REFLEXÕES

Confie e obedeça. A essência da mensagem de Moisés aos israelitas pode ser resumida em um princípio fundamental: *confiar no Senhor*. A geração anterior falhou nessa escolha porque temeu a força dos cananeus. Por isso, Moisés colocou essa mesma decisão diante da nova geração. Ele também os lembrou do *motivo* pelo qual podiam confiar em Deus: seu caráter.

Escolha bênçãos em vez de maldições. As palavras de Moisés em Deuteronômio 28 apresentam contrastes marcantes. Os primeiros 14 versículos descrevem as bênçãos que Israel receberia se permanecesse fiel a Deus. Os 54 versículos seguintes descrevem as maldições que cairiam sobre eles caso fossem infiéis. Hoje, as pessoas enfrentam a mesma escolha. Aqueles que obedecem ao Senhor serão abençoados, enquanto aqueles que ignoram suas verdades sofrerão as consequências da desobediência, tanto nesta vida quanto por toda a eternidade. A bênção pela obediência e a maldição pela rebeldia refletem a justiça de Deus.

Deus é fiel. Moisés inicia Deuteronômio relembrando o fracasso da geração passada, que se recusou a confiar em Deus e entrar na Terra Prometida. Ele encerra o livro com um cântico que reforça essa mesma lição. Em ambas as passagens, Moisés destaca a fidelidade inabalável de Deus. Apesar das constantes falhas do povo, Deus permaneceu fiel. Ele *sempre* cumpre suas promessas aos seus escolhidos.

PERGUNTAS DE ESTUDO

1. Por que era importante para Moisés relembrar a história do povo israelita? O que Moisés disse que levou Israel a se rebelar contra Deus (veja Deuteronômio 1:26-46)?

2. Como Deus demonstrou sua fidelidade ao ajudar Israel a superar as ameaças das nações vizinhas? (Cite alguns exemplos de Deuteronômio 2—3.)

3. Qual foi o maior mandamento apresentado por Deus para seu povo? O que os israelitas nunca deveriam esquecer (veja Deuteronômio 6:1-12)?

4. Moisés profetizou sobre Jesus em Deuteronômio 18:15-22. Como a promessa de um Messias vindouro poderia ter ajudado a proteger os israelitas de recaírem em antigos padrões pecaminosos?

5. Qual foi o propósito das pedras e do altar descritos em Deuteronômio 27:1-10? Quais foram alguns dos princípios-chave no pacto que Moisés descreveu em Deuteronômio 29?

6. Como Moisés garantiu ao povo, em Deuteronômio 31, que Deus estaria com Josué como seu novo líder? Como você acha que o povo reagiu ao receber essa notícia?

7. Quais temas principais estão presentes nas bênçãos de Moisés sobre Israel em Deuteronômio 33? Quantos líderes são mencionados nessa bênção?

8. Como a morte de Moisés é descrita em Deuteronômio 34? O que as palavras finais do livro dizem sobre o legado de Moisés para o povo de Israel?

SEMANA 5

DEUS NOS GUIA PARA A VITÓRIA

JOSUÉ 1–24

LEITURAS DIÁRIAS: **29** | Josué 1–2 **30** | Josué 3–4 **31** | Josué 5–6 **32** | Josué 7–8 **33** | Josué 9–10 **34** | Josué 11–12 **35** | Josué 23–24

Os anos de peregrinação de Israel estavam quase no fim. Os israelitas e seu líder, Josué – que havia sido treinado por Moisés –, agora estavam posicionados nas planícies de Moabe, a leste do rio Jordão, prontos para finalmente entrar e tomar posse da terra que Deus lhes prometera. A primeira fortaleza que se erguia diante deles era a cidade de Jericó. Buscando informações sobre seus habitantes e defesas antes da batalha, Josué enviou dois espiões.

A cidade de Jericó era cercada por duas muralhas maciças, com espessuras de cerca de 2 a 4 metros. Em suas adjacências, foram construídas pequenas e simples casas, muitas com janelas voltadas para fora da cidade. Essas casas eram normalmente habitadas pelos mais pobres da cidade – e, em alguns casos, por pessoas marginalizadas. Sua localização próxima aos portões da cidade era ideal para a prática da prostituição. O fluxo constante de pessoas entrando e saindo de Jericó favorecia esse tipo de negócio, porque era fácil entrar e sair dessas casas sem ser notado.

Esse elemento de anonimato foi útil para os espiões de Josué, que se esconderam na casa de uma prostituta chamada Raabe. Ela reconheceu que o Deus de Israel entregaria Canaã nas mãos deles e decidiu fazer *desse* Deus o *seu* próprio Deus. Arriscando sua própria vida, ajudou os espiões a escaparem da cidade pela janela de sua casa e, em troca, pediu a garantia de que sua vida e a de sua família seriam poupadas.

Quando os espiões retornaram ao acampamento, o povo recebeu a ordem de se santificar em preparação para atravessar o Jordão. Josué esteve presente naquele dia fatídico, décadas antes, quando os israelitas também estavam à porta de Canaã e se rebelaram. Naquele momento, o Senhor os chamou a avançar, mas sua fé falhou. Como consequência, foi decretado que ninguém daquela geração entraria na Terra Prometida.

Diante do rio Jordão mais uma vez, os israelitas prometeram não repetir o erro do passado: "Faremos tudo o que você nos ordenar e iremos aonde quer que nos enviar" (Josué 1:16).

Os sacerdotes carregaram a sagrada Arca da Aliança até as margens transbordantes do rio. Como representação da própria presença do Senhor entre seu povo, a Arca simbolizava que era ele quem os guiava. Quando os sacerdotes pisaram na água, ela foi subitamente (e milagrosamente) interrompida. Todo o Israel atravessou em terra seca, enquanto Deus detinha o Jordão – o que reafirmava o compromisso de Deus de remover qualquer obstáculo que se interpusesse entre os israelitas e sua herança em Canaã.

Ao longe, estava Jericó. Além de suas imponentes muralhas, a cidade estava situada sobre um monte elevado e cercada por um aterro. Para conquistá-la, qualquer inimigo precisaria avançar morro acima, subir o aterro e romper os dois portões principais tudo sob o ataque dos defensores posicionados nas muralhas. Como os israelitas tomariam tal cidade? Eles podiam contar com a presença do Deus todo-poderoso. O Senhor lhes concedeu uma vitória incrível. O povo marchou ao redor de Jericó sete vezes, os sacerdotes tocaram as trombetas, e as muralhas desabaram.

Com exceção de Raabe e sua família, Deus havia ordenado aos israelitas que não tomassem absolutamente nada de Jericó após sua queda. Tudo deveria ser destruído como sacrifício a ele, como parte da vitória. No entanto, um homem desobedeceu à ordem divina: Acã pegou alguns objetos como lembrança e tesouros para si.

Logo após a batalha de Jericó, Josué preparou seu exército para atacar Ai. Seus espiões o aconselharam a enviar apenas alguns milhares de homens. Se Josué tivesse consultado o Senhor antes de traçar sua estratégia, teria descoberto que existia pecado no acampamento, e isso precisava ser resolvido antes da batalha. O pequeno contingente enviado revelou-se um erro fatal. Os espiões pensaram que havia "poucos" habitantes em Ai, mas, na verdade, eram cerca de 12 mil pessoas – um número muito superior ao que a pequena força de Israel poderia enfrentar sem a proteção do Senhor.

Quando Josué tomou conhecimento do pecado no meio do povo, arrependeu-se. Acã foi condenado à morte e tudo o que lhe pertencia foi destruído. Somente após essa purificação, Deus entregou Ai nas mãos de Israel na segunda batalha.

A notícia de que o Deus de Israel lutava por seu povo se espalhou. A maioria das cidades de Canaã reagiu com ataques a Israel, na esperança de derrotá-lo antes que o Senhor interviesse. No entanto, uma cidade adotou uma abordagem diferente. O povo de Gibeom, reconhecendo que não poderia vencer se permanecesse como inimigo, decidiu fazer uma oferta de paz aos israelitas. Mas, em vez de pedirem a paz de forma direta, os gibeonitas recorreram a uma artimanha: fingiram vir de uma terra distante, uma nação que não representava ameaça alguma ao povo de Deus. Os líderes de Israel foram enganados por esse

A CONQUISTA DE CANAÃ

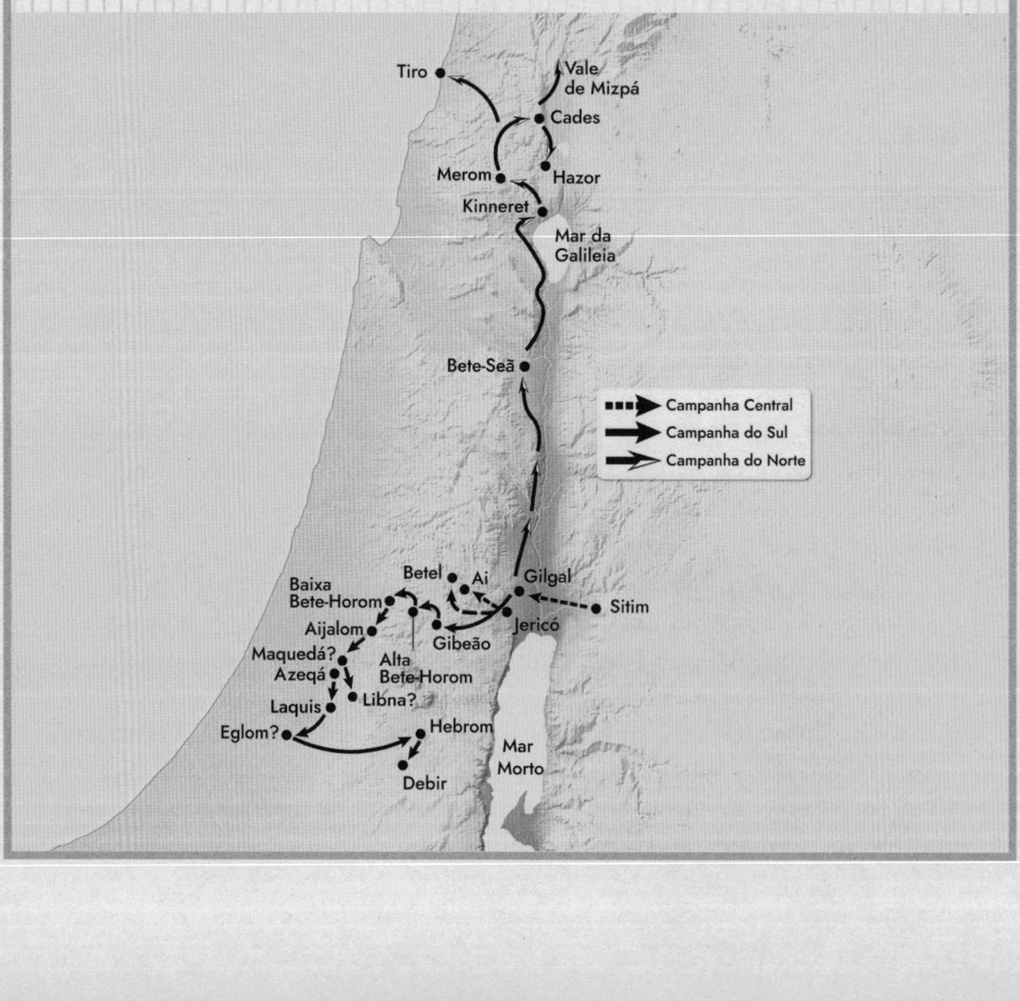

ardil e assinaram um pacto, em nome de Deus, no qual comprometiam-se a viver em paz com Gibeom.

Enquanto isso, o rei de Jerusalém formou uma aliança com outros quatro reis em uma tentativa desesperada de derrotar Israel. Ao saberem do pacto de paz feito por Gibeom, perceberam que sua melhor estratégia era atacar os aliados de Israel, em vez de Israel diretamente. Gibeom, então, implorou a Josué por ajuda. As tropas de Israel, já exaustas de uma marcha noturna sobre terreno íngreme, chegaram ao campo de batalha para enfrentar não apenas um, mas *cinco* exércitos inimigos. Ainda assim, o Senhor ordenou a Josué que não temesse.

Deus honrou o pacto de Israel e não permitiu que os reis cananeus derrotassem os gibeonitas. Primeiro, o Senhor enviou uma chuva de pedras mortais sobre o inimigo. Em seguida, fez o sol parar, suspendendo o movimento da Terra por algumas horas, para que seu povo alcançasse a vitória. Com esses eventos extraordinários, o Deus todo-poderoso de Israel demonstrou que não havia nada que ele não fizesse por seu povo – *até mesmo* mover os céus e a terra em seu favor.

REFLEXÕES

Deus transforma pecadores em santos. Raabe não seguia os mandamentos de Deus para uma vida justa. Portanto, Deus salvá-la do julgamento que caiu sobre Jericó foi um ato de graça. No entanto, Deus fez mais do que simplesmente salvá-la: ele a transformou em uma mulher de Deus e a colocou na linhagem de Cristo. Nossa salvação é apenas o primeiro passo na grandiosa obra de redenção do Senhor. Quando nos arrependemos de nossos pecados e abraçamos a graça de Deus por meio da fé em Jesus Cristo, recebemos o inestimável dom da vida eterna e também do Espírito Santo. O Espírito imediatamente inicia a obra de transformação em nossa vida, tornando-nos cada vez mais semelhantes a Jesus Cristo. Esse ato supremo de transformação supera até mesmo o que foi feito na vida de Raabe, pois o mais humilde dos pecadores um dia refletirá em plenitude a glória do Filho de Deus, Jesus!

Devemos recordar a fidelidade de Deus. Deus realizou muitos milagres para o seu povo. Ele os tirou do Egito, derrotou o exército do faraó e os sustentou no deserto. Mas os israelitas perderam a coragem quando chegaram às margens do rio Jordão. Eles se recusaram a atravessar para a Terra Prometida, como Deus havia instruído, e, como resultado, uma geração inteira morreu no deserto. Por essa razão, o Senhor ordenou que a próxima geração erguesse um monumento para que nunca se esquecessem do que ele havia feito por eles. No futuro, sempre que enfrentassem inimigos poderosos, poderiam olhar para aquelas pedras e se

> Fiel é Deus, que os chamou à comunhão com o seu Filho Jesus Cristo, o nosso Senhor.
>
> 1Coríntios 1:9

lembrarem do que Deus já havia feito no passado. Assim, teriam coragem para também confiar nele para o futuro.

Devemos tratar as coisas de Deus com reverência. Os israelitas deviam atravessar o rio Jordão seguindo a Arca da Aliança, mas a uma grande distância dela, em sinal de respeito pela Arca, símbolo da presença de Deus com seu povo. Além disso, essa distância tinha outro propósito: garantir que toda a nação pudesse vê-la e manter o foco na ação divina e não em si. Ao permanecerem cerca de 900 metros de distância, os israelitas não tiveram dúvidas de que foi o poder de Deus que abriu o rio Jordão, pois a água se dividiu no exato momento em que os pés dos sacerdotes a tocaram.

A batalha pertence ao Senhor. Deus ordenou que os israelitas entrassem em Canaã e a submetessem. Isso envolvia guerra, e eles precisavam aprender a lutar. No entanto, era fundamental que se lembrassem de que a batalha não era deles, mas do Senhor – quer seu papel fosse empunhar armas ou apenas marchar ao redor de uma cidade e tocar trombetas de chifre de carneiro. Como cristãos, nossa guerra é principalmente de natureza espiritual, pois somos chamados a lutar contra forças espirituais, e não contra outras pessoas. O Senhor nos chama a agir com responsabilidade e a tomar as medidas que estiverem ao nosso alcance dentro de sua vontade. Ainda assim, devemos sempre nos lembrar de que, independentemente do que possamos fazer, as batalhas pertencem a Deus. Deus quer que depositemos nossa fé em sua soberania e nos lembremos de que o desfecho de nossa vida está tão somente em suas mãos.

Deus não pode ser enganado. Acã conhecia a ordem do Senhor para não tocar nos tesouros de Jericó, mas acreditou que poderia pegar apenas alguns itens sem sofrer consequências. Ele os enterrou sob sua tenda – um esconderijo aparentemente perfeito, sem dúvida. Acã e sua família de fato conseguiram esconder seu pecado das outras pessoas. Parecia que ninguém além da família de Acã sabia sobre os bens roubados, e Josué conduziu o exército para a batalha com confiança, acreditando que tudo estava em ordem. No entanto, o Senhor sabia o que Acã havia feito e não ignoraria a transgressão. Todo pecado, por menor que pareça aos olhos do mundo, é uma ofensa abominável aos olhos de Deus. É fácil esconder nossos pecados das outras pessoas, mas nunca podemos escondê-los de Deus. Deus nos chama a purificar nossa vida e a confessar nossos pecados abertamente diante dele.

Deus pode mover céus e terra para cumprir seus propósitos. Ou, como nos eventos descritos em Josué, o Senhor pode fazer com que a terra e os céus *não* se movam. Para que o sol ficasse parado "no meio do céu" (Josué 10:13), a terra teria de parar de girar em seu eixo – e, ao que tudo indica, foi isso mesmo que Deus fez pelos israelitas naquele dia. Ele literalmente fez a terra parar por algumas horas para que seu povo obtivesse a vitória na batalha. Mas o Senhor foi além desse milagre extraordinário ao mover os céus para enviar seu Filho ao mundo como homem. Ele suspendeu as leis da biologia por um período e fez com que uma virgem concebesse o Filho de Deus. E muito mais do que isso: permitiu que seu Santo carregasse o pecado da humanidade; fez com que aquele que é a vida experimentasse a morte; e sujeitou o Criador às vontades de suas criaturas. O Senhor fez todas essas coisas para que pudéssemos ser reconciliados com ele.

Devemos ser fortes e corajosos. O comando para não temer é repetido várias vezes no livro de Josué, e sempre em momentos nos quais o medo parecia uma reação natural para o povo. Por exemplo, quando os exércitos do norte se reuniram contra os israelitas, o Senhor disse a Josué: "Não tenha medo deles, porque amanhã a esta hora os entregarei todos mortos a Israel" (Josué 11:6). Da mesma forma, somos chamados a resistir ao medo, o que significa que ele pode ser vencido. Isso acontece quando tiramos os olhos das circunstâncias e os voltamos para o Senhor, aquele que nos redime. Ele é totalmente fiel para salvar seu povo. Afinal, se ele foi capaz de fazer o sol parar em prol do exército de Israel, certamente também intervirá em nossa vida.

CIDADES DE REFÚGIO (Josué 20:1-9)

Moisés designou seis cidades em Israel como centros de refúgio. Uma pessoa que, sem intenção, matasse outra, poderia fugir para a cidade de refúgio mais próxima em busca de proteção. Três cidades ficavam a oeste do rio Jordão e três a leste, todas acessíveis em um dia de viagem para aqueles em sua região. As autoridades das cidades de refúgio protegiam o homicida e o escoltavam até o julgamento. Se fosse considerado inocente, podia permanecer sob proteção na cidade de refúgio até a morte do sumo sacerdote vigente, momento em que teria permissão para voltar para casa. Se fosse considerado culpado de assassinato, recebia a punição apropriada.

PERGUNTAS DE ESTUDO

1. Por que os espiões se esconderam na casa de uma prostituta ao entrarem na cidade de Jericó? De que forma essa foi uma estratégia eficaz (veja Josué 2:1-7)?

2. Como a mão de Deus guiou os acontecimentos na vida de Raabe quando ela decidiu esconder os espiões? Qual era o propósito de Deus para ela (veja Josué 2:8-21, 6:22-23)?

3. Por que o Senhor ordenou ao povo que empilhasse pedras em vez de construir um santuário ornamentado para ele (veja Josué 4:1-9)? O que isso revela sobre a finalidade dos memoriais em nossa vida?

4. Por que o Senhor instruiu o povo a carregar a Arca com eles enquanto marchavam ao redor de Jericó? O que Deus queria ensinar sobre quem realmente lutava a batalha (veja Josué 6:1-21)?

5. Por que Deus ordenou que toda a família de Acã fosse morta (veja Josué 7:1-26)? O que essa punição severa revela sobre a visão de Deus quanto à desobediência?

6. Por que o povo de Gibeom usou o engano para oferecer paz a Israel? Por que Deus honrou o pacto de Israel com eles mesmo assim (veja Josué 9:1-26)?

7. O que o fato de Josué ter ordenado que o sol parasse diz sobre sua fé (veja Josué 10:12-14)? Por que Deus atendeu a esse pedido ousado?

8. O que Josué ordenou aos israelitas em seu "discurso de despedida" registrado em Josué 23:2-16? Que escolha ele lhes deu em Josué 24:14-15?

SEMANA 6

DEUS JULGA NOSSOS PECADOS

JUÍZES 1—21

LEITURAS DIÁRIAS: **36** | Juízes 1–3 **37** | Juízes 4–6 **38** | Juízes 6–8 **39** | Juízes 10–12 **40** | Juízes 13–14 **41** | Juízes 15–16 **42** | Juízes 17–18

O povo de Israel entrou na Terra Prometida com grande alegria. Eles testemunharam o poder de seu Deus em ação por meio de milagres incríveis, como a abertura do rio Jordão e o sol parado no céu, além de vitórias miraculosas sobre seus inimigos. Não havia dúvida de que o Senhor soberano lutava por eles. Ainda assim, ele ordenou que o povo *participasse*, por meio de uma vida de obediência aos seus mandamentos.

Um desses mandamentos era de expulsar os povos de Canaã e destruir seus altares pagãos. Inicialmente, os israelitas seguiram essa missão com determinação, estabelecendo-se na Terra Prometida e acumulando conquistas. Mas, após a morte de Josué, o povo começou a se desviar não apenas desse mandamento, como também da adoração ao Senhor.

O autor do livro de Juízes, identificado pelo Talmude judaico como o profeta Samuel, descreveu sete desses ciclos. Durante cerca de quatrocentos e cinquenta anos, Israel repetiu um padrão recorrente: (1) se afastava de Deus; (2) sofria derrotas e opressão como juízo divino; (3) clamava por libertação; (4) Deus, em sua fidelidade, levantava líderes para livrá-los dos opressores; e, então, (5) o povo esquecia a misericórdia e a fidelidade de Deus, afastando-se do Senhor novamente.

Como parte da fase de libertação, o Senhor designou uma sucessão de indivíduos chamados *juízes* – quatorze no total – para conduzir a nação à vitória sobre seus inimigos e ao retorno à obediência a Deus. Os três primeiros juízes foram Otoniel, Eúde e Sangar.

Após a morte de Eúde, o povo voltou a cair em pecado. Como consequência, Deus permitiu que Jabim, rei de Hazor, formasse uma poderosa coalizão militar contra eles. O exército de Jabim estava equipado com uma grande força de carruagens de guerra – carruagens de ferro. O ferro era uma invenção relativamente nova, usada para espadas e armaduras, sendo muito superior ao bronze anteriormente utilizado. Israel não tinha armas ou armaduras de ferro e, com certeza, não tinha carruagens de guerra revestidas de ferro. Inferiores em armamento e em número, o povo de Deus foi oprimido por Jabim durante vinte anos.

Naquele período, as tribos do norte de Israel eram guiadas por Débora, uma juíza reconhecida por sua sabedoria e discernimento. Os exércitos de Israel eram liderados por um homem chamado Baraque. Um dia, conforme o comando do Senhor, Débora chamou Baraque para mobilizar 10 mil homens contra Sísera, o comandante do exército de Jabim. Deus havia prometido a vitória a Baraque, mas, em vez de obedecer, ele hesitou, talvez pensando em como seus homens estavam mal equipados diante das carruagens de ferro de Sísera. Sua contraproposta a Débora foi: "Se você for comigo, irei" (Juízes 4:8).

O exército de Israel venceu as forças de Sísera, mas seu comandante conseguiu fugir. No entanto, o Senhor determinou que sua morte viesse pelas mãos de uma mulher chamada Jael. Se Baraque não tivesse hesitado diante da ordem divina, Deus teria entregado Sísera diretamente em suas mãos. Em vez disso, para sua desonra, a vitória foi atribuída a uma mulher.

Na vida de Gideão, o quinto juiz, é possível observar outro homem escolhido por Deus que hesitou em assumir a liderança. Gideão, ao que parece, vinha de uma família rica e havia dedicado sua vida ao cuidado de plantações e rebanhos. Os inimigos de Israel naquela época, os midianitas, estavam saqueando a terra e roubando o povo de Deus, causando tanta devastação que a comida era escassa, e as pessoas viviam com medo de morrer.

Conhecemos Gideão enquanto ele tentava debulhar trigo em segredo, na esperança de que seus inimigos não aparecessem para matá-lo durante a tarefa. Então, lemos que Deus veio a Gideão em forma humana e o saudou como um homem valente. À primeira vista, essa saudação parecia irônica, já que Gideão estava agindo de forma discreta para evitar confronto! No entanto, Deus via além de sua insegurança e tinha planos grandiosos para ele. A primeira missão que o Senhor deu a Gideão foi a de purificar sua própria casa da idolatria. Gideão recebeu a instrução de derrubar o altar de Baal e construir um altar ao Senhor. Somente então ele poderia liderar o povo de Deus contra os midianitas.

Gideão demorou a viver conforme a honra que Deus lhe concedera e continuou a demonstrar medo, colocando as promessas do Senhor à prova. Mais tarde, porém, Deus usou Gideão para derrotar o exército midianita. Infelizmente, após essa grande vitória, Gideão fez um éfode de ouro (uma vestimenta sem mangas usada pelos sacerdotes) que levou o povo à idolatria.

Gideão foi sucedido pelos juízes Tolá, Jair, Jefté, Ibsã, Elom e Abdom. A essa altura, os filisteus eram os senhores da nação. Os filisteus eram uma civilização rica e poderosa, e seus exércitos eram temidos. No entanto, em vez de recorrer à punição severa ou à escravização, eles governavam por meio de controle econômico, pela imposição de impostos e leis. Os israelitas estavam sob seu domínio, como se presos a uma coleira, mas uma coleira dourada. Eles experimentaram certo conforto e riqueza econômica durante esse período – era um jugo fácil de suportar.

Contudo, essa tranquilidade era parte do problema, pois os israelitas estavam se tornando confortáveis demais sob o domínio de seus vizinhos pagãos. Aos poucos, se entregavam à letargia espiritual e adotavam costumes do mundo ao seu redor, correndo o risco de se tornar apenas mais uma nação pagã em Canaã. Deus não toleraria tal apostasia, então levantou mais um juiz. Desta vez, porém, ele usaria esse juiz para gerar conflitos entre Israel e os filisteus, a fim de despertar seu povo para o perigo em que se encontrava.

Essa foi a missão de Sansão, um homem criado como nazireu – alguém que fazia um voto de se abster de vinho, evitar contato com cadáveres e nunca cortar o cabelo. Sansão foi chamado para uma vida de pureza e, durante seu tempo como juiz, a força que Deus lhe concedeu permitiu que ele conquistasse muitas vitórias sobre os filisteus. Entretanto, Sansão não viveu à altura de seu chamado como nazireu e se envolveu em muitos pecados. Por fim, o Espírito de Deus o deixou após sua decisão final de trair seus votos do nazireado, embora o Senhor lhe tenha conferido uma última vitória sobre seus inimigos, quando Sansão derrubou as colunas de um templo pagão e matou 3 mil filisteus.

Sansão foi o décimo segundo juiz e o último mencionado no livro de Juízes. (Os outros dois juízes, Eli e Samuel, são mencionados no livro de 1Samuel.) Os capítulos finais de Juízes, após a morte de Sansão, demonstram vividamente até que ponto o pecado pode chegar quando as pessoas rejeitam a autoridade de Deus. As consequências das escolhas de Israel servem como um desfecho trágico para um dos períodos mais sombrios da história da nação.

ISRAEL SOB OS JUÍZES

Otoniel	Juízes 3:7–11
Eúde	Juízes 3:12–30
Sangar	Juízes 3:31
Débora	Juízes 4–5
Gideão	Juízes 6–8
Tolá	Juízes 10:1–2
Jair	Juízes 10:3–5
Jefté	Juízes 10:6–12:7
Ibsã	Juízes 12:8–10
Elom	Juízes 12:11–12
Abdom	Juízes 12:13–15
Sansão	Juízes 13–16

REFLEXÕES

Fuja do ciclo do pecado. O livro de Juízes narra como os israelitas desobedeceram a Deus, caindo repetidamente na idolatria. Em resposta, o Senhor permitia que enfrentassem dificuldades como forma de disciplina, instando-os a retornarem a ele. Essa opressão por inimigos e outras calamidades forçavam Israel a se arrepender, e Deus, em sua graça, enviava juízes para conduzi-los de volta à obediência. No entanto, com o tempo, o povo perdia o interesse pelas coisas de Deus e logo recomeçava o ciclo! Esse ciclo não agradava a Deus, que queria que o povo lhe obedecesse voluntariamente e o adorasse de todo o coração. Deus pode trazer disciplina à nossa vida para nos tornar mais puros e semelhantes a Cristo, mas seu maior desejo é que lhe obedeçamos por amor e gratidão, não apenas em resposta às dificuldades. Um sinal de maturidade espiritual é obedecer à Palavra de Deus simplesmente porque sabemos que isso agrada e glorifica ao Pai.

Obedeça a Deus sem questionar. Como líder do exército de Israel, Baraque estava acostumado a dar ordens que eram seguidas sem questionamento - afinal, um bom soldado não desafia seu comandante. Por isso, é surpreendente ler que Baraque contradisse as ordens diretas de seu Comandante Supremo - o próprio Deus. Imagine um general instruindo um soldado a avançar para a batalha, e o soldado respondendo: "Eu irei, mas somente se você for comigo". Esse comportamento certamente encerraria sua carreira militar. No entanto, é ainda mais audacioso quando tentamos encontrar maneiras de evitar a obediência plena à Palavra de Deus! Isso acontece quando seguimos apenas parte de seus mandamentos, quando adiamos nossa resposta ou ignoramos os

GIDEÃO E A LÃ (Juízes 6:36-40)

"Gideão disse a Deus: 'Quero saber se vais libertar Israel por meu intermédio, como prometeste. Vê, porei uma porção de lã na eira. Se o orvalho molhar apenas a lã e todo o chão estiver seco, saberei que tu libertarás Israel por meu intermédio...'" (v. 36-37). Os dois pedidos de Gideão por sinais na lã devem ser vistos como um reflexo de sua fé fraca. O próprio Gideão reconheceu isso ao dizer: "Não se acenda a tua ira contra mim" (v. 39), já que Deus já havia prometido sua presença e vitória. No entanto, esses pedidos também eram solicitações legítimas de confirmação diante de probabilidades que pareciam impossíveis. Em nenhum momento Deus repreendeu Gideão, mas, pelo contrário, em sua compaixão, atendeu à necessidade daquele juiz. Gideão deveria ter acreditado na promessa de Deus, mas precisava de encorajamento, e Deus lhe concedeu esse reforço.

impulsos do Espírito Santo. O Senhor deseja que obedeçamos à sua Palavra com disposição, e não podemos experimentar plenamente as bênçãos do Senhor em nossa vida a menos que estejamos dispostos a obedecer aos seus mandamentos. Como Débora cantou: "Quando os líderes assumem a liderança em Israel, quando o povo se apresenta voluntariamente, louvem ao Senhor!" (Juízes 5:2).

Não coloque Deus à prova. As Escrituras estão repletas de homens e mulheres que enfrentaram decisões difíceis e se voltaram para o Senhor em busca de orientação. Jesus encorajou seus discípulos a buscar a vontade do Pai em todas as coisas, ensinando-os a orar: "Seja feita a tua vontade na terra como no céu" (Mateus 6:10). Hoje, o Espírito Santo habita em nós, cristãos; sua função é nos guiar em toda a verdade (veja João 16:13). Não há necessidade de "testar" Deus para receber sua direção. Na verdade, é importante reconhecer na história de Gideão que ele não estava de fato buscando orientação ao colocar uma porção de lã na eira. O Senhor já lhe havia dito exatamente o que fazer. O problema era que Gideão temia que o Senhor não cumprisse suas promessas, então ele buscou uma confirmação da fidelidade de Deus. Mas Deus já havia provado ser fiel na história de Israel – ao abrir o rio Jordão, derrubar as muralhas de Jericó, proporcionar uma vitória atrás da outra –, e Gideão deveria ter descansado na fé de que o Senhor cumpriria sua palavra mais uma vez.

Busque permanecer eficaz para Deus. É impressionante ler sobre Sansão, um homem tão dominado por seus próprios desejos, e perceber que o Espírito de Deus continuou a usá-lo de maneiras poderosas. Sansão passou grande parte de sua vida se associando aos inimigos de seu povo. Ele se entregou ao vinho, apesar de seu voto para evitá-lo. Casou-se com uma mulher cananeia, algo expressamente proibido ao povo de Deus. Sansão até contratou prostitutas e manteve um relacionamento imoral com Dalila. Ainda assim, o Senhor o usou para iniciar a derrota dos filisteus! Contudo, a triste verdade é que a eficácia de Sansão foi muitíssimo limitada pelo seu pecado. Em vez de ser tanto um líder político quanto um exemplo espiritual para Israel, ele se tornou um fracasso moral, e acabou por realizar muito menos do que poderia ter alcançado. O Senhor usou Sansão para cumprir uma pequena parte de seu plano, mas seus hábitos pecaminosos o impediram de realizar muito mais. Da mesma forma, Deus não nos abandona quando pecamos, mas nossos hábitos pecaminosos podem interferir gravemente em nossa eficácia no serviço a ele. Nosso pecado entristece o Espírito Santo e mitiga seu poder em nossa vida. Quando andamos na impiedade, corremos o risco de terminar em tragédia, assim como Sansão.

> ... se abstenham dos desejos carnais que guerreiam contra vocês.
>
> 1Pedro 2:11

Não apague o Espírito de Deus. Sansão acreditava que sua força extraordinária vinha do simples fato de nunca cortar o cabelo, como se houvesse algum efeito mágico. Ele não compreendia que seu poder vinha, na verdade, do Espírito de Deus, que escolhera habitar nele. Assim, quando Sansão permitiu que Dalila cortasse seu cabelo, ainda que sem intenção, ele praticamente repudiou seu voto de nazireu e declarou que o Deus de Israel não era seu Senhor. Sua vida era governada por suas paixões. O mesmo Espírito Santo que capacitou Sansão habita em cada um que segue a Cristo. O Espírito Santo, é claro, não é uma força impessoal, mas uma Pessoa divina que, como o terceiro membro da Trindade, é coigual e consubstancial com o Pai e o Filho. A Bíblia ensina que o Espírito tem todos os atributos da personalidade e da divindade, incluindo intelecto, emoções, vontade, eternidade, onipresença, onisciência, onipotência e veracidade. O Espírito também nos santifica, instrui, ilumina e capacita para o serviço espiritual. Ele nos permite obedecer à verdade. Quando andamos em conformidade com a Palavra de Deus, a qual o Espírito Santo inspirou, caminhamos segundo o Espírito e, assim, manifestamos o seu fruto. Por outro lado, quando satisfazemos os desejos de nossa natureza pecaminosa (como Sansão fez), apagamos o Espírito e manifestamos as obras da carne (veja Gálatas 5:16-25).

PERGUNTAS DE ESTUDO

1. Por que Deus ordenou que os israelitas não fizessem alianças com os cananeus e que destruíssem seus altares? O que aconteceu quando eles falharam em obedecer (veja Juízes 2:1-6)?

2. Que explicação os israelitas poderiam ter dado a fim de justificar sua falha em expulsar os cananeus? Como os cristãos deste tempo às vezes justificam sua desobediência e conformidade com o mundo?

3. O que havia de errado no pedido de Baraque para que Débora o acompanhasse? Como o resultado da batalha poderia ter sido diferente se Baraque tivesse obedecido plenamente à ordem de Deus (veja Juízes 4:4-10)?

4. Por que Gideão pediu sinais milagrosos a Deus? O que isso revelou sobre sua fé? O que essa atitude revela sobre o caráter de Deus (veja Juízes 6:14-21,36-40)?

5. Por que o Senhor ordenou que Gideão destruísse o altar pagão de seu pai? Por que essa atitude era essencial antes de enfrentar os midianitas (veja Juízes 6:25-32)?

6. Como você descreveria o caráter de Sansão com base no que leu em Juízes 14—15? Quais foram seus pontos fortes? Quais foram seus pontos fracos?

7. O que Sansão revelou a Dalila sobre como poderia ser subjugado (veja Juízes 16:1-17)? O que o levou a esse ponto e por que ele não percebeu as consequências?

8. Por que Deus continuou a usar Sansão apesar de tantos anos de desobediência? Por que o Espírito Santo deixou Sansão quando ele cortou o cabelo (veja Juízes 16:18-21)?

SEMANA 7

DEUS É NOSSO REI SOBERANO

RUTE 1—1SAMUEL 17

LEITURAS DIÁRIAS: **43** | Rute 1–4 **44** | 1Samuel 1–3 **45** | 1Samuel 4–6 **46** | 1Samuel 7–8 **47** | 1Samuel 9–12 **48** | 1Samuel 13–15 **49** | 1Samuel 16–17

O belo drama de Rute é um relato verdadeiro que faz a ponte entre o período dos juízes e a monarquia de Israel. É a história de uma moabita que chegou a Belém como estrangeira, tornou-se serva, dedicou-se ao Deus de Israel, casou-se com o rico Boaz (que se tornou o redentor da linhagem de Rute) e desempenhou um papel crucial na linhagem natural de Cristo.

O povo de Israel já vivia na Terra Prometida havia várias gerações quando a terra de Judá enfrentou uma fome severa o suficiente para que um homem chamado Elimeleque levasse sua esposa e dois filhos para a terra de Moabe. Embora os moabitas fossem inimigos perenes de Israel, Elimeleque permitiu que seus filhos se casassem com mulheres moabitas.

Anos depois, a viúva de Elimeleque, Noemi, retornou a Judá, acompanhada por Rute. O futuro parecia sombrio para ambas. Os filhos de Noemi haviam morrido; o falecido marido de Rute não havia gerado filho; e elas haviam perdido a propriedade familiar devido à pobreza.

As mulheres chegaram a Judá durante a colheita da cevada. A Lei de Moisés exigia que os agricultores deixassem para trás porções de grãos para que os pobres os recolhessem como alimento. No entanto, não tinham a obrigação de alimentá-los nem de lhes dar atenção especial – fazer isso seria ir além do dever. É nesse cenário que conhecemos Boaz, e no qual ele conhece Rute. O Senhor já estava agindo para unir os dois por meio de sua soberania divina – literalmente, um casamento preparado nos céus. Por meio de seus descendentes, Deus traria ao mundo seu Filho, Jesus Cristo, em forma humana.

Quando 1Samuel começa, Israel estava em mais um período de decadência. Mas Deus levantaria um profeta/juiz para liderá-los, preparado desde a infância para uma vida de serviço fiel, por causa de seus pais – especialmente sua mãe, Ana. Em meio à dor de sua esterilidade, ela dedicou seu primogênito ao Senhor. Quando esse filho, Samuel, nasceu e alcançou a idade de 2 ou 3 anos, Ana cumpriu seu voto e o levou a Siló, onde ele cresceu servindo ao Senhor diante de Eli, um juiz e sumo sacerdote. Os dois filhos de Eli, que também serviam como sacerdotes, eram perversos e estavam profanando o nome do Senhor em Israel. Como Eli não tomou medidas firmes para corrigi-los, Deus decretou que sua linhagem perderia o sacerdócio. A primeira missão de Samuel como jovem profeta foi entregar essa dura mensagem ao homem que ele amava como um pai.

Eli, além de falhar em disciplinar seus filhos, conduziu toda a nação ao erro. Os israelitas, pensando que poderiam usar a Arca da Aliança como um amuleto da sorte que garantiria a vitória sobre seus inimigos, decidiram, de forma imprudente, retirar a Arca do Templo em Siló e levá-la com eles para a batalha. Quando perderam não apenas a batalha, mas também a Arca para os filisteus, Eli morreu de espanto, e o povo agiu como se tivesse perdido seu Deus. O Senhor usou esse evento para puni-los por seu pecado e mostrar sua grandeza sobre Dagom, o deus dos filisteus. O Senhor provou o quão absurdo era para os israelitas pensar que ele residia em uma caixa ou que poderiam manipulá-lo para lhes dar a vitória.

Vinte anos depois, o povo enfim estava pronto para voltar ao Senhor. Enquanto estavam reunidos em público para se arrepender de sua idolatria, o Senhor lhes deu uma grande vitória sobre os filisteus. Além disso, revelou que Samuel seria o responsável por assumir o cargo de juiz de Eli. Deus agiria poderosamente durante os dias de Samuel como o último juiz de Israel.

Com o tempo, porém, o povo olhou para as nações vizinhas de Canaã, viu que todos os outros tinham um rei e decidiu que também queria ter um. Samuel ficou muito angustiado, provavelmente sentindo que toda a sua vida de serviço fiel havia sido em vão. No entanto, em sua bondade, o Senhor lembrou Samuel de que aqueles que rejeitam a Deus também rejeitam seus servos.

O Senhor advertiu o povo sobre a servidão que viria com o estabelecimento de um rei, certo de que, em algum momento, eles se arrependeriam de sua escolha. Ainda assim, insistiram, e Deus acabou consentindo. O jovem que o Senhor escolheu para a tarefa foi Saul. Exteriormente, ele tinha as qualificações perfeitas para ser rei. Mas seu coração não estava voltado para o Senhor.

Após obter uma vitória militar contra os amonitas, o povo se reuniu em Gilgal para coroá-lo como rei. Impulsionado por esse sucesso, Saul partiu para sua próxima batalha contra os filisteus. No começo, as coisas foram bem, mas, quando a batalha se intensificou, o exército de Saul desertou. Esse provaria ser seu grande teste. Ele se submeteria ao Senhor como o verdadeiro rei de Israel ou tomaria essa autoridade para si?

Saul decidiu usurpar a autoridade dos sacerdotes escolhidos por Deus e, em uma batalha posterior, reteve para si os melhores despojos, desobedecendo à ordem divina. Ele tentou justificar sua desobediência como uma questão de conveniência, mas, em ambas as situações, cumpriu apenas parcialmente a vontade do Senhor. Sua vida foi marcada por decisões como essas, nas quais colocava sua própria vontade acima da de Deus. Como consequência, o Senhor rejeitou Saul como rei e ordenou que Samuel ungisse um novo rei dentre os sete filhos de Jessé.

Embora um desses filhos, Davi, ainda fosse apenas um jovem, ele já havia desenvolvido um caráter piedoso e aprendido muitas habilidades que se tornariam úteis quando o Senhor o chamasse para pastorear não apenas animais, mas também seu povo. O primeiro grande desafio de Davi foi Golias. Durante quarenta dias, esse gigante filisteu se apresentou diante dos israelitas, de manhã e à tarde, zombando deles e desafiando-os para um combate. Como resultado, os israelitas "ficaram atônitos e apavorados" (1Samuel 17:11).

Sem dúvida, Davi também sentiu medo ao ver Golias, mas sabia que avançava na força do Senhor. Deus lhe concedeu a vitória por meio de uma pedra lançada com precisão de sua funda. Ao testemunhar como Deus honrou a obediência de Davi, os israelitas se sentiram encorajados e partiram para a batalha. A coragem de Davi inspirou aqueles ao seu redor. No entanto, esse episódio também evidenciou que o Espírito Santo havia se afastado de Saul e agora estava com Davi. A partir desse momento, as vitórias de Israel ocorreriam sob a liderança do novo rei escolhido por Deus.

REFLEXÕES

A salvação de Deus está disponível para todos. Embora os moabitas estivessem proibidos de entrar na congregação de Israel, Rute abandonou os deuses de Moabe e escolheu seguir o Deus de Israel. Com essa decisão, ela deixou de ser uma estrangeira sem esperança de se aproximar de Deus e se tornou parte da linhagem humana de Jesus. Da mesma forma, qualquer pecador que aceita a salvação em Cristo é transformado da morte para a vida.

Jesus é o nosso Redentor. Rute estava condenada à pobreza. Sua única esperança estava em um estranho que não ganharia nada por casar-se com ela. Ainda assim, Boaz assumiu a responsabilidade de cuidar de seus parentes. Boaz nos dá um vislumbre de Cristo em seu papel como nosso Redentor. Estávamos sem esperança, mas Jesus tomou sobre si toda a responsabilidade de cuidar e preparar um lugar para nós como sua noiva por toda a eternidade. Ele fez isso voluntariamente – a ponto de morrer na cruz por nós.

Deus se agrada de um coração disposto. Samuel tinha, no máximo, 14 anos quando ouviu o Senhor chamar seu nome. Ele não permaneceu deitado, ignorando o chamado, mas correu até Eli. Quando Deus finalmente lhe deu uma mensagem difícil, que deveria ser transmitida a Eli, Samuel sentiu temor ao pensar em entregá-la ao homem que era como um pai para ele. No entanto, obedeceu ao Senhor e transmitiu a mensagem por completo.

A coragem vem da confiança na soberania de Deus. Quando Davi enfrentou Golias, ele não simplesmente correu pelo vale na esperança de que tudo desse certo. Ação impulsiva diante do medo é tolice. Davi foi corajoso porque tinha convicção de duas coisas: que seria rei sobre Israel e que o Senhor não seria escarnecido. O medo cresce quando focamos nossos olhos nas coisas deste mundo. O exército de Israel estava aterrorizado porque olhava para Golias e suas armas terríveis. Davi, entretanto, desprezou essas armas materiais. Ele compreendia que as armas do mundo são impotentes diante do Senhor Deus.

PERGUNTAS DE ESTUDO

1. Releia os capítulos 1 e 2 de Rute e procure por evidências no pano de fundo da mão soberana de Deus. Como ele trabalhou em todos os detalhes para Noemi e Rute?

2. O que custou a Boaz tornar-se o redentor de Rute e Noemi (veja Rute 4:1-12)? O que Rute ganhou? O que Noemi ganhou?

3. Por que Penina maltratava Ana por causa de sua esterilidade? O que isso revela sobre o seu caráter? E sobre a vida familiar delas (veja 1Samuel 1:1-11)?

4. Por que você acha que Deus enviou um julgamento tão devastador contra Eli? O que ele fez de errado (veja 1Samuel 2:27-33, 4:4-18)?

5. Por que o Senhor não derrotou os filisteus de forma milagrosa, sem que os israelitas precisassem lutar (veja 1Samuel 7:5-13)?

6. Por que os israelitas queriam um rei (veja 1Samuel 8:19-20)? Por que estavam insatisfeitos com os juízes que Deus lhes enviou?

7. Quais qualidades de Davi o prepararam para se tornar rei? Como essas qualidades eram diferentes das qualidades de Saul (veja 1Samuel 16:4-23)?

8. O que motivou Davi a enfrentar Golias? Por que sua resposta à ameaça foi tão diferente da resposta de Saul (veja 1Samuel 17:34-37)?

SEMANA 8

DEUS RECOMPENSA UM CORAÇÃO FIEL

1SAMUEL 18—2SAMUEL 10

LEITURAS DIÁRIAS: **50** | 1Samuel 18—21 **51** | 1Samuel 22—26 **52** | 1Samuel 27—31 **53** | 2Samuel 1—3 **54** | 2Samuel 4—5 **55** | 2Samuel 6—8 **56** | 2Samuel 9—10

Os eventos de 1 e 2Samuel abrangem cerca de 135 anos de história, desde o nascimento de Samuel até as últimas palavras de Davi. Durante esses anos, Israel foi transformado de um grupo de tribos desorganizadas governado por juízes para uma nação sob o reinado de uma monarquia centralizada.

À medida que os eventos de 1Samuel 18 se desenrolam, Saul, que estava enlouquecendo aos poucos, ainda ocupava o trono, embora Davi já tivesse sido ungido como o governante escolhido por Deus. Consumido pelo ciúme da crescente popularidade de Davi, Saul começou a tramar a morte deste. Enquanto isso, o filho caçula de Jessé servia a Saul com bravura e lealdade como soldado. Ele também era a única pessoa capaz de acalmar Saul quando um espírito maligno o atormentava. No entanto, nada disso foi suficiente para amenizar o ódio do rei. Em determinado momento, Saul expulsou Davi de sua corte, forçando-o a fugir e se esconder onde fosse possível.

Nesse cenário perigoso, Jônatas se destacou. Como filho de Saul, Davi era seu principal rival ao trono. Contudo, Jônatas compreendia que o Senhor havia escolhido Davi para ser o rei de Israel. Assim, em vez de se juntar às tentativas de seu pai de eliminar Davi, ele optou por permanecer leal ao seu amigo mais próximo, chegando até a arriscar sua vida para ajudá-lo a ascender ao trono.

Certo dia, enquanto Davi e seus homens se escondiam de Saul em uma caverna, o Senhor entregou o rei em suas mãos. Davi teve a chance perfeita de pôr fim à perseguição ao simplesmente tirar a vida de Saul. Se alguém tinha o direito de eliminar seu perseguidor, era Davi, o legítimo rei de Israel. Ele, porém, se recusou a ferir Saul, pois estava decidido a respeitar aquele que Deus havia ungido como rei.

Samuel, o último juiz de Israel e um dos grandes profetas de Deus, havia advertido o povo sobre as consequências de trocar o Senhor por uma monarquia humana. Infelizmente, as palavras de Samuel se cumpriram. No final da vida de Saul, Israel estava sendo devastado por seus inimigos, enquanto o rei colocava seu orgulho acima do bem-estar da nação. Em um de seus últimos atos, Saul virou as costas para Deus e buscou orientação de uma feiticeira. No fim, Israel recebeu exatamente o rei que desejava.

De maneira trágica, Saul morreu em batalha contra os filisteus, e todos os seus filhos morreram com ele – exceto um, chamado Is-Bosete. No início do livro de 2Samuel, Deus chama Davi para ir a Hebrom, onde ele seria ungido rei de Judá. No entanto, Is-Bosete, o único herdeiro sobrevivente de Saul, reivindicou o trono por direito de nascimento. Isso resultou em uma divisão na nação, com diferentes facções apoiando sucessores distintos.

Abner, o comandante do exército de Is-Bosete, inicialmente se opôs a Davi e, mais tarde, tentou reivindicar o trono para si. Todavia, Deus o usou de modo soberano para persuadir os apoiadores de Is-Bosete de que Davi era o rei escolhido pelo Senhor para governar todo Israel. Is-Bosete foi derrotado, e então as tribos foram até Hebrom para declarar Davi como seu rei. Depois disso, Davi conquistou a cidade de Jerusalém e derrotou o restante dos filisteus.

Ao se consolidar como único governante de Israel, Davi decidiu que era o momento ideal para trazer de volta a Arca da Aliança – o baú ornamentado que continha as tábuas da Lei e outros objetos sagrados – para Jerusalém. A Arca era o símbolo da presença de Deus entre seu povo. Os filisteus a haviam capturado em batalha muitos anos antes, mas, quando Deus trouxe doenças e morte sobre suas cidades, eles rapidamente a colocaram em uma carroça puxada por bois e a enviaram de volta. Ela fora colocada na cidade de Quiriate-Jearim, onde permanecia desde então.

Deus havia dado instruções rigorosas ao seu povo não apenas sobre *como* mover a Arca, mas também sobre *quem* deveria transportá-la. No entanto, Davi

TRIUNFOS DE DAVI

(Com base em 2Samuel)

Torna-se rei de Judá (2:4).

Torna-se rei de Israel (5:3).

Conquista a cidade de Jerusalém (5:7).

Devolve a Arca da Aliança (6:12).

Recebe a aliança do Senhor (7:16).

Derrota os filisteus, moabitas, amonitas e arameus (8:1-2, 10. 16. 19).

desobedeceu a essas diretrizes, o que levou à morte de um homem. Com medo de que novas calamidades ocorressem, ele decidiu deixar a Arca na casa de Obede-Edom, o geteu. Porém, três meses depois, chegaram a Davi relatos de que o Senhor havia abençoado a casa onde a Arca estava. Davi logo reconheceu que Deus também desejava abençoar seu povo e, assim, a Arca foi levada para Jerusalém com alegria. Desta vez, o povo a transportou da maneira correta, carregando-a sobre os ombros dos levitas, em vez de colocá-la em uma carroça puxada por bois, como os filisteus haviam feito.

Ao se firmar como rei, Davi ordenou que se fizesse uma busca por quaisquer descendentes remanescentes de Saul – não para eliminá-los, mas para lhes demonstrar bondade, em cumprimento à aliança de amizade que havia feito com Jônatas. Quando o filho de Jônatas, Mefibosete, foi encontrado, Davi demonstrou compaixão por ele, e foi muito além, a ponto de conceder-lhe presentes e honrarias.

O reinado de Davi seria marcado, sobretudo, por conflitos e guerras. Os israelitas enfrentavam diversos inimigos determinados a derrotá-los – alguns até mesmo desejavam eliminá-los por completo. Os filisteus, cuja terra ficava a oeste, na costa do mar Mediterrâneo, eram um dos inimigos mais perigosos. Davi passaria a maior parte de seu reinado tentando derrubar essa tirania, enquanto também lidava com outros inimigos estrangeiros e com rebeliões internas entre os próprios israelitas. Ainda assim, apesar de toda essa oposição ao seu governo, ele nunca perdeu de vista o fato de que todas as suas bênçãos vinham de Deus.

Davi foi chamado de "um homem segundo o coração dele [Deus]" (1Samuel 13:14), e o Senhor fez muitas promessas a ele a respeito de sua vida e do futuro de seu reino. Uma dessas promessas veio depois de Davi, percebendo que não era certo ele viver em um palácio grandioso enquanto Deus habitava em uma tenda portátil, elaborar um plano para construir um Templo: uma morada permanente para o Todo-Poderoso, onde o povo pudesse adorá-lo. Embora o Senhor não tenha permitido que ele construísse o Templo, prometeu que o filho de Davi o edificaria, e essa promessa logo se cumpriu com Salomão. No entanto, Deus expandiu ainda mais sua promessa a Davi.

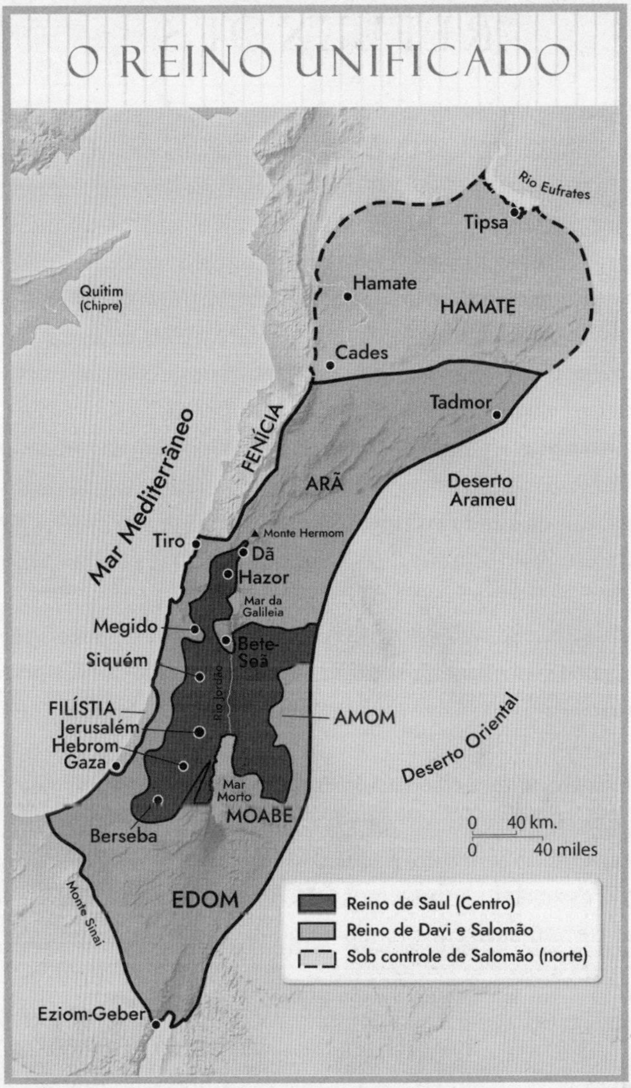

O Senhor disse a Davi que os israelitas seriam "plantados" na Terra Prometida, ou seja, não mais vagueariam de lugar em lugar, nem estariam mais sob constantes ataques inimigos. Além disso, Deus disse a Davi: "... levantarei a sua descendência, um fruto do seu próprio corpo, para sucedê-lo e eu estabelecerei o reino dele. Será ele quem construirá uma casa para o meu nome, e eu firmarei o trono dele para sempre" (2Samuel 7:12-13). Essa promessa teve um cumprimento imediato por meio de Salomão, filho de Davi. Entretanto, seu alcance vai além: ela também se cumpre – e se cumprirá eternamente – por meio de Jesus, cuja linhagem humana descende da casa de Davi.

REFLEXÕES

A devoção a Deus vale mais do que as riquezas do mundo. Aos olhos do mundo, Jônatas era o legítimo herdeiro do trono de Israel, com o exército sob seu comando para proteger essa herança. Seu pai, na verdade, estava ativamente tentando eliminar o único "rival" de Jônatas ao trono. Tudo o que ele precisava fazer era cooperar com o plano de Saul para matar Davi, e sua herança estaria (na visão de Saul) garantida. Mas Jônatas compreendia que os reinos da terra são passageiros e que apenas o amor permanecerá; e ele investiu seu futuro no amor que tinha por Davi. Estava disposto a abrir mão de todas as honras que lhe cabiam por direito de nascimento e até mesmo a arriscar a própria vida para ajudar Davi a assumir o trono que poderia ter sido seu. Da mesma forma, os cristãos são chamados a escolher a fidelidade a Deus acima dos próprios desejos e até mesmo acima de sua família: "Busquem, pois, em primeiro lugar o reino de Deus e a sua justiça" (Mateus 6:33). Buscamos a Deus *em primeiro lugar*.

Não devemos insultar aqueles que nos perseguem. Apesar de todo o serviço que prestou a Saul, Davi viveu sob constante ameaça de morte e foi traído vez após vez pelo seu próprio povo. Se existisse alguém com o direito de falar duramente contra seu perseguidor, esse alguém seria Davi. Mas, quando confrontou Saul - mesmo depois de poupar sua vida -, não insultou seu inimigo. Ele respeitou a posição de Saul como rei e se curvou diante dele. Davi não ignorou o pecado de Saul, porém escolheu falar a verdade com humildade. Essa pode ser uma lição difícil para nós, mas é uma lição essencial se quisermos ser como Cristo. Como disse Jesus: "bendigam aqueles que os maldizem, orem por aqueles que os maltratam" (Lucas 6:28).

> — Mas eu digo: amem os seus inimigos e orem por aqueles que perseguem vocês.
>
> Mateus 5:44

A divisão é uma ferramenta do Diabo. A nação de Israel se dividiu após a morte de Saul, com parte do povo jurando sua lealdade a Is-Bosete. Esse tipo de divisão sempre foi um dos objetivos de Satanás, pois ele sabe que, enquanto estivermos ocupados lutando uns contra os outros, deixaremos de lutar contra suas forças. Ele sabe que um corpo de cristãos unidos é uma força poderosa para avançar o reino de Deus na terra. O Senhor deseja que seu povo funcione como um só corpo, com foco em servir e cuidar uns dos outros como membros desse corpo. Como Paulo escreveu: "Suplico [...] que não haja divisões entre vocês; antes, que todos estejam unidos em um só pensamento e em um só parecer" (1Coríntios 1:10).

Deus deve ser adorado da forma que ele mesmo determinou. O Senhor havia dado instruções claras sobre quem poderia transportar a Arca da Aliança, designando uma família específica entre os levitas para cuidar do transporte. Quando Davi tentou mover a Arca pela primeira vez, ele desobedeceu a essa ordem e substituiu os sacerdotes levitas por líderes políticos de Israel. O resultado foi desastroso. Deus não pode ser adorado por qualquer meio que consideremos mais atraente ou aceitável. Como povo de Deus, não devemos adorar apenas para nos conformarmos externamente a rituais religiosos. Devemos adorar com base na verdade da Palavra de Deus e com um espírito disposto a obedecer aos seus mandamentos. Sem uma atitude correta do coração, nossa adoração será falsa.

Derramar nossa adoração a Deus é algo positivo. Davi dançou diante do Senhor quando a Arca foi trazida de volta à cidade de Jerusalém, saltando e girando em uma expressão livre e alegre. Ele era o rei de Israel, um dos líderes mais poderosos do mundo, e sua posição certamente exigia momentos de sobriedade e dignidade. No entanto, ele também era o líder do povo de Deus, e foi nessa função que ele os guiou em uma demonstração alegre de amor por Deus. Davi e o povo de Israel tinham bons motivos para se alegrar; e nós, como crentes em Cristo, também temos. Devemos seguir o exemplo de Davi, expressando nossa alegria a Deus com louvor e adoração cheios de júbilo. Como o apóstolo Paulo escreveu mais tarde aos crentes em Éfeso: "Sejam cheios com o Espírito, falando uns aos outros com salmos, hinos e cânticos espirituais, cantando e louvando ao Senhor de coração" (Efésios 5:18-19).

As promessas de Deus se cumprem em Cristo. O Senhor jurou que estabeleceria o trono e o reino de Davi para sempre, não apenas durante a vida dos homens. Como vimos, Deus já havia feito alianças com outros antes de Davi, como com Noé e Abraão, mas essas promessas se cumpriram apenas em parte durante a vida dos patriarcas. Jesus é o cumprimento completo das promessas e alianças de Deus. Toda a história humana tem caminhado em direção à redenção

A ALIANÇA DE DAVI

(Com base em 2Samuel 7:10-16)

1. Deus designará um lugar para o seu povo.
2. Deus providenciará a permanência do seu povo.
3. Deus impedirá a opressão pelos inimigos do seu povo.
4. Deus estabelecerá a dinastia de Davi (casa de Davi).
5. Deus firmará o reino de Davi.
6. Deus garantirá a certeza do trono de Davi.

final dos descendentes de Adão: o reino eterno de Deus, estabelecido e governado por seu Filho, Jesus Cristo. Jesus é tanto Filho de Deus quanto Filho do Homem, e sua ascendência humana é traçada a partir da descendência de Davi. Embora Davi tenha visto as promessas de Deus se cumprirem em sua própria vida, o cumprimento final acontecerá na eternidade por meio de Cristo.

Devemos cumprir nossas promessas. Davi e Jônatas se amavam como irmãos. Eles haviam feito um juramento de amizade, no qual Davi prometeu a Jônatas que sempre mostraria bondade à sua família. Assim, quando Davi soube que Mefibosete, filho de Jônatas, estava vivendo na casa de "Maquir, filho de Amiel" (2Samuel 9:4), ele fez muito mais do que se esperava e deliberadamente demonstrou compaixão ao filho de Jônatas. Com isso, Davi estava imitando o caráter de Deus, que sempre cumpre suas promessas. Como povo de Deus, nós também devemos ter o cuidado de cumprir a nossa palavra, seja ela dada como um juramento solene (como os votos matrimoniais), seja uma promessa simples. Na verdade, segundo Tiago, é melhor não prometer do que fazer uma promessa e não cumpri-la (veja Tiago 5:12).

PERGUNTAS DE ESTUDO

1. Por que Saul queria matar Davi? Por que Jônatas escolheu defendê-lo (veja 1Samuel 18:1-16, 19:1-10)? Como o ciúme já afetou sua vida?

2. Por que Davi decidiu não matar Saul quando ele estava na caverna (veja 1Samuel 24:1-7)? O que isso revela sobre sua compreensão do controle de Deus sobre Israel?

3. Por que Saul sentiu que precisava consultar uma feiticeira (veja 1Samuel 28:3-25)? O que teria sido necessário, naquele momento, para restaurar seu relacionamento com o Senhor?

4. Por que Abner decidiu mudar sua lealdade e apoiar Davi? Qual foi a raiz da ruptura que se desenvolveu entre Is-Bosete e Abner (veja 2Samuel 3:6-11)?

5. Compare as duas tentativas de transportar a arca em 2Samuel 6:1-19. O que foi feito de diferente em cada tentativa? O que permaneceu igual?

6. De que forma as promessas de Deus a Davi apontam para Cristo (veja 2Samuel 7:1-17)? Quais elementos das promessas se referem especificamente a Jesus?

7. O que a oração de Davi revela sobre sua atitude em relação às bênçãos de Deus (veja 2Samuel 7:18-29)? O que revela sobre seu caráter?

8. O que motivou Davi a honrar Mefibosete (veja 2Samuel 9:1-7)? Se você estivesse no lugar de Davi, como acha que teria agido?

SEMANA 9

DEUS NOS RESTAURA QUANDO CAÍMOS

2SAMUEL 11—1REIS 4

LEITURAS DIÁRIAS: **57** | 2Samuel 11–12 **58** | 2Samuel 13–15 **59** | 2Samuel 16–19 **60** | 2Samuel 20–22 **61** | 2Samuel 23–24 **62** | 1Reis 1–2 **63** | 1Reis 3–4

Davi foi o segundo rei de Israel, mas o primeiro conforme o coração de Deus. Ainda assim, ele também passou por uma fase marcada pelo pecado. Sua queda começou quando decidiu permanecer em casa, em seu palácio, enquanto os israelitas saíam para guerrear contra os amonitas.

Não nos é explicado por que Davi optou por não acompanhar o exército, mas é claro que, ao fazer isso, ele negligenciou seu papel de líder, já que, naquele tempo, era responsabilidade do rei conduzir seu povo à batalha. Essa autocomplacência levou à luxúria e à imoralidade sexual com uma mulher chamada Bate-Seba, que não era sua esposa. Ele agravou ainda mais o erro ao tentar esconder sua culpa, até que, por fim, esse pecado levou ao assassinato do marido de Bate-Seba.

O tempo passou (provavelmente cerca de um ano), e Davi se casou com Bate-Seba, que lhe deu um filho. No entanto, Davi ainda não havia se arrependido de seus pecados. Deus, que não estava disposto a fingir que nada de errado havia acontecido, enviou o profeta Natã para confrontar o rei.

Ao ser confrontado com seu pecado à luz da perspectiva de Deus, Davi se arrepende. A Lei exigia que ele fosse condenado à morte tanto por adultério quanto por assassinato, mas Deus alterou essa sentença – embora o filho de Davi com Bate-Seba tenha morrido. (Um segundo filho nasceu pouco depois, e eles o chamaram de Salomão.) Ainda assim, as consequências temporais dos pecados de Davi não foram removidas. Sua família, e a própria nação, sofreu por causa de suas transgressões. Natã também profetizou que a espada jamais se afastaria da casa de Davi. Isso logo começou a se cumprir.

Davi teve várias esposas e concubinas, e estas lhe deram muitos filhos. Isso alimentou ciúmes e conflitos, especialmente à medida que os filhos de Davi começaram a disputar o trono do pai. O primogênito de Davi era Amnom, cuja mãe era Ainoã. Por direito, Amnom era o sucessor ao trono de Davi, mas outro filho de Davi, chamado Absalão, tinha outros planos. Absalão era filho de Maaca, que, por sua vez, era filha de um rei, e ele evidentemente se considerava mais qualificado para ocupar o lugar do pai.

Em determinado momento, Amnom cedeu a um desejo doentio por sua meia-irmã Tamar e a violentou sexualmente. Isso deu ao seu rival, Absalão (irmão de sangue de Tamar), um pretexto para assassiná-lo – e assim foram lançadas as sementes da revolta. Após matar seu irmão, Absalão fugiu de Jerusalém e buscou refúgio na casa de seu avô, o rei de Gesur, onde permaneceu por três anos. Durante todo esse tempo, Davi lamentava por seu filho e ansiava vê-lo de novo. Joabe, o comandante do exército de Israel, chegou a intervir (usando uma tática semelhante à da confrontação de Natã) e convenceu o rei a mandar uma mensagem a Absalão para que retornasse a Jerusalém.

No entanto, assim que Absalão retornou, Davi se recusou a vê-lo. Talvez estivesse dividido entre o amor de pai e a culpa por não ter feito justiça após o assassinato de Amnom. Quaisquer que fossem os motivos de Davi, Absalão teve de se contentar em viver em Jerusalém sem acesso ao pai – mas, definitivamente, ele não estava "contente" com essa situação. Absalão tomou a iniciativa: chamou a atenção de Joabe incendiando o campo dele. Joabe logo interveio, e a relação entre Davi e Absalão foi restaurada.

Mas Absalão queria mais. Ele cobiçava o poder e não descansaria até matar o pai e tomar o trono. Com suas táticas políticas e carisma, Absalão conseguiu conquistar o coração de muitos, a ponto de Davi ser forçado a fugir de Jerusalém. Todavia, Deus havia decretado que sua tentativa de golpe não teria êxito, e conduziu todas as intrigas entre os conselheiros do usurpador. Por fim, o próprio Absalão deu início a uma série de acontecimentos que culminaram em sua morte.

Com a restauração de Davi ao trono, tanto aliados quanto antigos opositores se submeteram ao rei. Davi desejava recuperar seu governo sem derramamento de sangue desnecessário. Por esse motivo, ele ofereceu perdão aos inimigos e recompensas aos que haviam sido fiéis. Contudo, ainda havia sementes de descontentamento espalhadas pela terra. Assim, ao surgir uma disputa entre as tribos de Israel e Judá, uma nova revolta contra Davi, liderada por um homem chamado Seba, eclodiu. Essa rebelião também falhou.

Perto do fim de sua vida, Davi compôs um cântico para louvar o Senhor por suas bênçãos. Em seguida, declarou uma profecia – uma declaração direta da parte de Deus – comunicando o padrão do Senhor para o seu rei ideal. Davi confessou que sua casa nem sempre governou o povo com justiça. Ainda assim, ele estava certo em crer que o Senhor seria fiel à promessa de uma esperança futura por meio de sua descendência. Esse Rei eterno, o Messias vindouro, estabeleceria um reino de justiça e paz para sempre.

O livro de 1Reis começa com os anos finais do reinado de Davi. Nessa época, Davi tinha 70 anos e sofria com problemas de circulação. A notícia sobre seu estado de saúde debilitado fez com que Adonias, seu quarto filho, decidisse tomar para si o trono.

Mas o profeta Natã sabia que Adonias não era o escolhido de Deus para governar Israel. Essa posição deveria ser ocupada por Salomão, o segundo filho nascido de Davi e Bate-Seba. A intervenção de Natã levou Davi a reconhecer formalmente Salomão como seu sucessor. Ao chamá-lo para transmitir suas palavras finais, Davi não apenas o incentivou a ser forte e fiel ao Senhor, como também o encarregou de resolver assuntos pendentes de seu reinado.

Salomão começou seu reinado com o pé direito. Pediu a Deus sabedoria para pastorear o povo de Deus, e o Senhor não apenas lhe deu sabedoria, mas também riquezas e poder. Salomão tornou sua sabedoria e justiça acessíveis a todos os tipos de pessoas em seu reino. Quando demonstrou discernimento ao resolver um conflito entre duas prostitutas, o povo de Israel ficou impressionado e passou a respeitar seu governo, reconhecendo que sua sabedoria vinha de Deus.

REFLEXÕES

Deus nos chama a confessar nossos pecados. Davi entrou em um ciclo de pecado que começou com a autocomplacência e terminou em adultério com Bate-Seba. Sua reação inicial foi tentar esconder o que havia feito, demonstrando mais preocupação com a possibilidade de ser descoberto pelas pessoas do que com o que Deus pensava. No entanto, o Senhor já sabia de tudo – e estava desapontado. Deus deseja que seu povo se afaste do comportamento pecaminoso, mas também sabe que somos pecadores por natureza (veja Salmos 51:5).

Quando, porém, caímos em pecado, o Senhor nos chama a confessar e nos arrepender imediatamente, não a tentar esconder o erro. A confissão leva ao perdão e à reconciliação, enquanto as tentativas de encobrimento levam a mais pecado e sofrimento.

Guarde seu coração contra as seduções do mundo. Um dos aspectos mais tristes da traição de Absalão foi a rapidez com que o povo se voltou contra Davi. Isso se torna mais compreensível, do ponto de vista humano, quando se observa que Absalão era carismático e habilidoso na política. Ele explorou o descontentamento e os medos do povo, prometendo soluções que não podia realizar. O mundo não mudou desde os dias de Davi: ainda apela para a nossa vaidade, assim como Absalão fazia ao desfilar por Jerusalém, e manipula nossos medos e insatisfações, como ele fazia com aqueles a quem encontrava às portas da cidade. Entretanto, a verdadeira satisfação e realização só podem ser encontradas em Deus. O que o mundo promete não se compara com o que Deus promete.

A sabedoria vem por meio da Palavra de Deus. Quando Salomão pediu sabedoria ao Senhor, Deus a concedeu em abundância. Hoje, essa mesma sabedoria está disponível a todos por meio do evangelho. Paulo chama Jesus de "a sabedoria de Deus" em 1Coríntios 1:24 e, em Colossenses 3:16, afirma que a sabedoria é adquirida por meio da "palavra de Cristo". Deus quer nos conceder sabedoria, e ela é encontrada nas Escrituras: "Se algum de vocês tem falta de sabedoria, peça a Deus, que a todos dá generosamente" (Tiago 1:5).

> Não amem o mundo nem o que nele há. Se alguém ama o mundo, o amor do Pai não está nele.
>
> 1João 2:15

PERGUNTAS DE ESTUDO

1. Quais eventos fizeram com que Davi fosse tentado pelo pecado (veja 2Samuel 11:1-4)? O que Davi poderia ter feito para evitar a tentação?

2. De que forma a parábola que Natã contou expôs a verdadeira natureza dos pecados de Davi (veja 2Samuel 12:1-14)? Quais elementos da parábola se relacionam diretamente com esses pecados?

3. O que Amnom deveria ter feito a respeito de seus desejos por Tamar (veja 2Samuel 13:1-22)? Qual teria sido uma maneira piedosa de lidar com a situação?

4. Quais eventos levaram Absalão a se rebelar contra seu pai e tentar tomar o trono de Israel? Que papel teve o pecado de Davi na preparação desse cenário (veja 2Samuel 15:1-12)?

5. Quais eventos levaram, por fim, ao fracasso da rebelião de Absalão (veja 2Samuel 16:15–17:16, 18:6-18)? Como a mão de Deus atuou para orquestrar todos os acontecimentos?

6. Qual foi a origem da disputa entre as tribos de Israel e Judá? Como isso serviu de estopim para outra rebelião (veja 2Samuel 19:40–20:2)?

7. Quais palavras Deus concedeu a Davi em 2Samuel 23:1-7? Como Davi reconheceu o fracasso de sua própria casa em cumprir os padrões de obediência justa de Deus?

8. Por que Salomão pediu sabedoria ao assumir o trono em vez de poder, riquezas ou se ver livre de seus inimigos (veja 1Reis 3:1-15)? Por que Deus atendeu a seu pedido de forma tão generosa?

SEMANA 10

DEUS REVELA SEU PODER

1REIS 5—22

LEITURAS DIÁRIAS: **64** | 1Reis 5—6 **65** | 1Reis 7—9 **66** | 1Reis 10—11 **67** | 1Reis 12—14 **68** | 1Reis 15—16 **69** | 1Reis 17—19 **70** | 1Reis 20—22

Salomão, o segundo filho de Davi e Bate-Seba, não apenas sucedeu seu pai como rei, mas também se tornou o homem mais sábio que já existiu. Pessoas de todo o mundo viajavam até Jerusalém para aprender com ele. Elas viam que "a sabedoria de Deus estava nele" (1Reis 3:28).

Salomão desejava sinceramente ser um bom rei. Ele amava o Senhor e seguia o exemplo do pai, andando nos caminhos do Senhor. Com a sabedoria que Deus lhe concedeu e com as bênçãos de riqueza e honra, estruturou seu governo pela escolha de homens leais a ele e experientes no serviço prestado a seu pai. Ele também selecionou homens capacitados em áreas necessárias ao funcionamento de um governo forte, incluindo sacerdotes, escribas e administradores.

O reinado de Salomão marcou um período de paz e prosperidade para Israel, e suas fronteiras abrangeram a maior parte das terras que Deus havia prometido a Abraão (veja Gênesis 15:18-21). Com esse cenário favorável, Salomão pôde iniciar a obra que seu pai não foi autorizado a realizar: a construção do Templo em Jerusalém. Para isso, Salomão recorreu a um antigo aliado de seu pai, Hirão, rei de Tiro, a fim de obter a madeira necessária para a construção.

Salomão tinha consciência da importância da construção do Templo, pois ali seria o local onde todo o povo de Israel se reuniria para oferecer sacrifícios a Deus. Embora Deus não pudesse ser contido nem pelos céus, o Templo serviria como símbolo de sua presença constante entre o povo. Além disso, o derramamento de sangue nos sacrifícios ensinaria aos israelitas o custo de seus pecados.

A construção do Templo levou sete anos. A construção do palácio de Salomão, por sua vez, demorou treze anos. Durante seu reinado, ele também esteve à frente de outras grandes obras arquitetônicas em Israel.

No entanto, assim como Davi, Salomão tomou muitas esposas durante seu governo: "Casou-se com setecentas princesas e trezentas concubinas" (1Reis 11:3a). Salomão se casou com muitas dessas mulheres para firmar alianças políticas que garantissem a paz de Israel com as nações vizinhas. Uniões desse tipo eram comuns no mundo daquela época, de modo que Salomão talvez tenha acreditado estar apenas cumprindo seu papel como rei.

Contudo, a Bíblia revela que Salomão passou a amar essas esposas mais do que a Deus, de modo que o "levaram a desviar-se" (v. 3b). Ele permitiu a continuidade dos "altares idólatras" onde os deuses cananeus eram adorados, misturando as práticas pagãs de suas esposas com o culto ao Senhor. O Senhor havia proibido seu povo de se casar com as nações ao redor exatamente por esse motivo. Ele sabia que esses casamentos levariam Israel à idolatria. Assim, o amor de Salomão pelo Senhor se tornou morno. Isso contrasta com Davi, cujo amor pelo Senhor se aprofundava à medida que ele caminhava em obediência. A diferença entre os dois reis estava na resposta ao pecado: Davi se arrependia, mas Salomão buscava justificativas.

A idolatria de Salomão resultou perda do reino para seus herdeiros. Após sua morte, o reino unificado de Israel se dividiu em duas partes distintas. As tribos do sul, Judá e Benjamim, permaneceram leais a Roboão, filho de Salomão, e passaram a ser conhecidas como o reino de Judá. As dez tribos do norte escolheram um homem chamado Jeroboão como rei e passaram a ser conhecidas como o reino de Israel.

O livro de 1Reis apresenta resumos dos reinados dos monarcas de Israel e Judá, a maioria deles ímpios. O rei Asa, de Judá, foi uma exceção. Seu filho Josafá foi ainda mais piedoso, embora tivesse a tendência de firmar alianças equivocadas. Uma dessas alianças foi com o perverso rei Acabe, do Reino do Norte de Israel, que, junto com sua maligna esposa, Jezabel, levou Israel à idolatria e assassinou os profetas de Deus. Josafá se aliou a Acabe quando casou seu filho com a filha deste. Depois, uniu-se a Acabe em uma aliança militar contra a Síria que quase lhe custou a vida.

Foi durante o reinado de Acabe que surgiu o profeta Elias. Ele profetizou que Deus enviaria uma seca sobre Israel e as nações vizinhas como julgamento pelo pecado do povo. Isso se cumpriu, mas Deus protegeu seu servo, primeiro ao conduzir Elias para um riacho perto do rio Jordão, e depois para a casa de uma viúva em uma terra distante. Por fim, Elias retornou a Israel e enfrentou os profetas de Baal no monte Carmelo, demonstrando que o Deus a quem servia detinha todo o poder.

Esse evento levou o povo a declarar: "O SENHOR é Deus!" (1Reis 18:39). Também marcou o fim da seca de três anos. No entanto, infelizmente, a idolatria continuou a persistir na terra.

O livro de 1Reis termina com a morte do rei Acabe, que foi atingido pela flecha de um soldado durante uma batalha contra a Síria. Acabe tentou frustrar as profecias de Deus que previam sua morte com um disfarce, mas Deus não foi enganado. Os cães beberam seu sangue, exatamente como a palavra do Senhor havia dito.

REFLEXÕES

Não confunda atividade com obediência. Embora Salomão tenha honrado o Senhor ao construir um Templo grandioso, ele nem sempre manteve em mente o verdadeiro propósito dessa obra. Deus lembrou a Salomão que a fidelidade a ele era a condição para sua presença, e não o Templo em si (veja 1Reis 9:6-7). Da mesma forma, como seguidores de Cristo, corremos o risco de nos envolver em tantas atividades que supostamente glorificam a Deus que acabamos negligenciando a obediência aos seus mandamentos. Quando focamos apenas em atos exteriores de religiosidade, nossa agitação e distração podem, na verdade, nos afastar do Senhor. No entanto, quando nosso coração está voltado para Deus e agimos conforme a sua vontade, glorificamos o seu nome e servimos como exemplo de seu amor para o mundo.

Somos chamados para servir uns aos outros. Os conselheiros mais velhos de Roboão disseram: "Se hoje fores um servo deste povo e servires a ele, dando-lhe uma resposta favorável, eles serão teus servos para sempre" (1Reis 12:7). Esse conselho era sábio, e Roboão teria se beneficiado se o tivesse seguido. Contudo, servir não é opcional para quem segue a Cristo, mas uma ordem clara dada a *todos* os seus discípulos. Se quisermos seguir a Jesus, precisamos obedecer-lhe, e parte dessa obediência inclui estar disposto a servir aos outros (veja João 13:14-15).

TEMPLO DE SALOMÃO

Salomão construiu o que é chamado de "Primeiro Templo" no monte Moriá, que ficava ao norte da Cidade de Davi. A construção seguiu os planos que seu pai, Davi, havia recebido do Senhor e repassado a ele (veja 1Crônicas 28:11-13,19). O Templo era composto por duas partes: o santuário e o santuário interior, refletindo a divisão do Tabernáculo entre o Lugar Santo e o Santo dos Santos.

Tenha coragem para proclamar a verdade de Deus. Imagine como Elias se sentiu ao enfrentar, sozinho, os 850 sacerdotes pagãos no monte Carmelo, diante de um rei hostil que buscava motivo para matá-lo, e de um povo que assistia em silêncio, indiferente ao seu destino. Enquanto Elias argumentava de forma veemente e urgente contra os falsos ensinamentos do mundo ao seu redor, ninguém se levantou para ficar ao seu lado. No entanto, embora Elias possa ter se sentido sozinho, o Senhor, na verdade, havia preservado um remanescente em Israel que permaneceu fiel a Deus. Além disso, Elias estava na presença do *Todo-Poderoso*. A ira daqueles ao seu redor, no fim das contas, não era dirigida a ele, mas ao Senhor Deus, e Deus jamais abandonaria seu profeta fiel. Quando nos lembramos de que servimos a um Deus onipotente que sempre nos sustenta em suas mãos, somos encorajados a nos levantar com ousadia, mesmo que estejamos sozinhos.

PERGUNTAS DE ESTUDO

1. Que lembrete Deus deu a Salomão enquanto ele construía o Templo (veja 1Reis 6:1-13)? O que isso revela sobre as prioridades de Deus para Israel?

2. Que papel tiveram os casamentos de Salomão em sua queda? Como sua vida poderia ter terminado de forma diferente se ele não tivesse se casado com tantas mulheres estrangeiras (veja 1Reis 11:1-8)?

3. Se você estivesse na posição de Roboão, como teria respondido às reclamações dos israelitas? Por que foi tentador para ele seguir o conselho dos amigos (veja 1Reis 12:1-15)?

4. Por que Jeroboão enviou sua esposa ao profeta Aías em vez de recorrer a um dos sacerdotes que ele mesmo havia nomeado (veja 1Reis 14:1-18)? O que isso revela sobre suas crenças sincréticas?

5. O que aconteceu nos últimos anos do reinado de Asa (veja 1Reis 15:9-22)? O que pode ter causado seu afastamento da fé em Deus? Como esse princípio pode se aplicar à sua própria vida?

6. Por que Deus enviou uma seca sobre Israel? Como isso levou a um confronto dramático entre Elias e os profetas de Baal (veja 1Reis 16:29–17:1, 18:1-40)?

7. Por que Elias fugiu para o deserto após o confronto com os sacerdotes de Baal? O que ele esperava encontrar ali? O que encontrou de fato (veja 1Reis 19:1-8)?

8. Como Jezabel conquistou tanto poder e influência em Israel (veja 1Reis 21:1-16)? Como as coisas poderiam ter sido diferentes se Acabe não tivesse se casado com ela?

SEMANA 11

DEUS NOS PERMITE ENFRENTAR CONSEQUÊNCIAS

2REIS 1—20

LEITURAS DIÁRIAS: **71** | 2Reis 1—2 **72** | 2Reis 3—4 **73** | 2Reis 5—8
74 | 2Reis 9—11 **75** | 2Reis 12—15; **76** | 2Reis 16—17 **77** | 2Reis 18—20

A nação de Israel começou como um estado unificado, composto por doze tribos do povo escolhido de Deus, vivendo na Terra Prometida. Mas isso mudou quando Salomão acrescentou elementos pagãos ao culto apropriado ao Senhor e afastou Israel de Deus. O Senhor respondeu a esse pecado dividindo a nação em duas: dez tribos ao norte (que mantiveram o nome Israel) e duas ao sul (as tribos de Judá e Benjamim, que passaram a se chamar Judá).

Os livros de 1 e 2Reis registram mais de quatro séculos de reinados desses governantes, além dos acontecimentos que culminaram na queda dos dois reinos. Também apresentam figuras que se opuseram à corrupção de Israel – como os profetas Elias e Eliseu –, e sacerdotes como Joiada e Azarias.

Após a morte do rei Acabe no final de 1Reis, o governo de Israel passou para dois de seus filhos – Acazias e, em seguida, Jorão –, e ambos praticaram o que era mau aos olhos de Deus. Enquanto isso, aproximava-se o momento da partida de Elias deste mundo. Mas essa "partida" não seria por meio da morte, pois Deus já havia mostrado ao profeta que ele seria levado ao céu em corpo. O servo de Elias, Eliseu, já havia sido designado por Deus para dar continuidade ao grande ministério de seu mentor, mas é possível que Eliseu se sentisse incapaz diante da tarefa imensa que o aguardava. Por isso, fez um pedido ousado ao seu mentor antes da despedida: uma porção dobrada do espírito de Elias.

Eliseu não fez esse pedido por ambição ou desejo de poder, mas porque sabia que a missão à sua frente exigiria isso – e ele também reconhecia que o poder de Elias vinha do Senhor. Deus atendeu ao pedido, e a Bíblia registra que Eliseu realizou o dobro dos milagres de Elias. Um desses milagres foi a cura de Naamã, comandante do exército da Síria.

Os sírios eram inimigos de Israel de longa data: frequentemente realizavam incursões nas fronteiras e levavam israelitas cativos para serem seus escravos. Para mostrar ao seu povo que era soberano e controlava todos os acontecimentos, Deus revelava a Eliseu os planos militares do rei da Síria. Eliseu, por sua vez, relatava tudo a Jorão, filho mais novo de Acabe, que reinava sobre Israel.

Essa inexplicável "traição" frustrou Ben-Hadade II, o rei da Síria, e ele enviou um exército para prender Eliseu. Os sírios cercaram a cidade onde Eliseu estava hospedado. O servo de Eliseu entrou em pânico, mas o profeta o tranquilizou, dizendo que não havia motivo para temer, pois um exército celestial cercava a cidade. Deus então abriu os olhos do servo para a realidade espiritual, e, ao mesmo tempo, cegou os sírios quanto ao mundo físico, permitindo que Eliseu entregasse todo o exército nas mãos de Jorão.

Jorão teria justificativa para escravizar ou massacrar aqueles soldados, a fim de evitar que se reagrupassem e voltassem com mais força em outra ocasião. Em vez disso, o Senhor lhe ordenou que libertasse o exército e o enviasse de volta para casa em paz. Deus ainda ordenou que Jorão oferecesse um grande banquete àqueles homens e os tratasse como convidados de honra.

Apesar da graça e misericórdia de Deus, Ben-Hadade II ficou descontente com seu fracasso em conquistar o povo de Israel, e, por esse motivo, reuniu todo o seu exército para um cerco massivo contra Samaria. As carruagens e soldados da Síria cercaram a cidade, cortando o suprimento de alimentos e causando uma grande fome. Esse desdobramento fez com que Jorão culpasse o profeta Eliseu e tentasse matá-lo. No entanto, no dia seguinte, o Senhor milagrosamente fez com que o exército da Síria fugisse apavorado, deixando para trás suas vestes e armas.

Ben-Hadade II foi assassinado pouco tempo depois por um homem chamado Hazael, que assumiu seu lugar como novo rei da Síria. Hazael, em seguida, entrou em guerra contra Israel e Judá. Nessa época, o rei de Judá era Acazias, neto de Acabe e Jezabel por meio do casamento de seu pai (Jeorão),

REIS DE JUDÁ E ISRAEL

Judá		Israel	
Roboão	931-913 a.C.	Jeroboão I	931-910 a.C.
Abias (Abia)	913-911 a.C.	Nadabe	910-909 a.C.
Asa	911-870 a.C.	Baasa	909-886 a.C.
		Elá	886-885 a.C.
		Zinri	885 a.C.
		Tibni	885-880 a.C.
Josafá	873-848 a.C.	Onri	885-874 a.C.
		Acabe	874-853 a.C.
		Acazias	853-852 a.C.
Jeorão	853-841 a.C.	Jorão	852-841 a.C.
Acazias	841 a.C.	Jeú	841-814 a.C.
Atalia (rainha)	841-835 a.C.		
Joás (Jeoás)	835-796 a.C.		
		Jeoacaz	814-798 a.C.
Amazias	796-767 a.C.	Jeoás (Joás)	798-782 a.C.
Azarias (Uzias)	790-739 a.C.	Jeroboão II	793-753 a.C.
Jotão	750-731 a.C.	Zacarias	753 a.C.
		Salum	752 a.C.
Acaz	735-715 a.C.	Menaém	752-742 a.C.
		Pecaías	742-740 a.C.
Ezequias	715-686 a.C.	Peca	752-732 a.C.
		Oseias	732-722 a.C.
Manassés	695-642 a.C.		
Amom	642-640 a.C.		
Josias	640-609 a.C.		
Jeoacaz	609 a.C.		
Jeoaquim	609-597 a.C.		
Joaquim	597 a.C.		
Zedequias	597-586 a.C.		

enquanto Jorão ainda era o rei de Israel. A Bíblia não relata o desfecho da batalha, mas sabemos que Jorão foi ferido no combate e precisou recuar para a cidade de Jezreel a fim de se recuperar.

Nesse ponto, o Senhor interveio. Deus já havia revelado a Eliseu que um homem chamado Jeú se levantaria para se tornar rei de Israel e que ele eliminaria todos os envolvidos na adoração a Baal. Eliseu, então, supervisionou secretamente a unção desse novo rei. O Senhor usou Jeú para pôr fim à casa de Acabe e eliminar tanto Jorão, rei de Israel, quanto Acazias, rei de Judá. Embora Jeú não andasse nos caminhos de Deus, o Senhor o utilizou para cumprir seus propósitos soberanos.

Com a morte de Acazias, sua mãe, Atalia, aproveitou a oportunidade para tomar o trono. Ela logo mandou matar todos os seus netos para que ninguém pudesse tirá-la do poder. Felizmente, ainda havia pessoas piedosas em Judá naquela época, incluindo o sumo sacerdote Joiada. Ele e sua esposa salvaram Jeoás, um dos filhos de Acazias, e o esconderam no Templo. Durante os seis anos seguintes, Joiada preparou o menino para ser um rei temente a Deus e que romperia com a maldade perpetrada por seu pai e avô.

Quando Jeoás subiu ao trono com apenas 7 anos, Joiada continuou como um de seus principais conselheiros, e Jeoás conduziu o povo de Judá em justiça.

REIS DA SÍRIA	
Heziom (Rezom)	c. 990-930 a.C.
Tabrimom	c. 930-885 a.C.
Ben-Hadade I	c. 885-860 a.C.
Ben-Hadade II	c. 860-841 a.C.
Hazael	c. 841-801 a.C.
Ben-Hadade III	c. 807-780? a.C.
Rezim	c. 780?-732 a.C.

REIS DA ASSÍRIA	
Assurnasirpal II	883-859 a.C.
Salmaneser III	858-824 a.C.
Samsiadade V	823-811 a.C.
Adadenirari III	810-783 a.C.
Salmaneser IV	782-773 a.C.
Assurdã III	772-755 a.C.
Assurnirari V	754-745 a.C.
Tiglate-Pileser III	745-727 a.C.
Salmaneser V	727-722 a.C.
Sargão II	722-705 a.C.
Senaqueribe	705-681 a.C.
Esar-Hadom	681-669 a.C.
Assurbanípal	668-627 a.C.

Tragicamente, após a morte de Joiada, o rei não se lembrou dos conselhos piedosos de seu mentor e cometeu um grande pecado. Seu reinado terminou em desgraça.

Deus suportou a infidelidade do seu povo por séculos. Mas, em 722 a.C., o tempo do seu julgamento havia chegado, e o reino de Israel caiu diante do Império Assírio. O reino de Judá, cujos reis descendiam da linhagem de Davi, permaneceu no sul, governado pelo piedoso rei Ezequias. A Bíblia nos diz que Judá jamais teve um rei como Ezequias. Ele superou todos os outros reis de Judá em justiça, destruindo os altares idólatras que haviam atormentado a nação.

Muitas vezes, Deus recompensava a obediência com tempos de paz e prosperidade. No entanto, para Ezequias, o plano divino foi diferente. Quatorze anos após o início de seu reinado, os assírios invadiram Judá com a intenção de repetir o que fizeram com Israel. O destino da nação parecia estar por um fio, mas Ezequias soube como reagir. Ele levou seu fardo ao Senhor e confiou que Deus lutaria por seu povo. E o Senhor respondeu ao ferir os soldados assírios e forçá-los a bater em retirada. Judá havia sido poupada... por enquanto.

REFLEXÕES

Deus nos torna seus herdeiros por intermédio de Cristo. O pedido de Eliseu para herdar uma porção dobrada do espírito de Elias foi equivalente a pedir para ser reconhecido como o "herdeiro espiritual" de Elias. Nos tempos bíblicos, o filho primogênito era o sucessor natural do chefe da família, recebendo todo o status e autoridade que essa posição conferia. Aos crentes em Cristo, tendo recebido a adoção pelo Espírito, é dado esse mesmo status como herdeiros. Como Paulo escreveu: "Porque todos os que são conduzidos pelo Espírito de Deus são filhos de Deus. Pois vocês não receberam um espírito de escravidão, para novamente temerem, mas receberam o Espírito que os torna filhos por adoção" (Romanos 8:14-15).

Deus ama suprir nossas necessidades. Em 2Reis 4, encontramos cinco situações de extrema necessidade: (1) a viúva à beira da fome, (2) a mulher estéril, (3) a mãe enlutada, (4) os filhos dos profetas diante de um ensopado envenenado e (5) os cem homens prestes a morrer de fome. Em cada uma dessas circunstâncias, Deus interveio com sua provisão graciosa, demonstrando que ama cuidar das necessidades do seu povo. No entanto, quando escolhemos confiar em nossas riquezas ou depositar nossa alegria em nossos bens, deixamos de perceber que Deus é plenamente capaz de suprir nossas necessidades dessa forma. O mesmo princípio se aplica à nossa condição espiritual. Somente quando reconhecemos a profundidade do nosso pecado podemos compreender a graça de Deus na salvação (veja Lucas 5:31-32).

Deus é sensível às nossas necessidades. Quando o servo de Eliseu viu os exércitos da Síria ao redor de Dotã, exclamou: "Ah, meu senhor! O que faremos?" (2Reis 6:15). Em resposta, Deus permitiu que ele enxergasse o reino espiritual, e ele foi consolado ao ver as hostes angelicais. Deus tem um grande plano para as nações, mas também volta sua atenção para os indivíduos. Ele se importou com o medo daquele servo, e por isso instruiu Eliseu a lhe dizer: "Não tenha medo. Aqueles que estão conosco são mais numerosos do que eles" (v. 16).

Devemos treinar a próxima geração para servir ao Senhor. Vimos muitos mentores ao longo do estudo desta semana. Elias treinou Eliseu. Eliseu treinou Geazi. Joiada treinou Jeoás. Todavia, um passo crucial nesse processo é que o mentor ensine o discípulo a confiar em Deus – e não apenas em conselheiros humanos. Eliseu aprendeu essa lição importante, o que lhe permitiu assumir as responsabilidades de seu mentor. Jeoás, por outro lado, não aprendeu essa lição essencial, e isso arruinou o que havia começado como um reinado piedoso. Aparentemente, Jeoás nunca foi além de depender de Joiada para orientação e conselho. Ele nunca aprendeu a servir ao Senhor e confiar em sua Palavra. Esse passo é vital, como é ilustrado na vida de Jeoás, porque está no cerne do discipulado cristão. Ensinar outros a serem servos fiéis requer ensiná-los a se aproximarem de Deus por si mesmos.

Deus vê todas as coisas. O povo de Israel se tornou ousado em suas idolatrias, praticando seu falso culto em colinas abertas e bosques públicos. No entanto, também levaram sua rebelião espiritual para as áreas secretas de sua vida particular. Sem dúvida, conseguiram esconder essas práticas idólatras de seus vizinhos, mas foram tolos ao pensar que poderiam mantê-las em segredo de Deus. Quando nos lembramos de que ele vê nosso coração e nossas ações ocultas, somos mais propensos a andar com prudência e mais rápidos em confessar nossos pecados.

Deus ouve nossas orações. Diante da ameaça que cercava seu povo, o rei Ezequias sentiu o peso da angústia, mas não se rendeu ao medo. Em vez disso, entrou na casa do Senhor, abriu a carta do inimigo, derramando seu coração e pedindo ao Senhor que interviesse. Era exatamente isso que o Senhor queria, e ele se agradou de que seu servo tivesse levado a ele seus problemas. Ezequias havia entregado a Deus um fardo insuportável, um peso que ele não tinha força para carregar. Como Pedro escreveria mais tarde: "Lancem sobre ele toda a sua ansiedade, porque ele cuida de vocês" (1Pedro 5:7).

PERGUNTAS DE ESTUDO

1. O que Eliseu quis dizer ao pedir uma "porção dobrada" do espírito de Elias (veja 2Reis 2:1-11)? Por que ele desejava isso?

2. Eliseu instruiu a viúva pobre endividada a fechar a porta de sua casa (veja 2Reis 4:1-7). Por que Eliseu não queria que esse milagre fosse visto pelos moradores daquela cidade?

3. Por que Eliseu instruiu Naamã, o comandante do exército da Síria, a lavar-se sete vezes no rio Jordão (veja 2Reis 5:1-14)? O que Naamã ganhou por sua obediência?

4. Como Eliseu respondeu à presença dos exércitos sírios ao redor da cidade de Dotã (veja 2Reis 6:8-18)? O que isso nos revela sobre a força de Deus?

5. Por que Eliseu instruiu seu jovem discípulo, um dos profetas, a ungir Jeú como rei sobre Israel? Quais foram as instruções de Deus a Jeú que ele deveria cumprir (veja 2Reis 9:1-10)?

6. O que motivou o povo de Judá a contribuir com tanta generosidade para o projeto de reconstrução (veja 2Reis 12:1-16)? Como o exemplo deles se aplica ao povo de Deus hoje?

7. O que aconteceu quando os assírios, reassentados em Israel, conquistaram povos de outras partes do império (veja 2Reis 17:24-41)? Por que Deus enviou leões contra eles?

8. Por que Deus permitiu que Israel fosse levado cativo pela Assíria? Por que ele não permitiu o mesmo destino, naquele momento, para o povo de Judá (veja 2Reis 18:1-12)?

SEMANA 12

DEUS NOS LEVARÁ DE VOLTA PARA CASA

2REIS 21—NEEMIAS 13

LEITURAS DIÁRIAS: **78** | 2Reis 21—25 **79** | Esdras 1—3 **80** | Esdras 4—6 **81** | Esdras 7—10 **82** | Neemias 1—3 **83** | Neemias 4—8 **84** | Neemias 9—13

O Senhor havia livrado o povo de Judá do exército assírio. Ele respondeu à oração de Ezequias e, mais tarde, também atendeu ao pedido do rei para curá-lo de uma enfermidade e prolongar sua vida por quinze anos. Infelizmente, Manassés, filho de Ezequias, ao assumir o trono, reconstruiu os santuários locais que seu pai havia derrubado. É possível que até mesmo tenha destruído todas as cópias que continham a Lei de Deus que não estivessem escondidas. Seu filho Amom seguiu os mesmos passos.

O Senhor havia confiado aos israelitas uma responsabilidade sagrada ao revelar-lhes sua Lei. Eles eram o único povo na terra que havia recebido a Palavra de Deus diretamente por meio de Moisés, servo do Senhor. Deus lhes havia ordenado que preservassem a Lei, a guardassem e a transmitissem com fidelidade. Em vez disso, abandonaram a Palavra de Deus, primeiro por acréscimos de elementos de religiões pagãs ao seu culto e, gradualmente, ao dar a esses elementos maior importância.

Quando Josias, filho de Amom, subiu ao trono, o povo já vinha negligenciando a Palavra de Deus por tanto tempo que ela havia sido praticamente esquecida. Mas Josias, como seu bisavô Ezequias antes dele, foi um rei piedoso que fez o que era reto aos olhos de Deus.

Durante o reinado de Josias, um novo projeto de construção para reparar o Templo foi iniciado, o que levou os sacerdotes a descobrirem um livro perdido da Lei de Deus. Quando esse livro foi lido para Josias, ele rasgou as suas vestes em sinal de luto, pois sabia que a ira do Senhor havia se acendido contra o povo por não obedecer à sua Lei. No entanto, o Senhor, ao ver a humildade de Josias, prometeu que o juízo não viria durante sua vida.

Esse juízo veio após a morte de Josias em batalha. Durante o reinado de seus filhos – primeiro Jeoacaz e depois Jeoaquim –, o povo voltou à prática da idolatria. Foi no tempo de Jeoaquim que Deus enviou os babilônios contra Judá. Quando Joaquim, filho de Jeoaquim, assumiu o trono, os babilônios conquistaram Jerusalém e levaram ao exílio os oficiais, guerreiros, artesãos, trabalhadores especializados e outras pessoas influentes. Zedequias, tio de Joaquim, tornou-se rei de Judá. Quando se rebelou, os babilônios voltaram a Jerusalém e colocaram fogo no Templo, no palácio e em todas as casas, levando ainda mais pessoas ao exílio. Apenas os pobres foram deixados para trabalhar nas vinhas e nos campos.

O que os israelitas não sabiam era que Deus já estava agindo nos bastidores para preservá-los como povo. Embora o exílio fosse durar muitos anos, o Senhor levantaria líderes para protegê-los e conduzi-los durante aquele tempo. Depois de setenta anos, Deus tocou o coração do rei persa Ciro, que deixou o povo retornar à sua terra. Também levantou líderes como Esdras e Neemias, que não apenas conduziram os trabalhos de reconstrução, mas também ajudaram a direcionar novamente o coração do povo à adoração do Senhor.

Esdras, sacerdote e escriba, era uma figura singular por ter acesso aos arquivos reais do Império Persa – um privilégio concedido a poucos. O livro que leva seu nome começa com o decreto de Ciro que permitia ao povo judeu o retorno a Jerusalém. Em seguida, relata a restauração do calendário de festas e sacrifícios de Judá, incluindo a reconstrução do Templo.

Houve três ondas de deportação de Israel para a Babilônia, e agora haveria três retornos a Jerusalém ao longo de um período de noventa anos. Zorobabel liderou o primeiro retorno em 538 a.C.; Esdras liderou o segundo em 458 a.C.; e Neemias, o terceiro em 445 a.C. O livro de Esdras relata os dois primeiros retornos e documenta como Esdras restabeleceu o sacerdócio arônico, reinstituiu a Lei e lidou com o pecado do povo de se casar com estrangeiros. Mais importante ainda, o livro descreve como a mão soberana de Deus moveu reis pagãos

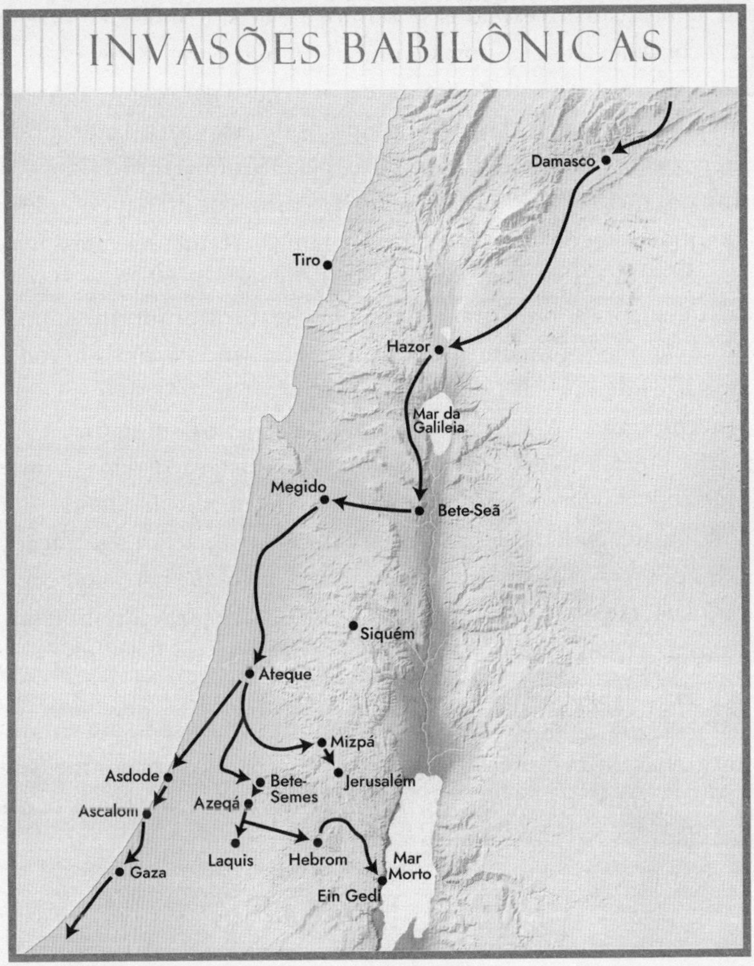

e superou a oposição para restabelecer Israel na terra. O Senhor levantara Nabucodonosor para levar a nação ao cativeiro na Babilônia, mas, pouco tempo depois, levantou Ciro para conquistar a Babilônia no Império Persa e libertar seu povo.

> ... tudo o que há nos céus e na terra é teu [...] tu estás acima de tudo.
>
> 1Crônicas 29:11

O livro de Neemias relata o terceiro retorno dos exilados. Os eventos descritos no primeiro capítulo começam no vigésimo ano do reinado do rei persa Artaxerxes. Na época, Neemias ocupava um cargo na corte do rei como copeiro pessoal, ou "provador de comida". Essa posição exigia um grande nível de confiança e proximidade com o rei, algo que Neemias usou para assegurar a liberação dos exilados. O Senhor até mesmo moveu o coração do rei persa para conceder ajuda e suprimentos a Neemias para essa missão.

Ao chegar em Jerusalém, Neemias reuniu o povo para começar a reconstrução do muro ao redor da cidade. Deus agiu de diversas formas: pela fidelidade de Neemias, pelo esforço coletivo do povo, pela leitura atenta da sua Palavra, e até mesmo por meio do coração perverso dos inimigos do seu povo. Enquanto os exilados judeus reconstruíam o muro, foram abertamente zombados e falsamente acusados de terem motivos malignos e planos de rebelião. Homens que buscavam desencorajá-los e atrapalhar a obra se infiltraram em seu meio, e os exilados até mesmo foram ameaçados de morte. Ainda assim, em todas essas situações, sob a liderança de Neemias, o povo recorreu ao Senhor em oração por segurança e proteção – e Deus frustrou todos os planos inimigos.

Apesar da oposição externa, bem como da corrupção e divisão internas, o povo de Judá concluiu a reconstrução do muro em apenas cinquenta e dois dias. Agora, finalmente, podiam se restabelecer em suas casas. Em celebração, reuniram-se para observar a Festa dos Tabernáculos, algo que não acontecia “desde os dias de Josué” (Neemias 8:17). Ao final dessa festa, o povo se reuniu mais uma vez para adorar a Deus como uma nação reunificada, humilhando-se e reconhecendo sua dependência do Senhor.

Os israelitas certamente enfrentaram muitas provações. No entanto, perseveraram por causa da proteção e provisão de Deus. No fim, por meio de todos estes acontecimentos, o Senhor revelou que é soberano sobre todos os assuntos da humanidade – e fiel e verdadeiro à sua Palavra.

REFLEXÕES

Decida buscar o Senhor. Alguns dos reis de Judá buscaram a Deus, mas muitos não o fizeram. Em todos os casos, porém, cada um encontrou exatamente aquilo que procurava. O rei Josias buscou o Senhor – e o encontrou. Seu filho Jeoacaz confiou em ídolos – e os encontrou. O resultado final de cada escolha é evidente: buscar a Deus leva à vida, enquanto buscar ídolos leva à morte. Na verdade, é ele quem nos busca com mais intensidade do que jamais poderíamos buscá-lo. Deus deseja tanto ser encontrado por nós que entregou seu próprio Filho na cruz para tornar isso possível. Tudo o que é necessário de nossa parte é nos humilhar, confessar nossos pecados e nos submeter ao seu senhorio em nossa vida (veja Tiago 4:8, 10).

Deus porá fim ao luto. Quando os exilados lançaram os alicerces do Templo, houve uma reação mista entre o povo. Muitos gritavam de alegria ao ver o

Senhor reconstruir o que havia sido destruído, enquanto outros choravam ao se lembrarem do que um dia existiu. Ironicamente, ambas as reações eram válidas - mas, com o tempo, os brados de alegria abafaram as lágrimas. O povo de Israel tinha bons motivos para chorar, pois foi seu próprio pecado que causou a destruição do Templo e de tudo o nele havia - inclusive a Arca da Aliança. No entanto, Deus não abandonou seu povo e nem se esqueceu de suas promessas de fidelidade e bênção. Ele ainda estava agindo, e o mais importante era que Israel ainda existia - por causa da promessa de Deus. As lágrimas tinham seu lugar, mas os gritos de alegria permaneceriam por mais tempo.

Deus nos ordena a resistir ao desânimo. Os inimigos do povo de Deus tentaram interromper seu trabalho fazendo com que ficassem desanimados. A essência do desânimo é enfraquecer, desmoronar, perder a capacidade de continuar e deixar os projetos de Deus de lado por causa do desespero - e, na raiz disso, está o medo. Quando enfrentamos situações que fogem ao nosso controle, é fácil temer que elas também escapem do controle de Deus. E, se estiver fora do controle de Deus, talvez seja melhor desistir - o que, é claro, é exatamente o que Satanás espera que façamos! No entanto, Deus nos ordena a não ceder ao medo, mas a fortalecer nossas mãos quando elas se tornarem fracas (veja Isaías 41:10).

Estude, obedeça e ensine. Em Esdras 7:10 lemos: "Esdras tinha decidido dedicarse a estudar a lei do Senhor, a praticála e a ensinar os seus estatutos e ordenanças aos israelitas". Esdras fez da Palavra de Deus uma prioridade: estudava-a, meditava nela diariamente e procurava maneiras de aplicá-la em sua vida. É provável que também tenha se empenhado em memorizá-la, já que a tradição afirma que ele era capaz de escrever a Lei de Moisés de cabeça. No entanto, Esdras ia muito além dessas práticas: ele aplicava a Palavra de Deus em sua vida, obedecendo deliberadamente aos mandamentos de Deus todos os dias. Esses hábitos foram o que o capacitaram a se tornar um grande mestre para os exilados que haviam retornado a Jerusalém. O processo ilustrado por Esdras é triplo: estudar a Palavra de Deus, obedecer à Palavra de Deus e ensinar a Palavra de Deus. Esse é o processo que todos os cristãos também são chamados a seguir.

> Seja forte e corajoso! Não se apavore nem desanime, pois o Senhor, o seu Deus, estará com você por onde você andar.
>
> Josué 1:9

Esteja alerta e preparado para a batalha. Neemias não subestimou a ameaça do inimigo quando soube que estavam planejando um ataque. Ele sabia que a proteção do povo de Deus dependia unicamente das mãos do Senhor, mas também entendia que tinha uma responsabilidade quanto à segurança daqueles que estavam sob sua autoridade. Por isso, tomou medidas para se preparar diante da ameaça de batalha. Além disso, esperava que todos os que trabalhavam no projeto do Senhor permanecessem alertas e bem armados. Da mesma forma, os cristãos devem estar preparados para a batalha. Cristãos bem armados e vigilantes dedicam tempo diário à leitura e meditação na Palavra de Deus. E, como todo bom soldado, os que creem em Cristo também mantêm contato próximo com o Comandante por meio da oração e da obediência.

TENTATIVAS DE INTERROMPER A OBRA EM NEEMIAS:
❶ Sambalate, Tobias e Gesém zombam de Neemias (2:19).
❷ Sambalate e Tobias zombam de Neemias (4:1-3).
❸ O inimigo ameaça com um ataque militar (4:7-23).
❹ Sambalate e Gesém tentam atrair Neemias para Ono (6:1-4).
❺ Sambalate ameaça Neemias com falsas acusações (6:5-9).
❻ Semaías, Noadia e outros profetizam falsamente para desacreditar Neemias (6:10-14).
❼ Tobias escreve cartas a Neemias com o objetivo de amedrontá-lo (6:17-19).

Um líder piedoso lidera pelo exemplo. Neemias foi um grande líder. Ele organizou mais de uma viagem da Pérsia para Judá, reunindo os recursos necessários para realizar a obra de reconstrução dos muros da cidade. Também governou com sabedoria ao conduzir o povo de Deus por circunstâncias difíceis. Mas um dos elementos mais fortes de sua liderança foi sua própria vida, pois ele demonstrou pelo próprio exemplo o que significa ser um homem piedoso. Essa é a principal qualidade de um líder e professor temente a Deus. Um bom líder não se limita a dar palestras sobre como dominar uma habilidade, mas demonstra esse domínio ao praticá-la diante dos alunos. O líder piedoso diz: “Observe meu exemplo, e aprenda a fazer o mesmo”.

Deus é gracioso, mesmo com os presunçosos. O tema constante do louvor dos levitas em Neemias 9:5-38 era a graça de Deus. De fato, toda a oração é uma lista dos atos de compaixão de Deus para com seu povo. Ele foi gracioso com os israelitas nos dias de Neemias – e continua gracioso conosco hoje. A diferença é que, agora, essa graça se manifesta de forma plena por meio do envio de seu Filho. Jesus se ofereceu como sacrifício pelos pecados e, no clímax da misericórdia divina, deu sua vida em favor de todos. Como resultado, as boas-novas do evangelho são, na verdade, a notícia de que a graça de Deus conquistou o coração de pecadores presunçosos. A graça de Jesus é mais forte do que o coração mais endurecido.

PERGUNTAS DE ESTUDO

1. O que tornava tão valioso o Livro da Lei que os sacerdotes encontraram? O que pode ter levado à sua perda? Como perdê-lo provavelmente afetou o povo (veja 2Reis 22:3-13)?

2. Com base em 2Reis 23:26-27, qual foi o envolvimento de Deus na queda de Judá? Quais foram os ocorridos que revelaram que Deus havia de fato retirado sua presença do meio do seu povo?

3. Por que os judeus que retornaram do exílio decidiram reconstruir primeiro o altar, antes mesmo do Templo onde ele ficaria (veja Esdras 3:1-7)? O que essa decisão revela sobre o entendimento que tinham das prioridades de Deus?

4. Por que Esdras reagiu de forma tão veemente contrária ao casamento dos judeus com estrangeiros (veja Esdras 9:1-4)? Por que isso era um problema tão sério para o povo de Deus?

5. Quais riscos Neemias assumiu ao decidir ajudar os exilados em Judá (veja Neemias 2:1-10)? O que o motivou a tomar essa iniciativa? E você, como acha que teria agido no lugar dele?

6. Por que Neemias ordenou que os trabalhadores estivessem sempre armados (veja Neemias 4:15-23)? Que efeito isso teve sobre a obra? Que efeito teve sobre os inimigos?

7. Que métodos Sambalate, Tobias, Gesém e outros inimigos empregaram para tentar parar a obra? Como Neemias respondeu a cada ataque contra o povo de Deus (veja Neemias 6:1-15)?

8. Por que os levitas recontaram a história de Israel de forma cronológica durante o culto (veja Neemias 9:7-31)? Como isso pode ter ajudado o povo a perceber tanto a fidelidade de Deus quanto os próprios pecados?

SEMANA 13

DEUS VÊ NOSSO SOFRIMENTO

ESTER 1—JÓ 42

LEITURAS DIÁRIAS: **85** | Ester 1–4 **86** | Ester 5–8 **87** | Jó 1–3 **88** | Jó 4–7 **89** | Jó 18–21 **90** | Jó 27–31 **91** | Jó 38–42

Embora o nome de Deus não seja mencionado em nenhum momento do livro de Ester, sua presença é evidente do início ao fim. Ele atua de forma providencial, movendo reis, rainhas e oficiais poderosos para frustrar os planos de Satanás e preservar seu povo da destruição. A origem desse conflito remonta a mil anos antes, quando os israelitas estavam saindo do Egito e foram atacados pelos amalequitas (veja Êxodo 17:8-16). Deus declarou sua maldição sobre os amalequitas: eles seriam totalmente eliminados enquanto povo. Séculos depois, Saul recebeu ordens para matar todos os amalequitas, inclusive seu rei, Agague (veja 1Samuel 15:1-3). Mas ele desobedeceu e desagradou a Deus, deixando para Samuel a tarefa de despedaçar Agague.

Vários séculos depois, o rei Assuero da Pérsia (também conhecido como Xerxes, seu nome em grego) reuniu nobres de todo o seu império em seu palácio de inverno, em Susã. Essa reunião pode muito bem ter sido uma sessão de planejamento para uma futura invasão à Grécia. Perto do fim dos 180 dias de banquetes e celebrações, o rei ofereceu um banquete que durou uma semana. Durante esse último banquete, já embriagado, Assuero mandou chamar sua rainha, Vasti. No entanto, o motivo do chamado e o tom autoritário com que foi feito a deixaram desconfortável, e ela se recusou a obedecer. Sentindo-se publicamente desafiado, o rei ficou furioso e decidiu depor Vasti. Para encontrar uma nova rainha, seus conselheiros sugeriram que fosse realizado um concurso de beleza, de modo que jovens de todas as províncias do império fossem convidadas para participar da seleção.

Quando Ester entrou em cena, Deus orquestrou os acontecimentos para que ela fosse escolhida. Ester conquistou o favor tanto do eunuco do rei quanto do próprio Assuero. Assim, ela foi colocada na posição ideal para agir quando o segundo no comando do rei, Hamã (um descendente do rei Agague), buscasse aniquilar todos os judeus da Pérsia. Isso ocorreu quando outro personagem da história, Mardoqueu, recusou-se a se curvar diante de Hamã. Mardoqueu era primo de Ester (embora tivesse agido mais como um pai adotivo para ela) e descendente da tribo de Saul. O ódio de Hamã pelos judeus, embora profundamente enraizado, foi desencadeado pelas ações de Mardoqueu. Diante dessa ofensa, Hamã, sem saber, deu início a uma série de eventos que resultariam em sua própria destruição - em vez da destruição de todos os judeus do império, como ele pretendia.

Ester era a única pessoa que poderia influenciar o rei a impedir o plano de genocídio de Hamã. Deus a havia levantado para um momento como aquele, e ela arriscou a própria vida ao se apresentar diante de Assuero. Com sabedoria, Ester expôs o orgulho de Hamã, ganhou a confiança do rei e fez seu apelo em favor dos judeus.

Mardoqueu obedeceu à Palavra do Senhor ao se recusar a se curvar diante de Hamã. Ele o fez ciente de que estava fazendo um inimigo poderoso, mas, mesmo assim, obedeceu. Essa atitude estava na raiz de sua exortação a Ester para que ela se apresentasse ao rei, apesar do risco de vida, e Deus foi capaz de agir por meio de sua obediência para salvar o povo judeu no exílio. Como resultado de suas ações, "Naquele dia, os inimigos dos judeus esperavam dominá-los, mas aconteceu o contrário: foram os judeus que dominaram aqueles que os odiavam" (Ester 9:1).

Embora os eventos do livro de Jó tenham ocorrido em um tempo e lugar diferentes, as mesmas forças malignas estão em ação. Jó nos oferece um vislumbre das ações de Satanás no mundo, revelando como ele está por trás de parte do sofrimento enfrentado pelo povo de Deus. A narrativa começa na sala do trono celestial, onde Satanás se apresenta diante do Senhor e faz uma acusação: ele afirma que Jó, um servo fiel, só permanece íntegro porque é abençoado materialmente. Então, Deus permite que Satanás tire tudo de Jó: seus filhos, seus servos e sua riqueza. E isso tudo no intervalo de um único dia.

Mais tarde, Deus permite que Satanás ataque a saúde de Jó. Três amigos de Jó, percebendo a gravidade de sua dor, lamentam com ele e sentam-se ao seu lado em silêncio durante uma semana. Infelizmente, depois desse período de silêncio, esses três amigos oferecem pouco consolo. Pelo contrário, aconselham Jó a sair da "casinha" de Deus e confessar o suposto grande pecado que teria causado tanta perda. Quando Jó protesta e afirma que *não* violou sua integridade, seus "consoladores" insistem ainda mais para que ele se arrependa. Em três ciclos de debates cada vez mais intensos entre eles, Jó mantém sua inocência e apela cada vez mais a Deus, pois, embora reconheça ser um pecador, sabe que não se desviou intencionalmente da vontade ou dos estatutos do Senhor.

Jó, depois de suportar esses debates, faz dois monólogos para esclarecer seu ponto de vista e defender suas afirmações. Então, um novo participante, Eliú, entra em cena. Torna-se evidente que Eliú é um homem mais jovem que ouvia a conversa de perto; ele está claramente irritado tanto com Jó *quanto* com seus três companheiros: irritado com a constante insistência de Jó em sua própria integridade, e irritado com os outros homens por não conseguirem refutar Jó. Capítulo após capítulo, esses cinco homens falam uns aos outros, fazendo acusações, oferecendo respostas e revelando a futilidade da sabedoria humana. Mas, então, a situação muda de forma abrupta quando Deus aparece em cena. De muitas maneiras, toda a história de Jó foi construída até esse momento em que ele finalmente apresenta seu caso diante de Deus.

Deus oferece quatro respostas nos capítulos finais de Jó. Primeiro, ele faz uma série de perguntas retóricas, como: "Onde você estava quando lancei os alicerces da terra?" (38:4). Ele faz isso para destacar seu poder e sabedoria em relação à fraqueza e à humanidade de Jó. Em segundo lugar, Deus usa duas criaturas poderosas – o "Beemote" e o "Leviatã" – para ilustrar seu poder. Em terceiro lugar, confronta os quatro companheiros de Jó ao declarar que estavam errados em suas afirmações sobre o caráter de Jó. Por fim, ele abençoa abundantemente Jó, restaurando sua saúde, riqueza e família a níveis superiores aos que ele conhecia antes.

A pergunta central do livro (por que o sofrimento existe no mundo?) permanece sem resposta, inclusive da parte de Deus. Ao longo da narrativa, vemos diversas causas para o sofrimento e percebemos que, às vezes, os ímpios prosperam enquanto os justos padecem *nesta vida*. No entanto, não há uma explicação universal para o sofrimento. O que há, sim, é uma resposta universal ao sofrimento: entregar a pergunta "por quê?" nas mãos daquele que é justo e que um dia equilibrará todas as coisas. Devemos simplesmente confiar que nosso Deus está sempre no controle.

REFLEXÕES

Deus nos coloca onde ele quer que estejamos. Ester era uma jovem judia que foi tirada do anonimato para se tornar rainha do império mais poderoso do mundo. Parece surpreendente que ela pudesse alcançar tal posição – mas isso não foi surpresa para Deus. Ele havia colocado Ester naquela posição específica com um propósito maior: a salvação do seu povo. Da mesma forma, Mardoqueu estava onde Deus queria, a fim de que exercesse influência sobre Ester no momento certo. Ester e Mardoqueu não podiam ver o que Deus pretendia fazer por meio deles – e nós também não podemos. Nosso papel, assim como o deles, é trabalhar com fidelidade onde o Senhor nos colocou e permitir que ele cuide do futuro.

Deus é mais poderoso do que o mal. Mesmo quando não entendemos o *motivo* do sofrimento, podemos ter a certeza de que Deus é mais poderoso do que as forças do mal. Observe os limites que Deus impôs aos ataques de Satanás contra Jó: "Pois bem, tudo o que ele possui está nas suas mãos; apenas não toque diretamente nele" (Jó 1:12). Deus deu uma ordem a Satanás, e Satanás não teve escolha a não ser obedecer. Isso pode parecer surpreendente à primeira vista, já que sabemos que Satanás é o inimigo mais feroz e determinado de Deus. Toda a sua existência é definida pela rebelião contra Deus e contra tudo o que Deus representa. No entanto, apesar de toda a maldade e intenção destrutiva de Satanás, ele não pode resistir à ordem de Deus. Isso porque Deus é soberano e maior do que todos os seus inimigos.

O próprio Deus é a resposta à pergunta sobre o sofrimento. "Por que o sofrimento existe no mundo?" Esse é o questionamento no cerne da história de Jó. Contudo, ele nunca recebe uma resposta direta. Ao longo do livro, são apresentados diferentes motivos que podem levar ao sofrimento: ataques de Satanás, consequências do pecado, lições divinas para nos despertar, ou até mesmo os efeitos das escolhas de outras pessoas. O que se conclui é que não há uma causa universal para todo sofrimento. Mas existe, sim, uma *resposta* universal diante dele: confiar em Deus. Não importa o que experimentemos nesta vida, podemos entregar a pergunta do *porquê* em suas mãos e confiar que ele está no controle.

PERGUNTAS DE ESTUDO

1. Por que o rei Assuero ordenou que sua esposa aparecesse no banquete? Que razões ela poderia ter para recusar seu pedido (veja Ester 1:1-12)?

2. De que forma Hamã enganou o rei a respeito dos judeus (veja Ester 3:8-15)? Como o rei poderia ter julgado com mais sabedoria nessa situação?

3. Por que Ester convidou o rei Assuero para um banquete em vez de pedir diretamente que ele salvasse seu povo? Por que também convidou Hamã para o banquete (veja Ester 5:1-8)?

4. Como Deus protegeu seu povo da destruição? Como ele usou todo o mal planejado contra seus seguidores para o bem (veja Ester 7:1-10, 9:1-5)?

5. Quais foram algumas das bênçãos que Jó desfrutava no início de sua história? E como sua reação foi positiva após perder tudo o que tinha de valor (veja Jó 1:1-22)?

6. Que motivos Jó tinha para se sentir frustrado com seus companheiros (veja Jó 16:1-5)? Que motivos ele tinha para se sentir frustrado com Deus?

7. Com base nos discursos de Eliú em Jó 32—34, qual é a sua impressão sobre ele? Em que aspectos seus argumentos se parecem com os de Elifaz, Bildade e Zofar? E em que se diferem?

8. Quais são alguns dos principais pontos levantados por Deus em sua resposta a Jó em Jó 38—39? O que mais chama a sua atenção na resposta de Jó no capítulo 42? Por quê?

SEMANA 14

DEUS GUIA NOSSA VIDA

SALMOS 1–41

LEITURAS DIÁRIAS: **92** | Salmos 1–2, 5–6 **93** | Salmos 8–11 **94** | Salmos 12–15 **95** | Salmos 16–17, 19–20 **96** | Salmos 22–25 **97** | Salmos 26–27, 31–33 **98** | Salmos 34, 37–40

Há milhares de anos, o livro de Salmos tem servido como o padrão de excelência para a adoração. Em suas páginas encontramos expressões comoventes e poderosas de louvor, clamores sinceros e autênticos do coração humano, expressões artísticas do caráter de Deus e muito mais. Apesar de seu forte apelo emocional, Salmos também apresenta uma teologia profundamente prática.

O tema central do livro é viver a vida real em um mundo real, onde duas dimensões coexistem: uma realidade horizontal (ou temporal) e uma realidade vertical (ou transcendente). Sem ignorar a dor e os desafios da experiência humana, os salmistas nos convidam a viver com alegria e confiança naquele que sustenta a dimensão celestial/eterna. Todos os ciclos de dificuldades e vitórias humanas oferecem oportunidades para expressar queixas, confiança, orações ou louvores ao Senhor soberano.

Os louvores e poemas que compõem o livro de Salmos foram divinamente inspirados por Deus, mas envolveram muitos compositores humanos ao longo de um período de cerca novecentos anos da história judaica. Acredita-se que o rei Davi tenha escrito pelo menos 73 dos 150 salmos.

Cinquenta salmos são de autoria anônima (embora se especule que Esdras seja o autor de alguns deles). Entre os gêneros recorrentes em Salmos estão: sabedoria, com instruções para uma vida correta; lamentação, que tratam das dores da vida - geralmente causadas por inimigos externos; penitência, os quais lidam sobretudo com o "inimigo" interior - ou seja, o pecado; e ações de graças.

Os 150 salmos da Bíblia foram organizados inicialmente em cinco "livros", e cada um termina com uma doxologia - um breve hino de louvor a Deus. Não há uma razão claramente definida para essa divisão. Muitos salmos de um mesmo autor aparecem em diferentes livros, o que indica que a organização não foi feita com base nos escritores. Tampouco segue um critério temático. A tradição judaica sugeria que essas divisões refletiam os cinco livros de Moisés. O Livro I, abordado nesta semana, inclui os salmos 1—41. A maioria desses salmos (possivelmente todos) foi composta por Davi.

O livro de Salmos inicia com quatro salmos de sabedoria em sequência. Um dos temas centrais repetidos na Bíblia desde o início - quando Adão e Eva foram colocados no jardim do Éden - é de que o povo de Deus tem uma escolha. Eles podem optar por viver em obediência e submissão a Deus e receber bênçãos, ou podem escolher viver em rebelião contra Deus e receber maldições. Os salmos 1 e 2 apresentam novamente essa escolha ao leitor. No salmo 1, o salmista oferece um contraste nítido entre os que escolhem a justiça e os que escolhem a perversidade. Aqueles que escolhem a justiça serão "bem-aventurados" - uma palavra rica em significado e promessa - e serão como árvores que dão muito fruto. Já os perversos serão como a palha que o vento leva.

Enquanto o salmo 1 é uma reflexão pessoal sobre justiça e rebelião, o salmo 2 amplia esses temas para um público mais abrangente: as nações e civilizações. A cena retratada é a de governantes e exércitos se levantando em rebelião contra Deus. O salmo termina com um apelo para que aqueles que se consideram poderosos se submetam ao único ser que possui autoridade verdadeira. O salmo 3 é um excelente exemplo da capacidade de Davi de transformar eventos reais, como, por exemplo, momentos de crise aguda, em oportunidades de louvor. O salmo 4 é outra expressão resumida de sabedoria, pois Davi passa da ansiedade à segurança, trilhando o caminho da oração e da confiança em Deus. O salmo 37, também um salmo de sabedoria, é semelhante tanto em pensamento quanto em essência ao livro de Provérbios.

> Bem-aventurado aquele que não anda segundo o conselho dos ímpios [...] ao contrário, a sua satisfação está na lei do Senhor, e na sua lei medita dia e noite.
>
> Salmos 1:1-2

Vários dos salmos do Livro I (como Salmos 16, 19—21, 23, 27) foram escritos para oferecer consolo àqueles que os liam ou entoavam. O rei Davi escreveu muitos desses salmos de consolo. No salmo 19, ele retrata o Senhor como autor tanto do seu mundo quanto da sua Palavra, mostrando como Deus se revelou à humanidade por meio desses dois caminhos. As belas expressões de admiração e adoração de Davi pelas Escrituras lembram aos leitores do consolo que pode ser encontrado na Palavra de Deus.

Alguns dos salmos de consolo estão ligados a eventos ou circunstâncias específicas, como os salmos 20 e 21, que falam diretamente ao povo de Deus antes e depois de uma batalha. Outros, no entanto, oferecem consolo de forma mais ampla, fundamentados no caráter do Senhor. O salmo 23, por exemplo, talvez seja a passagem mais conhecida do Antigo Testamento por expressar, de maneira breve, visual e bela, a bondade de Deus mesmo em tempos difíceis. Um detalhe interessante, mas muitas vezes negligenciado, é que ele também aponta para o consolo presente na direção divina, até mesmo por meio da vara e do cajado do Senhor.

Como esses instrumentos oferecem consolo? No mundo antigo, a vara e o cajado - às vezes chamados de bastão e gancho - eram duas das ferramentas que os pastores usavam para exercer suas funções. A vara servia para proteção. Se as ovelhas estivessem sob ataque, o pastor podia golpear os agressores e afugentá-los. Já o cajado era geralmente um bastão alto com uma curva na extremidade. Se uma ovelha se desviasse do caminho, o pastor podia "enganchar" o cajado em seu pescoço e puxá-la de volta. Que reconfortante é saber que o próprio Cristo, o Bom Pastor, não apenas vigia suas ovelhas, mas também oferece direção - e até correção - quando precisamos.

Também há salmos messiânicos, os quais contêm profecias sobre a vida e o ministério de Cristo. O salmo 22 é provavelmente o mais importante por causa de suas conexões com a crucificação de Jesus.

Além de compor salmos com temas de sabedoria e consolo, Davi também escreveu salmos que exaltam o tema do arrependimento, como os salmos 30, 31 e 32. O adultério público com Bate-Seba é talvez o episódio mais infame de sua vida. Davi usou sua autoridade como rei de Israel para cometer adultério com Bate-Seba e, após saber que a mulher havia engravidado, planejou a morte do marido dela na batalha.

Acredita-se que o salmo 32 esteja ligado a esse acontecimento. Vemos as primeiras tentativas de Davi de esconder seu pecado, causando uma ruptura em seu relacionamento com Deus e um peso crescente em seu coração. Davi, então, toma a decisão de se arrepender, e esse arrependimento leva ao perdão de Deus. Tendo confessado seu pecado, Davi reflete sobre a alegria do perdão nesse salmo de arrependimento. O Livro I termina com este cântico de louvor: "Bendito seja o Senhor, o Deus de Israel, de eternidade a eternidade! Amém e amém!" (Salmos 41:13).

REFLEXÕES

Nós temos uma escolha. Um dos temas centrais da Bíblia é de que temos uma escolha. Podemos ser obedientes a Deus e receber bênçãos, ou podemos viver em rebeldia e receber maldições. O salmo 1 nos apresenta essa escolha. Nesse caso, aquele que escolhe a justiça será "bem-aventurado" (v. 1) – uma expressão rica em profundidade e promessa. Os ímpios, porém, serão "como a palha que o vento leva" (v. 4).

Deus provê direção e redirecionamento. Davi escreve: "... a tua vara e o teu cajado me confortam" (Salmos 23:4). Naquela época, se uma ovelha fosse atacada, o pastor usaria a vara para golpear o agressor. Se uma ovelha seguisse na direção errada, ele usaria o cajado para "laçar" seu pescoço e trazê-la de volta ao caminho certo. Da mesma forma, Cristo, o nosso Bom Pastor, nos direciona – e até mesmo nos redireciona – quando precisamos.

O arrependimento requer humildade. Davi termina o salmo 39 com um clamor: "Desvia de mim os teus olhos para que eu volte a ter alegria" (v. 13). O arrependimento requer humildade porque precisamos reconhecer que violamos a lei de Deus, confessar nosso pecado e renunciá-lo. Além disso, o arrependimento requer humildade porque é um dom de Deus e, para que o reconheçamos e o louvemos por isso, precisamos nos humilhar.

PERGUNTAS DE ESTUDO

1. Quais são as imagens centrais no salmo 1 e o que cada uma comunica? Que aspectos específicos do caráter de Deus são comunicados no salmo 2?

2. O que Davi percebe sobre si mesmo – e sobre a humanidade como um todo – ao considerar "a lua e as estrelas" que Deus ordenou (veja Salmos 8)?

3. O que Davi diz sobre a Palavra de Deus ("a lei do Senhor") no salmo 19? O que ele diz nesse salmo sobre os juízos do Senhor?

4. O primeiro versículo do salmo 22 foi citado por Jesus na cruz: "Meu Deus! Meu Deus! Por que me abandonaste?" (Mateus 27:46). Qual seria o tom predominante desse salmo?

5. O salmo 23 é uma passagem familiar para muitos de nós, mas leia-o outra vez com atenção. Qual é o ponto principal expresso por Davi? Como Deus age como um "Bom Pastor" em nossa vida?

6. Quais razões Davi apresenta no salmo 27 para não temer seus inimigos? O que Davi deseja que o Senhor lhe ensine à medida que percorre sua vida?

7. O que Davi revela sobre o caráter de Deus no salmo 30 – especialmente em relação à confissão e ao arrependimento do seu povo?

8. O que Davi diz sobre a misericórdia e fidelidade de Deus no salmo 38? O que Davi quer "vigiar" e "amordaçar" no salmo 39?

SEMANA 15

DEUS NOS PROTEGE DOS INIMIGOS

SALMOS 42–72

LEITURAS DIÁRIAS: **99** | Salmos 42–45 **100** | Salmos 46–48, 51 **101** | Salmos 52–55 **102** | Salmos 56–59 **103** | Salmos 60–62, 65 **104** | Salmos 66–68 **105** | Salmos 69–72

Ao longo da história, os salmos abrangem um extenso período: dos primórdios da humanidade até as celebrações do povo judeu libertado da Babilônia. O livro cobre uma ampla variedade de assuntos, desde a adoração celestial até as guerras terrenas. No entanto, ao longo dos séculos, os salmos sempre mantiveram seu propósito principal: promover o louvor e a adoração corretos a Deus.

Como observamos na semana passada, o livro de Salmos está organizado em cinco "livros" distintos. O Livro II, que estudaremos nesta semana, inclui os salmos 42–72. Logo no início do Livro II, encontramos um novo grupo de colaboradores: os filhos de Corá. Um total de onze salmos é atribuído a eles (Salmos 42 e 44–49 no Livro II e Salmos 84–85 e 87 no Livro III). É bastante provável que os coraítas não tenham sido os autores desses salmos, mas os seus intérpretes.

Embora pouco se saiba sobre os filhos de Corá, o nome que carregavam estava associado a uma reputação negativa. Em Números 16:1-40, Corá foi um dos líderes de uma rebelião contra Moisés, contestando a autoridade dele e de Arão, bem como o sacerdócio instituído por Deus. Como consequência dessa afronta, Corá e seus seguidores foram tragados pela terra durante um terremoto.

Os coraítas atuaram durante o tempo do rei Davi. É provável que fossem descendentes legítimos daquele Corá original, que era levita. Participavam do serviço no Tabernáculo e no Templo – um trabalho que incluía louvor e adoração ao Senhor por meio de cânticos.

Sua própria existência deve nos levar à reflexão. Em meio a um vasto sistema sacrificial, com diferentes grupos da tribo de Levi encarregados de todas as espécies de tarefas, esse grupo recebeu a missão de cantar louvores a Deus e conduzir outros a fazerem o mesmo. Por quê? Porque a adoração é uma prioridade! Davi também fez da adoração uma prioridade. Desde o tempo em que era um pastor desconhecido até suas gloriosas conquistas como rei, Davi adorou a Deus e ajudou outros a expressarem sua adoração ao Senhor.

Os salmos 42—44 e 46—47 declaram a força e a proteção de Deus. Como o salmo 46 deixa claro, o Senhor Deus não apenas usa sua força para proteger seu povo contra as ameaças da natureza e nações, mas também estende sua força a nós. Deus não é como os reis caprichosos do passado, que só intervinham a favor da justiça quando forçados a isso ou quando enxergavam algum benefício pessoal. Em vez disso, Deus está sempre presente conosco. Portanto, como o salmista declara muito bem: "não temeremos" (v. 2).

Embora seja verdade que Deus busca justiça, e que sua ira seja uma expressão legítima dessa justiça, também é verdade que, muitas vezes, ele usa seu poder para trazer paz e encerrar os efeitos da violência e da discórdia. É isso que o autor do salmo 46 destaca. Ao longo do cântico, ele descreve as poderosas intervenções de Deus no mundo. Qual é o resultado final do uso da força divina? Deus quebra o arco, parte a lança ao meio e queima as carruagens de guerra no fogo (veja v. 9). As carruagens eram as armas supremas de guerra no mundo antigo, então destruí-los era como eliminar os instrumentos mais brutais do arsenal de um inimigo. Deus muitas vezes usa sua força para pôr fim aos conflitos e construir a paz, exatamente como fez com a morte de Cristo na cruz – a qual conduz à paz com Deus para aqueles que se arrependem e creem nele.

O salmo 51, assim como os salmos 38 e 39, é uma expressão de penitência de Davi que revela a intencionalidade e humildade que o arrependimento exige. (No salmo 38, vemos Davi se sentir esmagado pelo peso da calamidade – situação que ele acreditava ser, ao menos em parte, consequência de seu pecado pessoal –, enquanto o salmo 39 é um lamento profundo que expressa a consciência de Davi sobre sua pequenez diante de Deus.) O salmo 51 é a confissão pública de Davi após as escolhas pecaminosas que fez com relação a Bate-Seba e Urias (veja 2Samuel 11). É notável que Davi comece reconhecendo o caráter perdoador de Deus. O arrependimento espiritual constantemente realinha nossa mente, afetos e vontade em relação a Deus. Em última análise, ele conduz ao perdão divino.

PURIFICAÇÃO ESPIRITUAL (Salmos 51)

"Lava-me, e mais branco do que a neve serei" (Salmos 51:7). O ritual de lavagem era um passo importante na purificação dos sacerdotes para o serviço no Tabernáculo (veja Êxodo 40:12). A lavagem com água simbolizava a purificação espiritual, a preparação necessária para entrar na presença de Deus (veja Salmos 26:6, 73:13). O costume antigo de lavar os pés de um hóspede fazia parte da hospitalidade e ainda era praticado nos dias de Jesus (veja João 13:5). Paulo também descreveu a redenção em Cristo como o "lavar regenerador" (Tito 3:5).

Os salmos 57, 58, 61—63 e 66 refletem outro tema presente na coletânea de cânticos e poemas: a necessidade de confiar em Deus. Alguns desses salmos foram escritos durante, ou como resposta a, eventos marcantes na história. Por exemplo, acredita-se que Davi escreveu o salmo 57, uma oração por segurança, enquanto se escondia no deserto do rei Saul, que queria matá-lo. Os salmos 61 e 62 foram provavelmente escritos durante a revolta nacional liderada por Absalão, filho de Davi. Em salmos como esses, Davi muitas vezes descreve Deus como sua rocha, abrigo ou fortaleza. Assim, ele demonstrava que compreedia corretamente um aspecto fundamental do caráter de Deus: Deus é imutável e inabalável. Por essas e muitas outras razões, Deus é digno da nossa confiança.

No salmo 63, Davi relembra os atos de fidelidade de Deus: "Porque és a minha ajuda, canto de alegria à sombra das tuas asas" (v. 7).

O salmo 66, de autoria desconhecida, irrompe em louvor e adoração pelas obras poderosas de Deus em favor do seu povo. Deus certamente é digno de confiança mesmo se considerarmos apenas seu poder, caráter e autoridade. No entanto, seus filhos não precisam confiar cegamente. Os crentes podem olhar para trás, para a jornada de sua vida, e identificar os momentos em que Deus interveio e agiu em seu favor. Esses momentos são o alicerce da confiança de todo cristão nele.

REFLEXÕES

A adoração deve ser uma prioridade. Em meio a um sistema sacrificial complexo, a adoração era uma prioridade, como é observado no fato de que os coraítas foram designados para cantar louvores a Deus e conduzir outros a fazerem o mesmo. A adoração também era uma prioridade para Davi. Desde o tempo em que era um pastor até seus maiores feitos como rei, ele adorava a Deus e ajudava outros a expressarem sua adoração a ele. De igual modo, em nossa caminhada com Cristo, devemos sempre nos lembrar de que adorar a Deus vai além de cantar algumas músicas aos domingos. Adoração é a postura de nossa vida ao louvarmos e reconhecermos nosso Senhor soberano.

Podemos ser honestos com Deus sobre nossas dificuldades. Davi se recusava a suavizar suas dores e alegrias em seus salmos. "Estou em meio a leões", escreveu no salmo 57, "ávidos para devorar; os seus dentes são lanças e flechas, e a sua língua é espada afiada" (v. 4). Davi também era honesto quanto àqueles que o prejudicavam: "Quebra os dentes deles, ó Deus; arranca, Senhor, as presas desses leões!" (Salmos 58:6). Muitas vezes, equiparamos espiritualidade com estoicismo, acreditando que expressar emoções, medos ou dúvidas é sinal de falta de fé. Como resultado, permanecemos calados sobre nossas lutas. Mas, ao fazermos isso, abdicamos de um dom precioso e desobedecemos ao que Deus nos chamou a fazer: buscar sua ajuda, assim como Davi fez.

Podemos confiar em Deus, nossa rocha. Em seus salmos, Davi recorre bastante a um tipo específico de imagem para descrever Deus: "Desde os confins da terra eu clamo a ti com o coração abatido; põe-me a salvo na rocha mais alta do que eu" (Salmos 61:2). Davi muitas vezes descreve Deus como sua rocha, abrigo ou fortaleza. Ao fazer isso, ele demonstrava que entendia corretamente um aspecto fundamental do caráter de Deus: Deus é imutável e inabalável. Por essas e muitas outras razões, Deus é digno da nossa confiança. Como escreveu Davi: "Confie nele em todos os momentos, ó povo; derrame diante dele o coração, pois Deus é o nosso refúgio" (Salmos 62:8).

PERGUNTAS DE ESTUDO

1. Os salmos 42 e 43 costumam ser considerados duas metades de um mesmo cântico. Quais conexões você percebe entre eles?

2. O autor do salmo 44 declara a força de Deus. Como Deus usou sua força para nos abençoar? O que significa depender da força do Senhor e não de nossa própria?

3. Que evidências indicam que o salmo 47 foi escrito para um contexto coletivo? Como a linguagem usada nesse salmo é diferente dos salmos anteriores?

4. Acredita-se que o salmo 51 tenha sido escrito por Davi depois de ser confrontado por seu pecado. Como esse salmo nos ajuda a compreender a natureza e o processo do arrependimento?

5. No salmo 57, quais razões Davi apresenta para confiar no Senhor? Quais atributos de Deus exigem fidelidade a ele?

6. O que Davi quer dizer no salmo 62 quando afirma: sua alma "descansa somente em Deus" (v. 1)? O que Davi espera do Senhor?

7. O salmo 66 é uma explosão de louvor. Qual conexão o salmista estabelece entre confiar em Deus e louvá-lo?

8. O salmo 72 é um salmo de coroação dedicado à prosperidade de Salomão no início de seu reinado. Qual é o pedido de Salomão a Deus nesse salmo?

SEMANA 16

DEUS É JUSTO E MISERICORDIOSO

SALMOS 73—106

LEITURAS DIÁRIAS: **106** | Salmos 73—76 **107** | Salmos 77—80 **108** | Salmos 82—85 **109** | Salmos 86, 88—89 **110** | Salmos 90—92 **111** | Salmos 93—94, 97—99 **112** | Salmos 100—106

Onze salmos do Livro III (que abrange os salmos 73—89) estão associados a um homem chamado Asafe (veja os salmos 50 e 73—83). O pouco que sabemos sobre esse homem é que ele era levita, contemporâneo de Davi, líder de um coral específico do Tabernáculo, além de um poeta e cantor habilidoso. É possível que ele não tenha escrito todos esses salmos pessoalmente, mas talvez os tenha apresentado ao povo ou liderado sua execução por meio do coral sob sua direção.

O salmo 73 trata da dificuldade de entender por que os ímpios muitas vezes parecem prosperar, apesar de viverem em rebeldia contra Deus. Asafe evidentemente lutou com essa questão por algum tempo, e por isso ele começa com a conclusão de que Deus é bom para Israel e para os puros de coração. Ele então relembra seu tempo de luta, quando se perguntava se havia escolhido o caminho errado. O ponto-chave foi um encontro com Deus no santuário, onde o salmista percebeu que as bênçãos dos ímpios são passageiras, mas servir a Deus tem valor por toda a eternidade.

No salmo 75, Asafe louva a capacidade e a disposição de Deus para trazer juízo contra o mal. O salmo começa com uma expressão de louvor, mas é evidente que "os feitos maravilhosos" em questão são, principalmente, a decisão de Deus de agir em juízo contra os ímpios. O salmo 78 demonstra a bondade de Deus ao reter o juízo. Esse salmo foi escrito para ensinar às gerações mais jovens de israelitas quão gracioso o Senhor havia sido, apesar da rebelião e ingratidão de seus antepassados durante os quarenta anos de peregrinação no deserto. Deus perdoou sua iniquidade e não os destruiu.

Todos os salmos atribuídos a Asafe no Livro III destacam diferentes aspectos da bondade de Deus. Outros salmos dessa mesma coletânea, que exaltam as maravilhas divinas, foram compostos por diferentes autores. O salmo 84 está ligado aos filhos de Corá, assim como os salmos 85 e 87. O salmo 88 foi escrito por Hemã, o ezraíta, e o salmo 89 foi escrito por Etã, o ezraíta. Etã e Hemã foram provavelmente contemporâneos de Davi e Salomão. Eram conhecidos por sua sabedoria e, ao que tudo indica, ambos eram músicos talentosos.

O salmo 84 se inicia com uma expressão vibrante de alegria e expectativa. Qual era a fonte dessa alegria? O salmista estava a caminho de adorar a Deus no Templo. No entanto, não era o Templo em si que despertava tamanha alegria, mas a possibilidade de estar na presença do Senhor. O salmo 88, por outro lado, é um lamento – um desabafo de dor e tristeza. Durante um período de intensa aflição, Hemã clamou a Deus por consolo e compreensão. É importante destacar que ele tinha o privilégio de passar tempo na presença de Deus e aproveitou esse privilégio, aproximando-se de Deus dia e noite.

No salmo 89, Etã contempla o que parece ser um enigma. Deus havia escolhido Israel como seu povo da aliança e prometeu abençoar os descendentes de Davi para sempre. Todavia, ao olhar para o mundo ao seu redor, Etã via Israel dividido e a dinastia de Davi em ruínas. Como conciliar essas duas verdades? Embora Etã não tenha encontrado uma resposta para suas perguntas, ele iniciou sua reflexão com base em algo que sabia ser sólido: Deus é soberano e digno de louvor. Ele, então, deixou a questão em aberto para uma resposta futura. É claro que, com o benefício da história, conhecemos a resposta para suas dúvidas: Deus, por meio de Cristo, cumpriu parcialmente sua promessa a Israel e, um dia, os restaurará como nação na Terra Prometida.

Muitos dos salmos do Livro IV (90—106) não são atribuídos a um autor específico. Uma exceção

IMAGENS DE DEUS NOS SALMOS

Vingador (26:1)
Criador (8:1, 6)
Libertador (37:39-40)
Fortaleza (31:3, 71:3)
Curador (30:2)
Juiz (7:11)
Rei (5:2, 44:4)
Protetor (5:11)
Provedor (78:23-29)
Redentor (107:2)
Refúgio (46:1, 62:7)
Rocha (18:2, 95:1)
Pastor (23:1, 80:1)
Escudo (3:3, 28:7)

notável é o salmo 90, escrito por Moisés, o cântico mais antigo do livro. Esse salmo provavelmente foi registrado enquanto os israelitas vagavam pelo deserto – um período estressante e perigoso. Moisés começa proclamando a natureza imutável de Deus e comparando-a com a vida passageira da humanidade. Ele observa que a natureza eterna de Deus o torna completamente separado de nós e muito acima de nós. No entanto, de forma incrível, apesar desse abismo entre nós, Deus lida conosco com misericórdia.

O autor desconhecido do salmo 98 proclama a alegria da terra diante do governo do Senhor. No salmo 99, o escritor olha para a história de Israel e destaca três líderes que falaram com Deus como representantes do povo: Moisés, Arão e Samuel. O salmista afirma que esses homens clamaram ao Senhor, "e ele lhes respondia" (v. 6). Ele foi para eles o "Deus perdoador" (v. 8). Ou seja, o perdão é uma expressão do caráter de Deus.

Os salmos 101 e 103 foram escritos por Davi. Muitos estudiosos acreditam que o salmo 104 seja uma continuação do salmo 103. Logo, também teria sido escrito por Davi. As origens do salmo 106 são desconhecidas, embora Davi também seja um possível autor. Esses salmos têm como objetivo específico levar outros a se unirem ao autor na exaltação a Deus e na proclamação de seus louvores.

Davi começa o salmo 101 declarando que entoará louvores à misericórdia e à justiça de Deus. Mas o restante do salmo foca nas ações e atitudes de Davi. Mais adiante, ele acrescenta promessas relacionadas à sua conduta: por exemplo, ele não olhará para nada perverso e não permitirá que mentirosos permaneçam em sua presença. Esse salmo é a declaração de Davi de que suas decisões e atitudes diárias servirão como uma oferta de adoração.

Davi demonstra intencionalidade ao compor seus cânticos. No salmo 103, entre duas belas exortações para bendizer ao Senhor que moldam o início e o fim do salmo, ele celebra o perdão de Deus por todas as nossas iniquidades, a cura de todas as nossas enfermidades e destaca traços específicos do caráter divino. Os salmos 104 e 106 mostram que há poder em levantar nossa voz para adorar verbalmente ao Senhor todo-poderoso. Também há poder em nos reunirmos para louvar seu nome e proclamar sua glória entre as nações.

REFLEXÕES

Temos acesso à presença de Deus. No salmo 84, o autor expressa sua alegria em adorar a Deus no Templo. Ele escreve: "Melhor é um dia nos teus átrios do que mil em outro lugar; prefiro ficar à porta da casa do meu Deus a habitar nas tendas dos ímpios" (v. 10). Às vezes, nos esquecemos de que também temos uma oportunidade incrível quando se trata da presença de Deus. Em Cristo, temos acesso ilimitado ao nosso Pai celestial. Que nunca deixemos de valorizar esse dom, e que estejamos sempre prontos a desfrutar essa alegria maravilhosa!

Sem a compaixão de Deus, estamos perdidos. De muitas maneiras, a oração de Moisés no salmo 90 é um prenúncio do evangelho. Especificamente, Moisés compreendia nossa incapacidade de lidar com o próprio pecado. Como Paulo mais tarde escreveu em Romanos 3:23: "pois todos pecaram e estão destituídos da glória de Deus". Por essa razão, as partes finais da oração de Moisés são focadas na misericórdia e compaixão de Deus. "Volta-te, Senhor! Até quando será assim? Tem compaixão dos teus servos! Satisfaz-nos pela manhã com o teu amor leal, e todos os nossos dias cantaremos felizes" (v. 13-14). Estamos mortos em nossas transgressões e, como Moisés, devemos clamar pela compaixão de Deus por salvação. Mas a maravilhosa notícia do evangelho é que a salvação já foi realizada, e ela é aplicada àqueles que creem por meio do arrependimento do pecado e da fé em Cristo.

Entoem cânticos ao Senhor! Os salmistas eram intencionais ao *verbalizar* sua adoração a Deus. "Cantarei ao Senhor toda a minha vida; louvarei ao meu Deus enquanto eu viver. Seja-lhe agradável a minha meditação" (Salmos 104:33-34), escreveu um dos autores. Às vezes, nos contentamos em apenas ler os salmos ou outras palavras de louvor a Deus. Em outras ocasiões, expressamos pensamentos de louvor ou gratidão em silêncio — e certamente Deus os ouve. No entanto, há poder em elevar nossa voz para adorar ao Senhor! E também há poder em nos reunirmos para louvar seu nome e proclamar sua glória nesta terra.

PERGUNTAS DE ESTUDO

1. Como Asafe descreve sua condição no início do salmo 73? O que ele conclui, ao final do salmo, sobre aqueles que estão longe de Deus?

2. Que evidência da bondade de Deus Asafe apresenta no salmo 76? Como a bondade de Deus se relaciona com sua ação contra o mal e a injustiça?

3. Qual imagem Asafe apresenta do Senhor no salmo 82? O que esse salmo diz sobre a autoridade de Deus para julgar os líderes humanos?

4. Quais são algumas das diferentes bênçãos de Deus listadas no salmo 84? O que esse salmo ensina sobre o cuidado de Deus por toda a sua criação – até mesmo pelo humilde pardal?

5. Qual é a fonte da tristeza de Hemã no salmo 88? O que ele busca do Senhor – e por que busca isso?

6. O que Moisés comunica sobre a compaixão de Deus no salmo 90? Por que esse aspecto do caráter de Deus é tão importante?

7. O autor do salmo 99 descreve o Senhor como o "Deus perdoador" (v. 8). Como você explicaria a amplitude do perdão de Deus para alguém que nunca teve contato com as Escrituras?

8. Que compromisso Davi assumiu com uma vida justa no salmo 101? Como você procura refletir essas mesmas características em sua própria vida?

SEMANA 17

DEUS GUIA AQUELES QUE O BUSCAM

SALMOS 107–150

LEITURAS DIÁRIAS: **113** | Salmos 107–109 **114** | Salmos 110–113 **115** | Salmos 114–118 **116** | Salmos 119 **117** | Salmos 120–127 **118** | Salmos 128–134 **119** | Salmos 143, 146–150

O salmo 107 marca o início do livro final de Salmos, o Livro V, que vai até o último capítulo. O salmo 109 é o que os estudiosos costumam chamar de "salmo imprecatório". Trata-se de um poema ou oração que implora a Deus para derramar juízo ou destruição sobre aqueles que violaram seus mandamentos. Há vários exemplos de salmos imprecatórios ao longo do livro de Salmos. É importante destacar que o objetivo desse tipo de salmo não é amaldiçoar os transgressores por raiva ou vingança, mas colocar Deus na administração da justiça.

Enquanto os grupos de livros anteriores dentro dos Salmos estavam ligados por um autor ou tema comum, a seção final apresenta um grupo unido por uma jornada comum. Os salmos 120–134 compõem os "Cânticos de Romagem" (ou "Cânticos dos Degraus"). Muitos estudiosos acreditam que os peregrinos judeus cantavam esses hinos enquanto subiam o caminho até Jerusalém – que ficava acerca de 820 metros de altitude – durante três festivais prescritos a cada ano: a Festa dos Pães Asmos, a Festa das Semanas (também conhecida como Pentecostes) e a Festa dos Tabernáculos. Todos os homens judeus eram obrigados a viajar anualmente a Jerusalém para participar dessas três festas solenes.

Estudiosos da Bíblia acreditam que os Cânticos de Romagem foram concebidos para gerar entusiasmo à medida que os peregrinos se aproximavam de Jerusalém e do Templo de Deus. Davi foi o autor de quatro desses salmos (122, 124, 131, 133), Salomão escreveu um (127) e os dez restantes são anônimos. Não se sabe ao certo quando esses salmos foram agrupados. Parece que os cânticos começavam bem longe de Jerusalém (veja as referências às cidades de Meseque e Quedar, localizadas na Ásia Menor e na Arábia, respectivamente, em Salmos 120:5) e seguiam em direção a Jerusalém até os peregrinos alcançarem o Templo e encerrarem sua adoração (veja Salmos 134:1-2).

No mundo antigo, realizar uma viagem longa envolvia muitos riscos, ocasionados não apenas por possíveis emboscadas e assaltos, mas também pelas grandes distâncias e pelos custos envolvidos. Talvez por isso os Cânticos de Romagem comecem com um clamor por proteção. A causa imediata desse clamor parece ser os vizinhos pagãos do salmista original, que não compartilhavam de seus valores justos nem de seu desejo por paz. Viajantes posteriores teriam assumido esse mesmo clamor para expressar seu desejo por proteção ao deixarem terras estrangeiras rumo ao Templo de Deus.

O salmo 121 ecoa esse desejo por proteção, mas coloca o foco naquele que pode, de fato, proteger. E o salmo 132 contém as orações da nação em favor dos descendentes da linhagem real de Davi.

Os salmistas foram intencionais ao descrever a capacidade de Deus de proteger seu povo: "Ele não permitirá que os seus pés tropecem; o seu protetor não cochilará" (121:3). "Se o Senhor não estivesse do nosso lado – que Israel o repita –, se o Senhor não estivesse do nosso lado quando os inimigos nos atacaram, eles já nos teriam engolido vivos, quando se enfureceram contra nós" (124:1-3). "O nosso socorro está no nome do Senhor, que fez os céus e a terra" (v. 8).

Outro tema central nos Cânticos de Romagem é a soberania de Deus. Enquanto os peregrinos seguiam rumo à cidade de Deus, eles sempre se lembravam de que somente Deus estava no controle de todas as coisas. Salomão destaca esse tema no salmo 127, ao abordá-lo sob três perspectivas distintas. Primeiro, ele usa a imagem da construção de uma casa para ilustrar a dependência do homem em relação a Deus. Em seguida, recorre à figura de uma sentinela vigiando uma cidade. Por fim, trata da soberania divina em uma área essencial da vida: a geração de filhos. Gerar filhos era uma responsabilidade especialmente importante para os israelitas, por causa da promessa de Deus de que os descendentes de Abraão se tornariam uma grande nação e abençoariam toda a terra (veja Gênesis 12:1-3). Ainda assim, Salomão faz questão de lembrar ao povo que é o próprio Deus quem tem controle soberano sobre todas as coisas – até mesmo sobre o abrir e fechar do ventre.

A principal característica literária dos salmos, obviamente, é a estrutura poética. A poesia hebraica era caracterizada por paralelismos lógicos. Em uma escala maior, alguns salmos, como os de número 111, 112 e 119, empregam um arranjo acróstico ou alfabético. No texto original, a primeira letra da primeira palavra de cada versículo ou seção começa com uma consoante hebraica diferente, avançando em ordem alfabética até que as 22 consoantes sejam utilizadas. O salmo 119 é o exemplo mais completo desse recurso, pois a primeira letra de cada uma de suas 22 estrofes de 8 versos segue a ordem do alfabeto hebraico. Esse recurso literário auxiliava na memorização e indicava que o assunto havia sido abordado de "A a Z".

Os oito últimos salmos atribuídos a Davi são os salmos 138—145. Davi compôs salmos em diferentes fases da vida: quando ainda era pastor; durante o período em que fugia do rei Saul; e, mais tarde, como rei de Israel. Muitos de seus salmos foram escritos como expressões de adoração comunitária, destinados a serem cantados pelo povo reunido em louvor ao Senhor. O salmo 139 é um dos poemas mais famosos de Davi. À primeira vista, pode parecer que ele se sente desconfortável com a constante vigilância divina. No entanto, o salmo revela o oposto: Davi encontra conforto na presença contínua de Deus. Ele celebra o fato de Deus não ter criado a humanidade de forma impessoal, mas, em vez disso, ter formado cada indivíduo em detalhe, além de nos conhecer intimamente.

Nesses salmos introspectivos, Davi muitas vezes clama pela presença e ajuda de Deus. O salmo 141 é um ótimo exemplo. Quando Davi precisava de ajuda para controlar sua língua, ele buscava a Deus. Quando precisava de conselhos sábios de conselheiros de confiança, pedia que Deus os trouxesse. E, quando precisava de proteção contra os planos de homens maus, recorria à providência de Deus. Sua conclusão sublime para os cânticos (salmo 145) celebra o Rei da eternidade por quem ele é, pelo que fez e pelo que prometeu.

De forma apropriada para o encerramento do livro, os salmos 146—150 são inteiramente dedicados à adoração de Deus. Cada salmo começa com a mesma palavra, "Aleluia!", e, em seguida, relata por que é bom e necessário oferecer louvor ao Senhor em todo tempo. O salmo 150 conclui convocando *todas* as criaturas da terra a reconhecerem seu Criador: "Todo ser que respira louve ao Senhor!" (v. 6).

REFLEXÕES

Deus ajuda aqueles que o buscam. O autor do salmo 121 é desconhecido, assim como as circunstâncias que o levaram a escrevê-lo. No entanto, sua intenção é clara. Nas quatro partes de seu salmo, ele descreve o Senhor como um auxiliador (veja v. 1-2), como um guardião (veja v. 3-4), como um protetor (veja v. 5-6) e como um preservador (veja v. 7-8). Os viajantes judeus a caminho de Jerusalém entoavam esse clamor para expressar seu desejo pela proteção física de Deus durante a jornada. Da mesma forma, os seguidores de Jesus hoje são convidados a fazer esse mesmo clamor para buscar ajuda, apoio e proteção em seu amoroso Pai celestial.

Deus está envolvido intimamente com sua criação. Deus não apenas tem conhecimento perfeito sobre nossos pensamentos e ações, mas também está profundamente envolvido em nossa criação. Isso é verdade em um sentido mais amplo, pois Deus é o Criador de todas as coisas: tudo o que existe veio à existência por causa do Senhor. Mas também é verdade em um sentido pessoal. Deus não criou apenas a humanidade como um todo, mas formou detalhadamente cada ser humano. Davi escreveu: "Tu criaste o íntimo do meu ser e me teceste no ventre da minha mãe. Eu te louvo porque me fizeste de modo assombroso e admirável" (Salmos 139:13-14a). Cada pessoa nesta terra foi criada de modo assombroso e admirável. Cada pessoa é uma obra-prima preciosa, projetada de forma especial pelas mãos do próprio Deus.

Porque fomos feitos por Deus, criados em Cristo Jesus, para boas obras.

Efésios 2:10

Louve a Deus de todas as formas. O salmo 150 oferece uma conclusão apropriada ao livro de Salmos, convidando-nos a louvar a Deus de todas as formas possíveis: com trombeta, lira, harpa, instrumentos de cordas, flautas, címbalos e até mesmo com danças. Podemos glorificar a Deus em tudo! Simplesmente, "louve ao Senhor!" (v. 6).

PERGUNTAS DE ESTUDO

1. Quem são os "remidos do Senhor" que o salmista descreve no salmo 107 (ARA)? Quais são algumas das misericórdias que Deus demonstrou a eles?

2. Como você descreveria a relação entre a ira que Davi expressa no salmo 109 e seus apelos à adoração e ao louvor a Deus em salmos anteriores?

3. Quais são algumas das bênçãos que o autor do salmo 112 afirma serem dadas àqueles que temem ao Senhor? Você já presenciou essas bênçãos em sua vida? Conte mais sobre sua experiência.

4. O mais longo dos salmos (e mais longo capítulo da Bíblia) é o salmo 119 – uma meditação sobre a exaltação da Palavra de Deus. O que mais chamou sua atenção ao ler esse salmo?

5. Quais são alguns dos temas comuns presentes nos Cânticos de Romagem (veja os salmos 120–134)? Quais lugares e características geográficas são mencionados nesses salmos?

6. Acredita-se que Salomão tenha escrito o salmo 127. Qual é o significado de seu cântico? Como você descreveria a soberania de Deus para alguém que nunca ouviu falar sobre ela?

7. O que o autor do salmo 132 comunica sobre o Templo em Sião? Quais palavras ele usa para descrever a morada de Deus?

8. O que Davi expressa no salmo 139 sobre a fragilidade e a fraqueza da humanidade? O que ele expressa no salmo sobre o valor e a dignidade do ser humano?

SEMANA 18

DEUS NOS CHAMA PARA BUSCAR A SABEDORIA

PROVÉRBIOS 1—31

LEITURAS DIÁRIAS: **120** | Provérbios 1—4 **121** | Provérbios 5—9 **122** | Provérbios 10—13 **123** | Provérbios 14—17 **124** | Provérbios 18—21 **125** | Provérbios 22—26 **126** | Provérbios 27—31

Provérbios é um dos dois livros de sabedoria bíblica que se acredita terem sido escritos por Salomão. O livro contém 513 dos mais de 3 mil provérbios que ele compôs (veja 1Reis 4:32), juntamente com ditados de sabedoria de outros que podem ter sido influenciados por ele.

Salomão provavelmente foi o autor direto dos capítulos 1 a 9 e dos provérbios registrados em 10:1—22:16. Já os "ditados dos sábios", encontrados em 22:17—24:34, é possível que tenham sido apenas reunidos por Salomão, sendo anteriores ao seu reinado. Os provérbios dos capítulos 25—29 foram originalmente compostos por Salomão, mas copiados e incluídos mais tarde pelo rei Ezequias de Judá. Provérbios 30 reflete as palavras de Agur; e Provérbios 31, as palavras de Lemuel, que talvez tenha sido o próprio Salomão.

O livro de Provérbios é uma coletânea de ensinamentos que nos orientam a buscar entendimento e viver com sabedoria. Esses provérbios não devem ser lidos como profecias ou promessas absolutas, mas como diretrizes divinamente inspiradas para uma vida alinhada com a vontade de Deus. Ao estudá-los e colocá-los em prática, temos a oportunidade de conhecer mais a mente de Deus, seus atributos, suas obras e suas bênçãos. Provérbios serve tanto como um modelo para a transmissão fiel da verdade de geração em geração quanto como uma rica fonte de conteúdo a ser ensinado. Ele apresenta princípios e aplicações das Escrituras que vemos refletidos na vida de personagens piedosos ao longo da Bíblia.

Os dois temas principais do livro são a sabedoria e a insensatez. A sabedoria – que inclui conhecimento, entendimento, instrução, discernimento e obediência – é fundamentada no temor do Senhor e na Palavra de Deus. A promessa recorrente de Provérbios é de que, de modo geral, os sábios (os justos que obedecem a Deus) vivem mais, prosperam e experimentam alegria e a bondade de Deus; enquanto o insensato (o ímpio que não obedece a Deus) geralmente sofre vergonha e morte. Muitos dos provérbios ensinam sabedoria contrastando esses opostos: o homem sábio *versus* o tolo, ou a pessoa diligente *versus* o preguiçoso.

> Porque o Senhor é quem dá sabedoria; da sua boca procedem o conhecimento e o discernimento.
>
> Provérbios 2:6

Salomão começa o livro com reflexões sobre a origem e o valor da sabedoria. Antes de querer adquirir sabedoria, é necessário desenvolver um profundo temor a Deus, pois a verdadeira sabedoria vem do Senhor. No primeiro capítulo de Provérbios, ele personifica a sabedoria como uma mulher que está na praça pública clamando às pessoas que passam. Isso sugere que a sabedoria e o conhecimento de Deus estão prontamente disponíveis a todos que os buscam. A sabedoria adverte que há consequências para aqueles que ignoram sua oferta. Isso indica que obter sabedoria exige esforço de nossa parte. Mas esse esforço vale muito a pena, pois a sabedoria nos protege das seduções malignas do mundo.

Provérbios 3 e 4 deixam claro que, embora a vida esteja cheia de obrigações e exigências, devemos sempre manter a sabedoria como nossa maior prioridade. Os pais, especialmente, têm a responsabilidade de instruir seus filhos nos caminhos da sabedoria. Em Provérbios 5, Salomão nos lembra de que nossas palavras influenciam nosso comportamento. Em seguida (em vários capítulos posteriores), ele ensina o que significa usar nosso falar de forma sábia, amorosa e verdadeira. Finalmente, em Provérbios 15, ele nos informa que a língua (o discurso) de uma pessoa sábia "é árvore de vida" (v. 4), repleta de conhecimento extraído do tesouro das Escrituras.

Muitos dos provérbios abordam áreas do comportamento carnal, alertando-nos sobre seus perigos e exortando-nos a buscar, em vez disso, a piedade e a sabedoria. Salomão e os outros que contribuíram para esse livro em diversos momentos utilizam caricaturas – pequenos retratos verbais de pessoas dominadas por desejos carnais – para nos advertir contra uma vida segundo a carne. Uma dessas figuras recorrentes é a do preguiçoso: alguém apático e sem disposição para o trabalho, mas criativo o suficiente para inventar desculpas absurdas para evitá-lo. A preguiça conduz à pobreza, à servidão e à autodestruição. Deus deseja que seus filhos mortifiquem essas inclinações. Para o preguiçoso, isso significa sair da cama e dedicar-se ao trabalho que o Senhor providenciou.

A diferença entre a sabedoria e a insensatez é tão marcante que podemos nos perguntar por que *qualquer pessoa* escolheria ser tola. A resposta é simples: todos nós nascemos tolos. A verdadeira sabedoria vem somente de Deus, mas todo ser humano nasce em pecado, separado de Deus e desprovido de sabedoria. A única maneira de escaparmos da insensatez e encontrarmos a sabedoria é através do perdão de Deus por meio do evangelho. Isso nos leva a um relacionamento com a fonte da sabedoria, o Espírito Santo, que então começa sua obra de transformação em nossa vida.

Nesse sentido, é importante lembrar que a sabedoria que vem do Senhor não é algo que se adquire de uma vez por todas, tampouco se resume ao simples acúmulo de conhecimento. Trata-se de um compromisso diário de viver conforme a Palavra de Deus. Se não tomarmos cuidado, podemos facilmente negligenciar a Palavra e nos desviar dos caminhos da sabedoria. Foi exatamente isso que aconteceu com Salomão em seus últimos anos. Terminar bem significa perseverar na sabedoria, andar com os sábios e não resistir à correção.

Os primeiros capítulos de Provérbios se concentram na advertência de um pai a seu filho sobre como levar uma vida de verdadeira sabedoria, por isso é apropriado que o último capítulo traga o conselho de uma mãe a seu filho sobre como deve ser uma mulher piedosa. À primeira vista, essa mulher virtuosa pode parecer inatingível: ela se levanta antes do amanhecer e trabalha até tarde da noite, sempre com o objetivo de servir aos outros. É habilidosa nas tarefas do lar, como costura e culinária, mas também se destaca nos negócios, com discernimento financeiro e capacidade de gerir uma pequena empresa. Poucas pessoas têm todas as qualidades da mulher de Provérbios 31, mas todos os cristãos podem se esforçar para imitar seu exemplo.

A qualidade principal da mulher sábia é que ela serve aos outros com um coração disposto. Esse é um aspecto da sabedoria que todo o povo de Deus pode adquirir com a ajuda do Espírito Santo. À medida que honramos o Senhor ao seguir o conselho de Salomão para colocar a sabedoria em prática no dia a dia, o Espírito Santo guia nossos passos, ajudando-nos a discernir a sabedoria que vem do alto.

REFLEXÕES

Adquirir sabedoria requer dedicação. Como em qualquer área da vida em que o progresso depende de trabalho árduo, adquirir sabedoria demanda dedicação. Ao mesmo tempo, é importante lembrar que Deus concede sabedoria generosamente àqueles que a buscam. Ele é a fonte da verdadeira sabedoria, e ninguém pode se tornar sábio sem ele. No entanto, a sabedoria e o entendimento também exigem esforço da nossa parte: o esforço da obediência à Palavra de Deus e da dedicação em estudá-la. Precisamos colocar a Palavra de Deus em prática se quisermos adquirir sabedoria.

Devemos falar a verdade em amor. O mundo ensina que devemos expressar livremente o que pensamos, sem considerar os efeitos que nossas palavras têm sobre os outros. Mas essa não é a forma como Deus deseja que usemos nossa língua! Tiago nos exorta: "... sejam todos prontos para ouvir, tardios para falar e tardios para irar-se, pois a ira do homem não produz a justiça de Deus" (1:19-20). Deus nos ordena a falar a verdade, mas também nos instrui a fazê-lo com um espírito gentil e amoroso (veja Efésios 4:15). Mentiras e enganos jamais devem estar na boca do povo de Deus, e nosso falar deve ser temperado com conhecimento e mansidão.

A verdadeira sabedoria vem somente por meio do evangelho. Atualmente, muitas pessoas citam máximas que parecem ser sabedoria: "Siga seu coração", "Ame a si mesmo" e "Seja fiel a si mesmo". Mas essa suposta sabedoria carece da *base* da verdadeira sabedoria: o amor de Deus pelo mundo, revelado por meio da morte e ressurreição de Jesus Cristo. Quando estamos perdidos em nossos pecados, não conhecemos nem a sabedoria nem o autor da sabedoria. Acreditamos em mentiras sobre o mundo e pensamos que essas mentiras são a própria sabedoria. Contudo, essa sabedoria não vem do alto (veja 1Coríntios 3:19-20). A *verdadeira* sabedoria vem, antes, de um coração transformado pelo Espírito de Deus e, então, de olhos que se abrem para a verdade na Palavra de Deus.

PERGUNTAS DE ESTUDO

1. Por que Salomão nos adverte a não esquecer a sabedoria (veja Provérbios 1:20-33)? O que causa esse esquecimento? Como isso pode ser evitado?

2. O que significa dar "ouvidos à sabedoria" e buscá-la (veja Provérbios 2:1 4)? O que você ganhará fazendo isso (veja v. 5,10-16)?

3. O que significa "Acima de tudo, guarde o seu coração, pois dele origina a vida" (Provérbios 4:23)? De que forma isso é feito? Por que isso é importante para os seguidores de Cristo?

4. De que maneiras Salomão diz que a formiga é diferente da pessoa preguiçosa? Que outras criaturas demonstram diligência e esforço (veja Provérbios 6:1-11)?

5. Que tipo de pessoa é aquela que "pisca maliciosamente" ao falar (Provérbios 10:10)? O que isso significa? Como podemos detectar intenções más em outra pessoa?

6. Por que o "zombador" não consegue encontrar a sabedoria (veja Provérbios 14:6)? Por que aqueles que rejeitam a Cristo ficam impedidos de encontrar a verdadeira sabedoria?

7. Que tipo de "provérbio" os tolos dizem a si mesmos (veja Provérbios 26:7)? Qual é o resultado desse tipo de sabedoria nas mãos de uma pessoa insensata?

8. Como a mulher sábia de Provérbios 31 edifica sua casa? Como seu marido e seus filhos a reconhecem por sua diligência e liderança?

SEMANA 19

DEUS NOS CHAMA PARA UMA VIDA VIRTUOSA

ECLESIASTES 1—CÂNTICO DOS CÂNTICOS 8

LEITURAS DIÁRIAS: **127** | Eclesiastes 1–3 **128** | Eclesiastes 4–6 **129** | Eclesiastes 7–9 **130** | Eclesiastes 10–12 **131** | Cântico dos Cânticos 1–3 **132** | Cântico dos Cânticos 4–6 **133** | Cântico dos Cânticos 7–8

Ao olharmos para trás, para a vida de Salomão, podemos chegar a várias conclusões. É evidente que Deus abençoou o início de seu reinado com grande sabedoria, riqueza e prestígio no mundo. Salomão usou essa sabedoria, a princípio, para governar o povo de Deus com justiça. Mais tarde, ele cumpriu a tarefa deixada por seu pai, Davi, de construir o Templo. Essa estrutura, juntamente com o palácio que ele construiu, foi considerada uma das maravilhas do mundo conhecido.

Deus também abençoou o reinado de Salomão ao dar-lhe grande poder e vitória sobre seus inimigos. De fato, o exército israelita era a força de combate mais bem equipada e poderosa da terra durante o tempo de seu governo (veja 1Reis 4:21). Ele foi o primeiro líder a consolidar o controle sobre as rotas comerciais que ligavam a África, a Europa e a Ásia, o que lhe permitiu experimentar tudo o que o mundo tinha a oferecer. Nenhum prazer ou anseio estava fora de seu alcance.

Contudo, perto do fim de sua vida, Salomão declarou solenemente que todas essas buscas mundanas eram vazias e sem sentido. Ao refletir sobre o passado, ele reconheceu que tudo o que o mundo lhe ofereceu resultou apenas em vazio. A própria vida não lhe parecia nada além de vaidade. Tristemente, Salomão escolheu não amar o Senhor de todo o seu coração: ele preferiu uma vida de concessões. Aquilo que ele valorizava foi corrompido por sua busca de sentido à parte de Deus.

LOCAIS EM CÂNTICO DOS CÂNTICOS

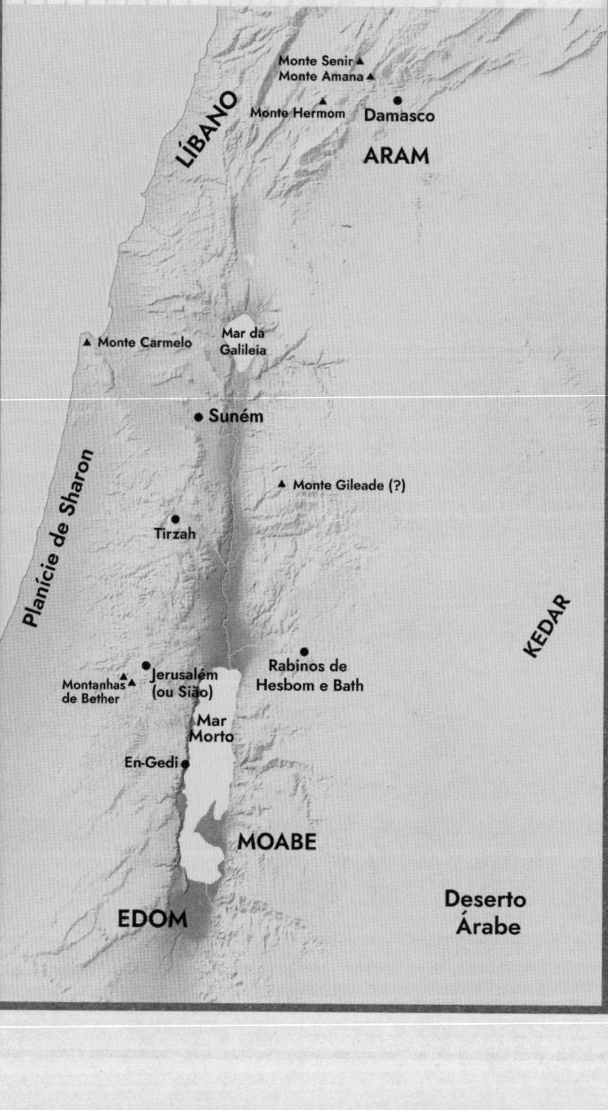

O livro de Eclesiastes abrange essas conclusões de Salomão. É um livro profundo, mas, se for lido apenas superficialmente, pode parecer deprimente com seu refrão repetido de "tudo é vaidade" (Eclesiastes 1:2, ARA; veja também 12:8). No entanto, o ponto de Salomão é que as riquezas do mundo, o prazer sexual encontrado em mil mulheres diferentes e o poder que ele recebeu como rei foram incapazes de lhe dar qualquer tipo de significado eterno. Assim, Eclesiastes serve tanto como um alerta contra a busca pelo vazio do mundo quanto como um encorajamento para confiar que Deus é soberano sobre todos os eventos da vida.

Sob essa perspectiva, o tema predominante de Eclesiastes é, na verdade, uma mensagem de esperança, e não de desespero. *Há* uma maneira de um homem ou uma mulher viverem uma vida plena: vivendo para a glória de Deus! A chave para isso, como Salomão escreve no final do livro, é: "Tema a Deus e obedeça aos seus mandamentos; porque isso é essencial para o homem" (Eclesiastes 12:13). Quando nós, como seguidores de Jesus, vivemos com essa orientação em mente, evitamos o desespero pessimista de uma vida cheia de vaidade.

Cântico dos Cânticos, também atribuído a Salomão, é essencialmente diferente de seus outros escritos. Composto em algum momento não especificado de seu reinado, trata-se de um cântico dramático de amor, baseado em fatos reais, protagonizado por duas figuras principais. A primeira é Salomão, que aparece como "o amado". A segunda é uma donzela, chamada de Sulamita, cuja identidade é desconhecida. Alguns sugerem que ela era a filha do faraó (veja 1Reis 3:1), embora não haja evidências para essa conclusão. Outros favorecem Abisague, a sunamita que cuidou de Davi (veja 1Reis 1:1-4,15). No entanto, sua identidade como uma donzela desconhecida de Suném, cuja família possivelmente havia sido empregada por Salomão, parece ser a mais plausível. Ela teria sido a primeira esposa de Salomão, antes que ele pecasse ao tomar para si outras 699 esposas e 300 concubinas.

O cenário do Cântico dos Cânticos mescla elementos rurais e urbanos. Algumas partes da narrativa ocorrem na região montanhosa ao norte de Jerusalém, onde vivia a Sulamita e onde Salomão também era conhecido por suas atividades como pastor e viticultor. Já o ambiente urbano envolve o casamento e o tempo vivido no palácio de Salomão em Jerusalém. Considerando uma sequência contínua dos eventos, é provável que a história se estenda por um período de pelo menos um ano – mas dificilmente ultrapasse dois.

Em contraste com os extremos distorcidos da abstinência ascética e da perversão lasciva fora do casamento, Cântico dos Cânticos exalta a pureza do afeto e do romance no matrimônio. É um livro que complementa e aprofunda outras partes das Escrituras que retratam o plano de Deus para o casamento, incluindo a beleza e a santidade da intimidade sexual entre marido e esposa. O autor de Hebreus capta o cerne desse cântico: "O casamento deve ser honrado por todos, e o leito conjugal, conservado puro, pois Deus julgará os imorais e os adúlteros" (13:4).

REFLEXÕES

Sem Deus, a vida não tem sentido. O mundo tenta nos convencer de que a verdadeira realização está em conquistar riquezas, poder e adquirir sabedoria para administrá-los – como se esses fossem os maiores objetivos da existência. No entanto, o rei Salomão possuía todas essas coisas em abundância e as considerou inúteis, a "vaidade das vaidades", como proclamou repetidamente (Eclesiastes 12:8, ARA). A satisfação nesta vida não vem de desfrutar das boas coisas da terra, mas de andar em um relacionamento com o Autor de tudo o que é bom. Quando andamos em obediência à Palavra de Deus, encontramos contentamento na vida que ele nos concedeu. Fora dessa obediência, até mesmo as melhores coisas do mundo são apenas vazias e vãs.

Ajunte tesouros no céu. A natureza humana nos leva a focar naquilo que mais valorizamos, assim como um rei que guarda com zelo o seu tesouro. O lugar onde depositamos nosso tesouro revela onde está nossa atenção e nosso coração. Nosso verdadeiro tesouro, porém, está na eternidade, onde jamais poderemos perder aquilo que Deus nos dá. É por isso que Jesus disse: "Não acumulem para vocês tesouros na terra, onde a traça e a ferrugem destroem e onde os ladrões arrombam e furtam. Mas acumulem para vocês tesouros nos céus, onde a traça e a ferrugem não destroem e onde os ladrões não arrombam nem furtam. Pois, onde estiver o seu tesouro, ali também estará o seu coração" (Mateus 6:19-21).

> Façam para vocês bolsas que não se desgastem com o tempo, um tesouro nos céus que não se acabe.
>
> Lucas 12:33

Deus honra o casamento. Cântico dos Cânticos tem sido alvo de interpretações forçadas ao longo dos séculos por aqueles que afirmam que o livro não tem base histórica e seria apenas uma alegoria que retrata o amor de Deus por Israel e/ou o amor de Cristo pela igreja. No entanto, uma leitura mais coerente considera o livro de forma literal, reconhecendo seu uso abundante de linguagem poética para retratar a *realidade*. Interpretado assim, o Cântico reforça os princípios estabelecidos por Deus em Gênesis 2:24: "Por essa razão, o homem deixará pai e mãe e se unirá à sua mulher...". Essa instrução foi dada por Deus para demonstrar sua intenção quanto ao romantismo e à beleza do casamento: a mais preciosa das relações humanas.

PERGUNTAS DE ESTUDO

1. Quais são as conclusões de Salomão sobre a vida em Eclesiastes 1:1-11? Qual é seu principal ponto sobre o trabalho que realizamos nesta terra fora dos planos e propósitos de Deus?

2. Por que Salomão repete com frequência a expressão "debaixo do sol" em Eclesiastes 2:17-22? Sobre o que ele estava falando? O que isso revelou sobre suas prioridades?

3. O que o rei Salomão revela sobre a natureza da vida em Eclesiastes 3:1-8? Você já testemunhou esses tipos de "tempos" em sua própria vida?

4. Salomão afirma que Deus "fez tudo belo a seu tempo" (Eclesiastes 3:11). Você já viu Deus transformar algo desagradável em sua vida em algo belo?

5. Que conclusão solene Salomão apresenta em Eclesiastes 9:1-8? O que ele aconselha que as pessoas façam da vida nos versículos 9-10?

6. Qual é o propósito de Salomão ao descrever um quadro tão sombrio da velhice em Eclesiastes 12:1-8? Qual é sua mensagem para os jovens?

7. Como a Sulamita descreve sua aparência em Cântico dos Cânticos 1:5-6? Como o Amado responde às preocupações dela nos versículos 8-10?

8. Que pergunta as filhas de Jerusalém fizeram à Sulamita em Cântico dos Cânticos 6:1? O que a Sulamita sabia ser verdade sobre seu Amado, apesar da ausência dele (veja v. 2-3)?

SEMANA 20

DEUS QUER QUE CONFIEMOS SOMENTE NELE

ISAÍAS 1–33

LEITURAS DIÁRIAS: **134** | Isaías 1–5 **135** | Isaías 6–10 **136** | Isaías 11–15 **137** | Isaías 16–20 **138** | Isaías 21–25 **139** | Isaías 26–29 **140** | Isaías 30–33

Os profetas escritores do Antigo Testamento se dividem em dois grupos: os quatro profetas maiores (Isaías, Jeremias, Ezequiel e Daniel) e os doze profetas menores (Oseias, Joel, Amós, Obadias, Jonas, Miqueias, Naum, Habacuque, Sofonias, Ageu, Zacarias e Malaquias). Lamentações é incluído entre os profetas maiores por causa de sua conexão com Jeremias.

Esses profetas surgiram após a divisão do reino unificado de Israel, que, após o reinado de Salomão, se separou em dois: o Reino do Norte, que manteve o nome Israel, e o Reino do Sul, conhecido como Judá. Como vimos, os séculos que se seguiram a essa divisão foram marcados por um sério declínio, tanto político quanto espiritual, em ambos os reinos. O povo de Deus foi continuamente liderado por uma sucessão de reis perversos que o conduziu à idolatria. O fracasso dos líderes políticos e espirituais de cada reino levou Deus a enviar os profetas, que proclamaram uma variedade de mensagens da parte dele, incluindo advertências e julgamentos nada populares.

Isaías, contemporâneo dos profetas Oseias e Miqueias, exerceu seu ministério principalmente no Reino do Sul, Judá, sob quatro reis aos quais serviu. Criado em Jerusalém e, ao que tudo indica, membro de uma família de destaque, ele era uma escolha apropriada como conselheiro político e religioso da nação. Quando Deus chamou Isaías, após a morte do rei Uzias, o profeta teve uma visão sobrenatural da sala do trono celestial de Deus. A visão foi ao mesmo tempo impressionante e aterrorizadora, e Isaías reconheceu a enorme responsabilidade de seu chamado ao serviço. Apesar de saber que seu ministério seria marcado por advertências e exortações que não produziriam fruto, ele ainda assim respondeu prontamente.

Isaías, que falaria tanto aos reis quanto ao povo comum de Judá por quase sessenta anos, inicia seu livro com uma condenação impactante do pecado do povo de Judá – especialmente o ritualismo vazio de suas práticas religiosas – e uma proclamação de julgamento futuro como consequência. Após denunciar esses pecados, Isaías aborda uma crise iminente: o rei da Síria e o rei de Israel (o Reino do Norte) estavam levando seus exércitos até os arredores de Jerusalém para guerrear contra Judá.

Deus enviou Isaías para declarar que a ameaça iminente contra Judá, representada por essa aliança, não teria êxito. Jerusalém seria poupada da destruição. O Senhor, então, encorajou Acaz, rei de Judá, ao oferecer-lhe um sinal. Mas Acaz, em falsa humildade, recusou. Deus, em resposta, declarou que ele mesmo escolheria o sinal. E este sinal era mais do que o plano de Deus para salvar Judá da ameaça imediata: ele representava o plano supremo de salvação para toda a humanidade por meio do futuro nascimento, ministério, redenção e reinado final de um descendente de Davi, a quem os profetas do Antigo Testamento conheciam como o Messias prometido.

Isaías, em seguida, volta sua atenção para os juízos futuros contra duas nações que teriam um papel decisivo na história do povo de Deus. A primeira delas, a Assíria, já era uma potência estabelecida, uma nação militar famosa por sua crueldade e sede por conquista. A segunda nação, a Babilônia, ainda não havia se tornado uma potência mundial, mas já era conhecida como inimiga. Ambas um dia conquistariam Israel e Judá, respectivamente. Aqui, porém, Isaías fala da destruição final da Babilônia pelas mãos de Deus e de como a Assíria serviria de vara de castigo nos planos do Senhor, destruindo nações como a Filístia, Moabe e Síria.

> Por isso, o Senhor mesmo dará a vocês um sinal: eis que a virgem ficará grávida, dará à luz um filho e o chamará Emanuel.
>
> Isaías 7:14

O olhar profético de Isaías continua a se estender pelas nações, enquanto ele anuncia mais uma série de juízos não apenas contra a Babilônia, mas também contra outras potências da época, como a Etiópia (Cuxe), o Egito, a Arábia e Tiro. Para os ouvintes de Isaías, essas profecias provavelmente soaram como boas notícias. Contudo, o profeta também inclui uma mensagem contra Jerusalém.

O trecho seguinte de sua visão representa, em muitos aspectos, o auge desses juízos. Isaías vê a vinda do Dia do Senhor, quando a ira de Deus recairá plenamente sobre a terra e seus habitantes. Parte do juízo de Deus incluirá a destruição do nosso planeta: "O SENHOR vai arrasar a terra e devastá-la; arruinará a sua superfície" (Isaías 24:1). No entanto, essa destruição servirá, em última análise, de base para algo maravilhoso: os capítulos finais da redenção de Deus para todo o seu povo. A visão que João recebeu em Apocalipse desse paraíso eterno - seu lar futuro - será de novos céus e nova terra, livres da corrupção do pecado, onde não haverá mais morte, nem tristeza, nem choro, nem dor.

Após essa visão do dia da redenção e restauração, Isaías volta sua atenção para o presente, com foco na ameaça que a Assíria representa para Israel e Judá. Os líderes do povo de Deus haviam falhado. Reis e nobres estavam tão ocupados se embriagando com vinho que, de muitas maneiras, estavam alheios à ameaça que a Assíria representava - até que seus exércitos estivessem às suas portas. Isaías condena os líderes de Judá por considerarem o Egito como sua fonte de socorro em vez de Deus. Ele profetiza corretamente que a Assíria cercaria Jerusalém, mas não a destruiria. E, mais uma vez, prevê com precisão a futura destruição de Israel pelas mãos da Assíria.

Algumas das profecias de Isaías, como a derrota da Assíria, se cumpriram durante sua vida. Muitas outras se cumpriram literalmente desde então: a primeira vinda de Jesus; o cativeiro babilônico devido ao afastamento de Judá do Senhor cerca de cem anos após Isaías; e a libertação de Judá do cativeiro por Ciro, da Pérsia. Outras profecias, como a segunda vinda de Jesus e o Dia do Senhor, ainda estão por se cumprir.

REFLEXÕES

Servir a Deus é uma imensa responsabilidade. Após a morte do rei Uzias, Isaías teve uma visão do trono celestial de Deus. A visão fez com que Isaías clamasse: "Ai de mim! Estou perdido! Pois sou um homem de lábios impuros e vivo no meio de um povo de lábios impuros; os meus olhos viram o Rei, o Senhor dos Exércitos!" (Isaías 6:5). O clamor de Isaías reflete o de Pedro, ao reconhecer Jesus como o Messias e exclamar: "Afastate de mim, Senhor, porque sou um homem pecador!" (Lucas 5:8). Nós, discípulos de Jesus, devemos nos lembrar de que nosso Salvador é também o soberano Senhor e Juiz de todo o universo. Nosso serviço a ele não é um compromisso casual, mas uma responsabilidade grandiosa.

Podemos ter confiança em um futuro glorioso. Embora os profetas do Antigo Testamento sejam muitas vezes lembrados como "pregadores de desgraça" que anunciavam más notícias e julgamentos iminentes, grande parte da mensagem de Isaías é repleta de esperança – especialmente quando ele descreve o futuro que Deus preparou para o seu povo. Ao falar sobre "aquele dia" em que o Messias revelará plenamente sua autoridade no universo, Isaías proclamou: "O lobo viverá com o cordeiro, o leopardo se deitará com o bode, o bezerro, o leão e o novilho gordo pastarão juntos, e uma criança os guiará. [...] Ninguém fará nenhum mal nem destruirá coisa alguma em todo o meu santo monte, pois a terra se encherá do conhecimento do Senhor, como as águas cobrem o mar" (Isaías 11:6, 9).

Somos administradores das bênçãos de Deus. Em Isaías 22:15-25, Deus pronuncia um juízo contra um homem chamado Sebna. Ele era o administrador de Jerusalém e havia recebido muito poder e autoridade. Aparentemente, esse homem havia construído um grande túmulo em sua própria honra, semelhante aos dos reis do Egito. Deus usou esse túmulo como uma ilustração não apenas da má administração de Sebna, mas também da má administração do povo de Judá em geral. Assim como ele, nós, como seguidores de Cristo, recebemos autoridade, e devemos reconhecer que somos administradores das bênçãos que Deus nos concedeu. Essas bênçãos incluem não apenas nossos recursos – tempo, tesouros, talentos –, mas também as bênçãos das Escrituras e da presença do Espírito Santo. Tudo isso nos foi dado com um propósito. Temos trabalho a fazer.

PERGUNTAS DE ESTUDO

1. De modo geral, qual o tom da profecia de Isaías nos capítulos 1—2? Quais são alguns dos pecados específicos de Judá que chamaram sua atenção?

2. O que aprendemos sobre Deus com o chamado de Isaías para ser profeta (veja Isaías 6:8-13)? Por quanto tempo o Senhor instruiu Isaías a profetizar ao seu povo?

3. Como o rei Acaz deveria ter respondido quando Deus lhe ofereceu um sinal (veja Isaías 7:12-17)? Por que sua resposta foi ao mesmo tempo desobediente e hipócrita?

4. Quais elementos de Isaías 9:1-7 Jesus já cumpriu? Quais promessas ainda estão por vir? O que nos ajuda a ter confiança de que Deus cumprirá suas promessas na Bíblia?

5. Quais imagens chamam sua atenção na profecia de Isaías sobre a destruição da Babilônia (veja Isaías 13)? Por que essa profecia de juízo foi encorajadora para o povo nos dias de Isaías?

6. O que Deus ordenou que Isaías fizesse como sinal contra o Egito e a Etiópia (veja Isaías 20:1-6)? Que julgamento Deus estava proclamando contra essas nações?

7. A restauração de Israel é descrita em Isaías 27. Por que isso é uma boa notícia para a igreja? Como a igreja deve ver e se relacionar com o povo judeu nos dias atuais?

8. Observando Isaías 30, quais foram alguns dos motivos pelos quais o povo de Deus quis recorrer ao Egito em busca de resgate? O que Deus achou desse plano?

SEMANA 21

DEUS PROMETE QUE SEREMOS REDIMIDOS

ISAÍAS 34—66

LEITURAS DIÁRIAS: **141** | Isaías 34—38 **142** | Isaías 39—43 **143** | Isaías 44—48 **144** | Isaías 49—52 **145** | Isaías 53—57 **146** | Isaías 58—62 **147** | Isaías 63—66

De modo geral, os profetas do Antigo Testamento, como Isaías, não estavam principalmente interessados em preservar um registro histórico detalhado em seus escritos bíblicos. Os capítulos Isaías 36—39, que relam em detalhes a tentativa da Assíria de conquistar Jerusalém, são uma exceção. Essas passagens também formam uma transição que encerra a primeira divisão da profecia de Isaías. Isaías 36 e 37 representam o clímax histórico de tudo o que Isaías escreveu até então, com a descrição do livramento de Jerusalém da Assíria. Isaías 38 e 39 são a base histórica para as profecias futuras de Isaías, as quais oferecem uma prévia do cativeiro de Judá nas mãos dos babilônios.

Embora Isaías se dirija a diferentes grupos de pessoas na primeira metade de seu livro, ele fala sobretudo aos habitantes de Judá. Assim, Isaías 1—39 trata da situação em Judá durante o ministério de Isaías, que se estendeu de 739 a.C., até por volta de 686 a.C. Contudo, uma mudança significativa ocorre na segunda metade do livro de Isaías. Em Isaías 40—66, o profeta fala a Judá como se o cativeiro babilônico profetizado (antecipado em Isaías 39:5-7) já tivesse acontecido - mesmo que esse cativeiro só fosse começar entre 605 e 586 a.C. Portanto, por meio de Isaías, Deus estava falando ao povo de Judá que viveria o cativeiro mais de cem anos após o fim do ministério de Isaías.

Há também uma mudança no tom das profecias de Isaías. Em vez de falar especialmente palavras de juízo, ele começa a incluir promessas e bênçãos de Deus para o povo de Judá. Essas promessas teriam sido encorajadoras para o povo contemporâneo de Isaías. Entretanto, elas também se mostrariam encorajadoras para os futuros habitantes de Judá e Jerusalém que enfrentariam o terror da conquista babilônica.

Essa parte de Isaías também contém quatro "cânticos" que descrevem a vinda do Messias, o Servo do Senhor. O primeiro desses cânticos, registrado em Isaías 42:1-9, revela o Messias como o servo de Deus, em quem ele se deleita e sobre quem repousa o seu Espírito. Também aponta para a obra do Messias, que abre os olhos dos cegos e liberta os prisioneiros de sua escuridão. O segundo cântico, registrado em Isaías 49:1-13, fala da missão do Messias para o mundo inteiro e de seu sucesso espiritual. O terceiro cântico, registrado em Isaías 50:4-11, é o monólogo do Messias sobre ser aperfeiçoado por meio da obediência e dos sofrimentos. O último cântico, registrado em Isaías 52:13—53:12, contém provas incontestáveis de que Deus é o autor das Escrituras, e Jesus, o cumprimento da profecia messiânica.

OS QUATRO "CÂNTICOS DO SERVO" DE ISAÍAS

1. Isaías 42:1-9: O Servo é escolhido por Deus e tem o Espírito de Deus (Mateus 12:18-21).
2. Isaías 49:1-13: A missão do Servo é trazer luz ao mundo (Lucas 2:29-32).
3. Isaías 50:4-11: O Servo será perseguido, mas será justificado (Filipenses 2:5-11).
4. Isaías 52:13—53:12: O Servo será um sacrifício pelo pecado da humanidade (1Pedro 2:21-24).

O tempo desempenha um papel crucial na compreensão do livro de Isaías. As profecias nele contidas têm várias camadas temporais, cada uma direcionada a diferentes públicos a quem Deus falava. A primeira camada se refere aos ouvintes originais da mensagem de Isaías: os habitantes de Judá e Jerusalém. A segunda camada abrange as nações vizinhas, para as quais Isaías proferiu palavras de julgamento, cujos efeitos se realizariam principalmente no futuro imediato. A terceira camada se aplica aos futuros habitantes de Judá e Jerusalém, que experimentariam os horrores da conquista babilônica. A quarta camada refere-se à primeira vinda de Jesus, o Messias, ao mundo. Por fim, a última camada aponta para o retorno do Messias e outros eventos ainda não cumpridos, que aguardam realização no futuro.

Os capítulos finais da profecia de Isaías alternam entre a primeira e a última camada. Isaías fala sobre os líderes de seu tempo, os quais ignoraram a justiça e permitiram que o povo de Deus se desviasse. Em seguida, ele pinta imagens vívidas da glória futura que será experimentada pelo povo de Deus e revela as muitas maneiras pelas quais Deus abençoará aqueles que seguem o Senhor fielmente.

No final, o que Deus comunicou por intermédio de Isaías talvez seja melhor resumido no significado do nome do profeta: "O Senhor é salvação". A maioria das pessoas no tempo de Isaías prestava apenas um serviço superficial a Deus. Elas seguiam as rotinas de seus rituais religiosos, mas seu coração estava longe do Senhor. Outras haviam sucumbido à influência da idolatria e abandonado totalmente a Deus. Elas temiam a punição que seus pecados mereciam - uma punição que, como Isaías profetizou, seria derramada ao longo das gerações, culminando no exílio do cativeiro babilônico.

No entanto, o foco da profecia de Isaías não era apenas o julgamento futuro. Era também o fato de que o Senhor é incansavelmente fiel ao seu povo e os redimiria e restauraria, apesar de sua pecaminosidade. Talvez isso seja mais bem resumido nestas palavras: "Mas, agora, assim diz o Senhor, aquele que o criou, ó Jacó, aquele que o formou, ó Israel: 'Não tema, pois eu o resgatei; eu o chamei pelo nome; você é meu. Quando você passar pelas águas, eu estarei com você; quando passar pelos rios, eles não o encobrirão; quando passar pelo fogo, você não se queimará; as chamas não o deixarão em brasas. Pois eu sou o Senhor, o seu Deus'" (Isaías 43:1-3).

REFLEXÕES

A tentação abala nossa confiança em Deus. Quando parte do exército assírio cercou Judá, o povo se refugiou em Jerusalém em busca de proteção. Nesse contexto, um emissário assírio, conhecido como Rabsaqué, apareceu com uma proposta: que o povo se rendesse para evitar um longo cerco. Sua mensagem podia ser resumida em uma única afirmação: *Deus não poderá salvá-los*. Esse homem tentou primeiro atrair o povo com comida e conforto (veja Isaías 36:16-17) e, em seguida, atacou sua confiança em Deus ao perguntar: "Qual de todos os deuses dessas terras conseguiu livrar alguma delas das minhas mãos? Como, então, o Senhor poderá livrar Jerusalém das minhas mãos?" (v. 20). Satanás, ainda hoje, tenta nos separar de Deus ao sugerir que ele não é digno de confiança. Não se deixe enganar! Permaneça firme e confie na soberania de Deus.

A salvação é para todas as pessoas. Muitos habitantes de Israel e Judá acreditavam ter uma conexão exclusiva com Deus e que ele sempre agiria de acordo com seus interesses nacionais. Na verdade, a escolha do povo judeu por Deus sempre teve como objetivo torná-los o meio pelo qual ele se revelaria ao mundo (veja Gênesis 12:1-3). Deus confirmou esse plano no segundo Cântico do Servo quando declarou: "Para você, é coisa diminuta ser o meu servo para restaurar as tribos de Jacó e trazer de volta aqueles de Israel que eu guardei. Também farei de você uma luz para os gentios, para que você leve a minha salvação até os confins da terra" (Isaías 49:6). Deus escolhe salvar pecadores de todas as nações e povos: um dom de salvação possível somente pela morte e ressurreição de Jesus Cristo.

Deus é o nosso Redentor. Em Isaías 54, Deus advertiu os israelitas, afirmando que eles passariam por provações como resultado de sua rejeição a ele. Mesmo assim, Deus prometeu que eles poderiam esperar por um período de restauração vindoura. Ao descrever essas realidades futuras, Deus usou o termo "Redentor" para se referir a si mesmo: "Pois aquele que a fez é o seu marido, o Senhor dos Exércitos é o seu nome, o Santo de Israel é o seu Redentor" (v. 5).

PERGUNTAS DE ESTUDO

1. Como, em seu discurso, o representante da Assíria (Rabsaqué) tentou abalar a confiança do povo tanto em Deus quanto em seu rei (veja Isaías 36)?

2. Como você resumiria o erro do rei Ezequias conforme relatado em Isaías 39? O que você pode fazer para evitar cair no mesmo erro?

3. Que palavras de consolo Deus instruiu Isaías a oferecer aos futuros moradores de Judá que enfrentariam a destruição de Jerusalém e o cativeiro na Babilônia (veja Isaías 40)?

4. Isaías 42 contém uma profecia sobre o Messias vindouro. Como os nove primeiros versículos apontam para Jesus? Em nossos dias, como essa mensagem pode encorajar você?

5. Como o segundo Cântico do Servo, em Isaías 49:1-13, aponta para a vida e o ministério de Jesus? Em nossos dias, como essas palavras podem servir de consolo?

6. Por que o povo de Deus precisou passar por um período de sofrimento e separação do Senhor? Como Deus assegurou aos israelitas que essa separação seria temporária (veja Isaías 49:14-26)?

7. Quais detalhes você considera mais marcantes no último Cântico do Servo, apresentado em Isaías 52:13—53:12? O que aprendemos sobre Jesus nesse cântico?

8. Como os versículos iniciais de Isaías 61 também apontam para a vida e o ministério de Jesus? O que significa estar com o "manto da justiça" (v. 10)?

SEMANA 22

DEUS É A NOSSA JUSTIÇA

JEREMIAS 1—52

LEITURAS DIÁRIAS: **148** | Jeremias 1—2, 4—6 **149** | Jeremias 11—13, 16—18 **150** | Jeremias 19—22 **151** | Jeremias 23—27 **152** | Jeremias 28—33 **153** | Jeremias 36—41 **154** | Jeremias 41—45, 52

O profeta Jeremias foi como um farol colocado no meio do povo de Deus. Ele exerceu seu ministério durante as últimas décadas de Judá, enfrentando ondas de perseguição, sofrimento, repreensão, privação física e isolamento enquanto proclamava os avisos de Deus. A vida desse "profeta chorão" foi marcada por conflitos, por causa de suas predições sobre o juízo que viria. Jeremias foi ameaçado, colocado no tronco, forçado a fugir, humilhado publicamente e lançado em uma cisterna.

No entanto, foi porque o povo e seus líderes haviam se rebelado contra Deus por meio da idolatria, do sacrifício de crianças e da injustiça que a ira do Senhor viria sobre eles na forma de um exército invasor. Jeremias profetizou não apenas a conquista militar de Judá, mas também a ruína de Jerusalém – e até a destruição do Templo de Salomão.

Jeremias relata mais sobre sua vida em seu livro do que a maioria dos outros profetas. Os primeiros capítulos trazem detalhes sobre seu chamado para ser profeta e sua primeira mensagem (2:1—3:5), na qual ele apresenta a "acusação" de Deus contra o povo de Judá – o registro de sua rebelião e idolatria. Sua segunda mensagem da parte do Senhor (3:6—6:30) inclui a imagem de uma panela fervente voltada para o norte. O significado da visão era que a calamidade viria dos reinos do norte e cairia sobre todas as cidades de Judá, a menos que se arrependessem. Nessa mensagem, Deus comparou a rebelião de Judá com as ações de sua "irmã", o Reino do Norte, Israel. A menos que Judá se arrependesse, os judeus também seriam levados cativos por inimigos estrangeiros.

A terceira mensagem de Jeremias (7:1—10:25) foi entregue na porta do Templo em Jerusalém, onde ele enumerou a idolatria do povo e denunciou as falsas mensagens de paz proclamadas por profetas não enviados por Deus. Suas alegações eram de que Deus jamais permitiria que um exército estrangeiro invadisse sua cidade e destruísse seu Templo. Jeremias os lembrou de que Deus não havia poupado Siló no passado (o local do Tabernáculo antes de Jerusalém). Ainda assim, Deus deixou claro que os horrores profetizados por Jeremias poderiam ser evitados caso o povo se arrependesse e voltasse para ele. Infelizmente, não fizeram isso.

A quarta mensagem de Jeremias (11:1—13:27) é interrompida por um trecho autobiográfico no qual o profeta relata uma tentativa de assassinato feita pelos homens de sua própria cidade natal. Deus, porém, lhe assegura de que os planos deles não teriam êxito. Esse evento serve como ponto de partida para uma série de diálogos entre Jeremias e o Senhor. O profeta inicia com o questionamento do porquê os perversos prosperam e chega até a sugerir como Deus poderia lidar com aqueles que exploravam seus próprios compatriotas. Em resposta, Deus confirma que o povo de Judá receberia as consequências de seu pecado coletivo. "Destruidores" surgiriam no horizonte para punir seu povo. Essa invasão não seria um ataque aleatório, mas sim o julgamento designado por Deus.

Mesmo naquele momento tão tardio, Deus ainda demonstrava o desejo de suspender seu juízo. Por isso, instruiu Jeremias a enterrar um cinto de linho caro às margens do rio Eufrates – uma jornada de mais de 1600 quilômetros ida e volta. Esse ato simbólico representava como o orgulho do povo seria arruinado pela destruição iminente nas mãos dos babilônios. Parábolas como essas não eram vívidas por causa de sensacionalismo, mas para servirem de poderosas ilustrações da verdade, destinadas a despertar a atenção daqueles a quem Deus ainda queria alcançar. No entanto, o povo

> Não se glorie o sábio na sua sabedoria, nem o forte, na sua força, nem o rico, na sua riqueza.
>
> Jeremias 9:23

não deu ouvidos ao chamado, e o próprio Deus expressou tristeza diante do orgulho do seu povo.

Jeremias parece ter entregado sua quinta mensagem (14:1—17:18) durante um período de seca. Uma seca prolongada em Judá deveria ter despertado seus líderes para a realidade de seus pecados. A falta de água e de frutos era um aviso direto de Deus, mas foi mais um sinal ignorado. Jeremias tratou do fracasso do povo em guardar o Sábado em sua sexta mensagem (17:21-24).

Sua sétima mensagem (18:1—20:18) veio logo depois e se concentrou em duas lições ilustradas. A primeira envolvia as reflexões do profeta enquanto observava o trabalho de um oleiro. Deus declarou que ele era o oleiro e Israel, o barro em suas mãos. A segunda incluía um confronto com os sacerdotes e anciãos no vale de Ben-Hinom, um depósito de lixo ardente nos arredores de Jerusalém. Era um lugar vil, onde crianças eram sacrificadas nas chamas ao deus Moloque. Ali, Jeremias quebrou o vaso do oleiro para simbolizar o que aconteceria com Jerusalém: o vale de Ben-Hinom se tornaria o vale da Matança. Os invasores do norte trariam destruição, ruína, fome e cativeiro em uma escala jamais vista pelo povo.

Com o tempo, Nabucodonosor e seus exércitos foram identificados como o instrumento que Deus usaria para humilhar seu povo. Em 588 a.C., os exércitos da Babilônia cercaram Jerusalém. Jeremias entregou a oitava mensagem (21:1-14) durante os dias do cerco final. Já a nona (22:1—23:40) incluiu uma referência ao trono de Davi. Sua décima mensagem (24:1-10) apresentou uma lição ilustrada envolvendo dois cestos de figos. Uma décima primeira (25:1-28), décima segunda (26:1-24) e décima terceira (27:1—28:17) mensagem vieram em seguida.

Algumas dessas partes intermediárias do livro incluem conteúdos que abrangem os primeiros anos de reinado de vários reis. Ao compilar esses capítulos, Jeremias agrupou eventos de diferentes períodos para enfatizar temas específicos: por exemplo, para mostrar como a obediência dos recabitas (um grupo seminômade) contrastava com a desobediência geral do povo e dos líderes de Judá.

A décima quarta mensagem de Jeremias foi escrita após seus compatriotas terem sido deportados para a Babilônia. Suas palavras, registradas em forma de carta, tinham o propósito de consolar os que haviam sido levados cativos, com a promessa de que o exílio de Judá duraria apenas setenta anos. A carta também tranquilizava os exilados, incentivando-os a prosperar na Babilônia. Mas Deus ofereceu uma promessa ainda maior para o futuro: ele faria uma nova aliança com seu povo: um renovo de justiça surgiria da linhagem de Davi para trazer salvação.

Neste ponto, a narrativa de Jeremias muda de duas formas. Primeiro, as mensagens deixam de focar no juízo de Deus e passam a enfatizar sua compaixão e consolação. Segundo, as profecias deixam de tratar do futuro próximo e

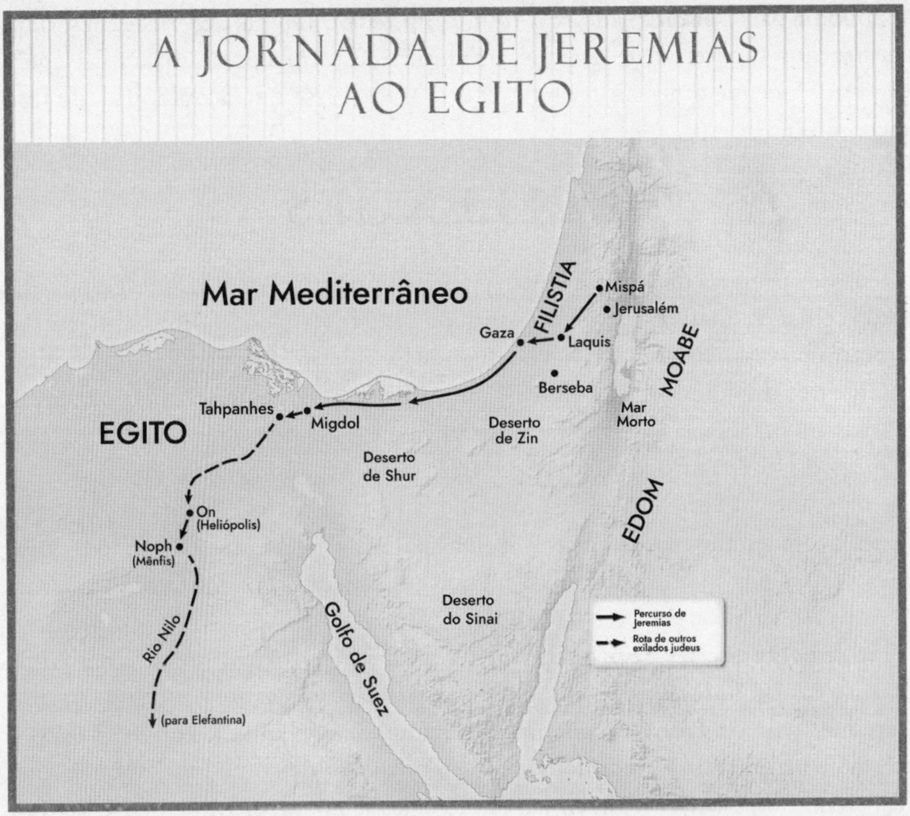

passam a apontar para o futuro distante – até mesmo para eventos que ainda não aconteceram. Jeremias fala não apenas da futura restauração de Jerusalém, mas também de uma nova aliança e da vinda do Messias.

No fim, a maioria das pessoas que buscavam refúgio em Jerusalém foi morta ou levada para o cativeiro, mas um remanescente foi deixado para manter a cidade funcionando. Especificamente, um grupo de agricultores pobres e viticultores permaneceu para cuidar das plantações e recolher tributos para a Babilônia. Jeremias estava entre eles. Deus falou por meio de Jeremias a esse remanescente em Judá, estendendo um período de paz e prosperidade sobre a terra sob a proteção dos exércitos da Babilônia, para que pudessem reconstruir sua vida. Com o tempo, Jeremias foi forçado – contra a própria vontade e contra a vontade do Senhor – a seguir com um remanescente fugitivo de Judá até o Egito. Acredita-se que ele tenha sido levado cativo para a Babilônia alguns anos depois, quando os babilônios invadiram o Egito.

O capítulo final de Jeremias oferece um segundo (e mais detalhado) relato da queda de Jerusalém. Por décadas, ele havia declarado que Deus usaria a

Babilônia para cumprir seu juízo e que os muros e o Templo de Jerusalém seriam destruídos. O objetivo de Jeremias era, assim, destacar a precisão da mensagem de Deus por meio de seu profeta. O que Deus disse que aconteceria, de fato aconteceu.

REFLEXÕES

Deus nos prepara para a sua obra. A tarefa de Jeremias era confrontar o povo de Judá com a realidade de seu pecado e chamá-los de volta ao Senhor. O que um só homem poderia dizer a uma nação inteira? Como um jovem poderia se levantar diante de sacerdotes e reis e falar com autoridade? Felizmente, Jeremias não precisava criar sua mensagem com base em sua experiência, sabedoria ou habilidade. Em vez disso, Deus nomeou Jeremias como seu porta-voz, declarando sua mensagem por meio do profeta. "O Senhor estendeu a mão, tocou a minha boca e disse-me: 'Agora, ponho na sua boca as minhas palavras'" (Jeremias 1:9). Foi o próprio Deus quem providenciou a mensagem que desejava que seu profeta proclamasse.

Não se deixe encher de orgulho. Deus estava disposto a suspender seu julgamento contra Judá, mesmo em um momento tão avançado. Ele havia enviado Jeremias para confrontar o povo com sua injustiça e chamá-los de volta a si por meio do arrependimento. Infelizmente, o povo não deu ouvidos. Por quê? Uma das razões foi o orgulho. Jeremias disse: "Não sejam arrogantes, pois o Senhor falou" (Jeremias 13:15). Ainda assim, eles não se arrependeram. Até mesmo Deus lamentou o orgulho do seu povo: "Mas, se vocês não ouvirem, eu chorarei em segredo por causa do orgulho de vocês [...] porque o rebanho do Senhor foi levado para o cativeiro" (v. 17). Hoje, o orgulho ainda é um dos principais obstáculos que impedem as pessoas de responder ao evangelho. Aqueles que se consideram excessivamente sábios, fortes ou justos muitas vezes se recusam a crer na necessidade de receber o perdão por seus pecados.

As palavras de Deus prometem esperança. No início de Jeremias 30, Deus mudou o tom das palavras dirigidas ao seu povo: " ... trarei de volta do cativeiro o meu povo, Israel e Judá, e os farei retornar à terra que dei aos seus antepassados, e eles a possuirão" (v. 3). As profecias em Jeremias até esse ponto eram, em geral, negativas. O Senhor não revogou essas profecias – a destruição de Jerusalém ainda era iminente –, mas ele não abandonaria seu povo. Após setenta anos de cativeiro, ele os traria de volta. E mais, Deus prometeu abençoar seu povo: "Deles virão ações de graças e o som de regozijo. Eu os farei aumentar, e eles não diminuirão" (v. 19). Essas eram palavras de esperança antes do sofrimento.

Escolha o caminho da obediência Jeremias contrastou dois episódios para evidenciar a desobediência do povo de Judá. O primeiro foi um juramento feito pelo povo no início do cerco de Nabucodonosor. A princípio, o povo se comprometeu a libertar seus escravos, mas depois mudou de ideia e trouxe de volta à escravidão aqueles que haviam sido libertos (veja Jeremias 34:8-11). O que causou uma mudança tão drástica de comportamento? É provável que o povo tenha mudado de ideia depois que os babilônios recuaram brevemente do cerco para lidar com o Egito (veja Jeremias 37:6-10). Aqueles que haviam libertado seus escravos provavelmente acreditaram que seus problemas haviam terminado e decidiram recuperá-los. Em contraste, Jeremias destaca um grupo conhecido como os recabitas, cujos membros juraram se abster do álcool. Eles permaneceram fiéis a esse voto, mesmo quando Jeremias os instou a beber vinho. A obediência deles colocava em evidência a desobediência do povo escolhido de Deus.

Deus tem autoridade sobre as nações. Em Jeremias 46—49, o profeta declara os juízos de Deus sobre várias nações e povos diferentes. Um dos temas dessas profecias é que Deus usaria os babilônios para punir a maldade das nações estrangeiras, e não apenas a maldade do povo de Judá. Essas nações incluíam o Egito, Filístia, Moabe, Amom, Edom e outras. Embora os babilônios fossem os instrumentos do juízo, era por meio da autoridade de Deus que esse juízo se realizava. "O Senhor dos Exércitos, o Deus de Israel, diz: 'Castigarei Amom, deus de Tebas, o faraó, o Egito, os seus deuses e seus reis e também os que confiam no faraó'" (Jeremias 46:25). "'Em todos os terraços de Moabe e nas praças, não há nada senão pranto, pois despedacei Moabe como a um jarro que ninguém deseja', declara o Senhor" (48:38).

> ... obedeçam à voz do Senhor, o seu Deus. Então, o Senhor se arrependerá da desgraça que pronunciou contra vocês.
>
> Jeremias 26:13

Estamos a apenas um passo do perdão de Deus. Nem mesmo a poderosa Babilônia conseguiu escapar do juízo divino. Menos de cinquenta anos após destruir Jerusalém, ela mesma foi conquistada pelos persas – exatamente como Deus havia anunciado por meio do profeta Jeremias. Ao longo dessa profecia de julgamento, Deus dirigiu palavras de ânimo àqueles do seu povo que enfrentariam o exílio. Mas ele foi além do consolo: ofereceu também uma promessa de perdão (veja Jeremias 50:20). Essa promessa de perdão antecipava a vinda do Messias e a mensagem do evangelho – e continua válida para todos os que seguem o Messias hoje. Como Deus prometeu por meio do apóstolo João: "Se confessarmos os nossos pecados, ele é fiel e justo para perdoar os nossos pecados e nos purificar de toda injustiça" (1João 1:9).

PERGUNTAS DE ESTUDO

1. Cite alguns exemplos de Deus preparando Jeremias e os cidadãos de Jerusalém para a invasão da Babilônia (veja Jeremias 1:14-19).

2. Que mensagens os falsos profetas proclamavam ao povo (veja Jeremias 8:4-17)? Quais foram as críticas de Jeremias àqueles que adoravam ídolos (veja Jeremias 10:1-10)?

3. Em certo momento, Jeremias perguntou ao Senhor: "Por que o caminho dos ímpios prospera?" (Jeremias 12:1). Qual é a resposta bíblica para essa pergunta?

4. Que lição Deus ensinou a Jeremias na casa do oleiro (veja Jeremias 18:1-11)? Como você colocaria em prática essa lição na sua vida?

5. Como você resumiria a mensagem de Deus ao povo de Judá em Jeremias 19? Qual foi o propósito do vaso quebrado (veja v. 10)?

6. Qual era a situação em Judá quando os eventos de Jeremias 21 começaram a acontecer? Que pedido o rei Zedequias fez ao Senhor (veja v. 1-2)?

7. Qual foi a acusação de Deus contra o povo de Judá em Jeremias 25:1-7? Nos versículos 8-14, o que foi revelado sobre a natureza do seu juízo e sobre o tempo de sua duração?

8. O que o Senhor diz em Jeremias 31:31-34 sobre a nova aliança que o Senhor trará? O que isso revela sobre o caráter de Deus?

SEMANA 23

DEUS NOS CHAMA PARA O SERVIR

LAMENTAÇÕES 1 —EZEQUIEL 19

LEITURAS DIÁRIAS: **155** | Lamentações 1—2 **156** | Lamentações 3—5 **157** | Ezequiel 1—3 **158** | Ezequiel 4—7 **159** | Ezequiel 8—11 **160** | Ezequiel 12—15 **161** | Ezequiel 16—19

O livro de Lamentações é tradicionalmente atribuído a Jeremias e provavelmente foi escrito logo após a destruição de Jerusalém em 586 a.C. Seu conteúdo está, portanto, enraizado em um momento histórico, mas traz a reação do profeta diante dessa história, em vez de uma descrição direta dos acontecimentos. Por exemplo, Jeremias escreveu estas palavras como expressão do luto causado por essa destruição: "É por isso que eu choro; as lágrimas inundam os meus olhos. Ninguém está por perto para consolar-me, não há ninguém que restaure o meu ânimo. Os meus filhos estão desamparados porque o inimigo prevaleceu" (Lamentações 1:16).

Assim como o livro de Jeremias, Lamentações foca no julgamento de Deus contra Judá, um julgamento que havia acabado de se cumprir. Jeremias chora pela devastação que *acabou* de presenciar. No entanto, é importante destacar que Lamentações também inclui temas relacionados à esperança e à fidelidade de Deus: "Porque o Senhor não o desprezará para sempre. Embora ele traga tristeza, mostrará compaixão" (3:31-32). Deus cumpriu sua promessa de julgar Jerusalém; por isso, Jeremias podia confiar na promessa de que Deus restauraria a cidade no futuro.

O profeta Ezequiel tinha 25 anos quando foi levado cativo para a Babilônia e 30 quando recebeu o chamado para o ministério – e que chamado extraordinário foi esse! Logo no primeiro capítulo de seu livro, somos apresentados a uma impressionante manifestação visual da glória e da presença de Deus. Na visão que Ezequiel recebeu do Senhor, ele viu um redemoinho cheio de "fogo [que] parecia metal reluzente" (1:4), seres angelicais radiantes "como relâmpagos" (v. 14), e uma visão de Deus sentado sobre um trono de safira, cercado pela "aparência da figura da glória do Senhor" (v. 28).

A manifestação do majestoso trono de Deus assegurou a Ezequiel que ele estava de fato recebendo uma mensagem do Deus de Abraão, Isaque e Jacó. Essa certeza, sem dúvida, o ajudou a se manter firme enquanto cumpria uma missão difícil. Ezequiel 2 e 3 oferecem detalhes sobre essa missão: Deus o comissionou para proclamar suas verdades aos filhos de Israel. Ezequiel enfrentaria dificuldades físicas, além de pressão social e rejeição, durante seu ministério como um atalaia. Por essa razão, Deus fortaleceu Ezequiel no início de seu ministério e continuou a sustentá-lo ao longo das décadas que se seguiram.

Deus não raro instruía seus profetas a representarem suas mensagens de forma visual e impactante, com o objetivo de chocar o povo e tirá-lo de sua complacência. Nenhum profeta usou essas exibições visuais com mais proeminência do que Ezequiel. No capítulo 4, o Senhor manda que ele desenhe (ou grave) uma representação de Jerusalém e encene um cerco contra a cidade, incluindo a dramatização dos métodos extremos que os habitantes usariam para preparar seus alimentos. Deus ordenou a Ezequiel que cortasse, pesasse e queimasse o próprio cabelo, que profetizasse contra os montes de Jerusalém, e que relatasse uma poderosa visão de idolatria no Templo.

> Então, a minha ira cessará, diminuirá a minha indignação contra eles, e serei vingado. Quando tiver esgotado a minha ira sobre eles, saberão que eu, o Senhor, falei segundo o meu zelo.
>
> Ezequiel 5:13

Por dezoito meses, Deus usou Ezequiel como um sinal visível de seu julgamento iminente sobre Jerusalém e Israel. Durante esse período, o profeta comunicou os detalhes desse juízo por meio de diversas profecias. O capítulo 8 marca um ponto decisivo: Ezequiel é levado pelo Espírito entre a terra e o céu e recebe uma série de visões sobre a idolatria presente em Jerusalém, incluindo rituais repugnantes praticados por seus líderes. As visões de Ezequiel figuravam anjos celestiais convocados para executar o julgamento de Deus contra a cidade. Elas também mostram a partida da glória de Deus do Templo, a qual ocorre em etapas. Ezequiel, então, descobre que 25 líderes têm dado conselhos enganosos ao povo de Deus, e recebe mais uma promessa de restauração futura após o julgamento de Deus se cumprir.

Ezequiel 12 marca outro momento crucial, quando o profeta volta sua atenção para seus companheiros cativos na Babilônia. Assim como os moradores de Judá, esses cativos tinham o coração endurecido e se recusavam a acreditar que Jerusalém seria destruída. Eles acreditavam que em breve voltariam para suas casas, apesar de continuarem a rejeitar a vontade de Deus. Ezequiel se esforçou ao máximo para mostrar a eles o erro de seu pensamento e os muitos motivos do julgamento de Deus. Em Ezequiel 15, ele chega a apresentar uma lição ilustrativa, comparando Israel a uma videira inútil, apropriada apenas para ser queimada como lenha. Em Ezequiel 16, ele descreve o profundo amor de Deus por Israel como nação e a profunda traição pessoal de Israel ao seguir os deuses de outras nações.

REFLEXÕES

Devemos reconhecer com sinceridade nossas falhas. O livro de Lamentações mostra quão grande foi impacto emocional da destruição de Jerusalém sobre Jeremias. Ele ficou consternado com a devastação de sua cidade amada. À primeira vista, pode parecer que Jeremias estava com raiva de Deus. Ele lamentou que Deus "rejeitou o seu altar" e "abandonou o seu santuário" (2:7). No entanto, uma leitura completa de Lamentações deixa claro que Jeremias culpava a si mesmo e ao povo de Judá pelas consequências de suas ações - e não a Deus (veja 1:8). Falando em nome da cidade, ele declarou: "O Senhor é justo, mas eu me rebelei contra a sua ordem [...] As minhas moças e os meus jovens foram para o exílio" (1:18).

Deus chama seu povo para servir-lhe. Os primeiros capítulos de Ezequiel revelam como Deus o chamou para servir como seu profeta. Esse chamado não foi apresentado como um pedido, mas como uma *ordem*. O Senhor ordenou a Ezequiel que cumprisse um papel específico pelo resto de sua vida, e esperava que ele obedecesse. Outros indivíduos receberam chamados semelhantes no Antigo Testamento, inclusive reis como Saul e Davi, profetas como Jeremias e Débora, e até artesãos como Bezalel e Aoliabe (veja Êxodo 31). Os seguidores de Jesus também vivem sob um chamado abrangente para dedicarem sua vida em obediência à Grande Comissão: "Portanto, vão e façam discípulos de todas as nações, batizandoos em nome do Pai, do Filho e do Espírito Santo, ensinandoos a obedecer a tudo o que eu ordenei a vocês" (Mateus 28:19-20).

Todo pecado é uma forma de idolatria. Israel havia sido abençoado com a revelação de Deus. Eles foram escolhidos para revelar Deus ao restante do mundo. Contudo, por séculos, ignoraram a realidade desse chamado e até o rejeitaram. Em vez de serem uma testemunha de Deus para as nações, voltaram-se para as práticas religiosas dessas nações. As palavras de Deus em Ezequiel 5:7-8 são impactantes: "Você tem sido mais rebelde do que as nações ao seu redor [...] Eu estou contra você, Jerusalém, e executarei contra você o juízo à vista das nações". Israel havia rejeitado o Deus verdadeiro e se voltado para deuses falsos – isso é idolatria. Da mesma forma, todo pecado está enraizado na idolatria. Ainda hoje, nosso pecado está ligado à idolatria. Toda vez que nos afastamos de Deus para servir a outra coisa – servir a nossos próprios desejos ou propósitos, por exemplo – elevamos essa outra coisa acima de Deus. Logo, estamos praticando idolatria.

Deus conhece os que são seus. Ezequiel 9 oferece uma fascinante visão "dos bastidores" do reino espiritual. Enquanto fisicamente "via" Jerusalém no meio de uma visão, Ezequiel também testemunhou seis seres angelicais encarregados de executar o juízo de Deus contra a cidade. Um dos anjos recebeu a tarefa de identificar as pessoas na cidade que ainda temiam o Senhor Deus. Esse anjo foi instruído a "marcar" na testa aqueles que choravam por causa do mal cometido ali. Os demais anjos, então, receberam uma ordem assustadora: "Sigam-no por toda a cidade e matem, sem piedade nem compaixão" (v. 5). O juízo de Deus contra o mal é sempre assustador, mas a implicação maior dessa visão é encorajadora para o povo de Deus: ou seja, ele conhece aqueles que são seus. Ainda que vivamos em uma cultura corrompida, nosso Salvador permanece fiel para com aqueles que continuam fiéis a ele.

PERGUNTAS DE ESTUDO

1. Quais trechos ou elementos do livro de Lamentações mais impactaram você? O que você aprendeu sobre a natureza e o caráter de Deus nesses cinco capítulos?

2. O que Jeremias diz sobre a misericórdia de Deus em Lamentações 3:22-27? Quais razões o profeta Jeremias apresenta para manter a esperança em Deus?

3. Como você resumiria a missão que Deus concedeu a Ezequiel nos capítulos 2 e 3? O que Ezequiel foi chamado para ser e o que ele deveria fazer?

4. O que você arrisca ao ignorar ou rejeitar o chamado específico e direto de Deus para a sua vida? Que recompensas você pode receber ao obedecer a esse chamado?

5. Imagine que você está entre os exilados. Como você reagiria se rotineiramente encontrasse um profeta encenando um cerco contra uma cidade, cozinhando comida sobre esterco, raspando os próprios cabelos, entre outras coisas?

6. Quais promessas Deus fez em Ezequiel 5:15-17? Qual era o propósito dessas promessas? O que você aprende sobre o caráter de Deus em Ezequiel 7:1-27?

7. Como você resumiria as lições simbólicas que Ezequiel apresentou no capítulo 12? Qual era o propósito dessas lições entre os cativos na Babilônia?

8. Que emoções Deus expressa em relação ao seu povo em Ezequiel 16:1-14? O que você aprende nesses versículos sobre o cuidado e a proteção de Deus para com o seu povo?

SEMANA 24

DEUS É SANTO E SOBERANO

EZEQUIEL 20–48

LEITURAS DIÁRIAS: **162** | Ezequiel 20–23 **163** | Ezequiel 24–27 **164** | Ezequiel 28–31 **165** | Ezequiel 32–35 **166** | Ezequiel 36–39 **167** | Ezequiel 40–44 **168** | Ezequiel 45–48

Na Lei de Moisés, Deus estabeleceu que o pecado de uma geração produziria consequências para as gerações seguintes (veja Êxodo 20:5). Nos dias de Ezequiel, o povo de Deus parecia usar esse princípio para se isentar da culpa pela situação atual. Eles acreditavam que o cativeiro era resultado dos pecados das gerações anteriores e que não podiam fazer nada significativo para mudar aquela realidade. Em Ezequiel 18 e 19, Deus rejeita esse modo de pensar. Aquela geração de israelitas havia escolhido, *por si mesma*, a rebelião e a idolatria.

Naquela época, o Egito estava resistindo ao avanço da Babilônia. O rei Zedequias de Judá aproveitou as derrotas temporárias da Babilônia para iniciar sua própria rebelião. Esta fracassou, e o resultado foi o cerco de Jerusalém e sua eventual destruição pelas mãos de Nabucodonosor. É provável que os "líderes de Israel", que voltaram a consultar Ezequiel (veja 20:1), quisessem saber se Deus usaria o Egito como ferramenta para livrá-los do jugo babilônico e livrá-los do cativeiro, levando-os de volta à sua terra natal, Judá. Ezequiel respondeu que a intenção de Deus era destruir sua cidade santa pela espada da Babilônia (veja Ezequiel 21).

Ezequiel continua a declarar os juízos de Deus contra as nações de Amom, Moabe, Edom, Filístia, Tiro, Sidom e Egito. A formação desses capítulos (25—32) provavelmente se deve ao anúncio chocante do Senhor feito por Ezequiel no capítulo 24: "Filho do homem, registre esta data, a data de hoje, porque o rei da Babilônia sitiou Jerusalém exatamente neste dia" (v. 2). Deus havia revelado a Ezequiel que a cidade de Jerusalém estava sob cerco – uma notícia que normalmente levaria muitos meses para chegar aos cativos na Babilônia. Agora que o juízo de Deus contra Judá estava em andamento, ele voltava sua atenção para as nações vizinhas, também culpadas de grandes pecados.

O capítulo 33 serve de transição entre a primeira e a segunda metades do registro profético de Ezequiel. Esse momento corresponde ao acontecimento histórico da queda definitiva de Jerusalém e da destruição do Templo – notícia que chegou aos exilados na Babilônia por meio de um único sobrevivente. Ezequiel 34, então, inicia uma nova série de profecias que continua até o capítulo 48. Nessas mensagens, o tema de Ezequiel é a restauração vindoura de Israel, Judá e Jerusalém. Em outras palavras, essas profecias oferecem *esperança* ao povo em vez de juízo. Elas enfatizam a graça e a misericórdia de Deus e apontam para uma futura reunificação do povo de Deus na Terra Prometida. Por essa razão, muitas das profecias dessa seção têm fortes conexões com o milênio.

Ezequiel profetizou diversas vezes que o "remanescente" do povo de Deus, ou seja, aqueles que foram dispersos pelo mundo após as invasões da Assíria e da Babilônia, um dia seriam reunidos novamente e restaurados à Terra Prometida (veja 39:25-26). Ezequiel 40—48 apresenta detalhes sobre esse reinado milenar de Cristo, fornecendo mais informações sobre o reino de mil anos do que todas as outras profecias do Antigo Testamento juntas. Esses capítulos representam o ponto culminante da mensagem profética de Ezequiel: o clímax da restauração de Israel.

O profeta começa com o relato de como foi levado "à terra de Israel" e colocado "sobre um monte muito alto", de onde pôde ver essa nova cidade de Deus e o seu Templo (40:2). Um anjo, então, mediu as dimensões desse Templo e de cada uma de suas estruturas principais. O Senhor revelou, em seguida, o que levou Ezequiel a registrar todas essas medidas: "Filho do homem, descreva o templo para o povo de Israel, para que se envergonhem dos seus pecados. Que eles analisem o modelo" (43:10). Esses planos gloriosos para o futuro revelaram ao povo de Israel o quanto haviam perdido por causa dos seus pecados.

O registro profético de Ezequiel descreve até mesmo o novo "distrito sagrado" que será criado e o papel de seu "príncipe" ou administrador. Haverá um novo sistema de festas, e a terra será redistribuída entre o povo de Deus. No final, as visões de Ezequiel mostram que, embora dirigidas especialmente ao povo judeu, suas profecias continuam sendo profundamente relevantes e significativas para os cristãos hoje.

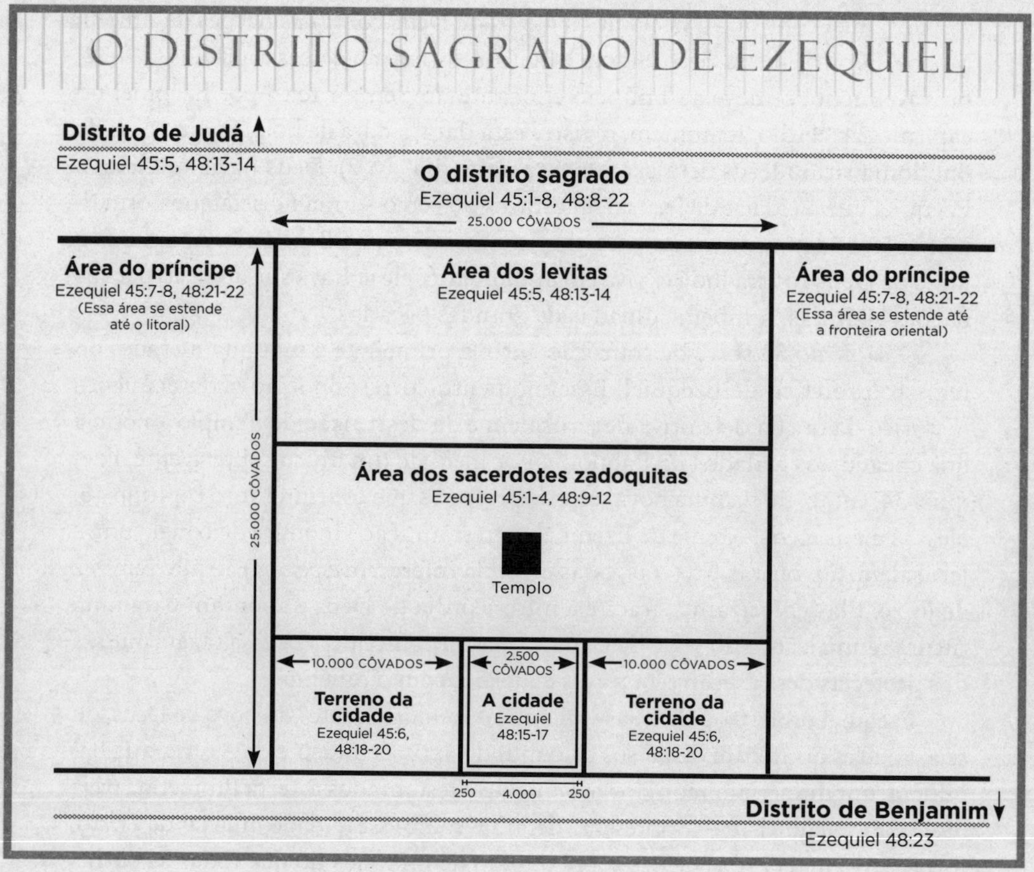

REFLEXÕES

Não confie na força do mundo. Em Ezequiel 29, Deus descreve o Egito como "um bordão de junco para o povo de Israel" (v. 6). Israel havia se apoiado nos egípcios por meio de alianças militares, como alguém que se apoia em um bordão. Mas, quando esse bordão "de junco" se quebrou, Judá ficou mais vulnerável do que nunca. Como escreveu o rei Davi: "Alguns confiam em carros de guerra, outros confiam em cavalos; nós, porém, confiamos no nome do Senhor" (Salmos 20:7).

Deus é quem lidera seu povo. Em Ezequiel 34, Deus aponta para um momento futuro em que ele mesmo seria o pastor do seu povo: "Eu mesmo buscarei as minhas ovelhas" (v. 11); e, mais adiante, "Tomarei conta delas em uma boa pastagem, e os altos dos montes de Israel serão a terra onde pastarão" (v. 14). Esses versículos apontam para a vinda de Jesus como o Bom Pastor que daria a sua vida pelas ovelhas (veja João 10:11). Eles também apontam para o reino milenar, quando o povo de Deus receberá as bênçãos em uma Israel restaurada.

Deus estará presente no reino milenar. Ao descrever a terra do reino milenar, Ezequiel menciona um distrito central em Israel (veja 45:1), que incluirá o Templo milenar, as residências para os sacerdotes e o príncipe, entre outras estruturas. Ele representará um grande aumento da presença física de Deus em nosso mundo. Claro, essa presença será plenamente realizada na pessoa de Jesus Cristo, que reinará de Jerusalém, assentado no trono do rei Davi (veja Ezequiel 48:35).

PERGUNTAS DE ESTUDO

1. Imagine que você fosse um dos cativos de Judá quando ouviu a declaração de Deus em Ezequiel 21:1-17. Como você teria respondido a essas palavras?

2. Qual foi o objetivo da história de Deus sobre as "duas mulheres" em Ezequiel 23? O que ele estava comunicando ao seu povo com essa história?

3. Qual é o significado de Deus comparar o Egito a uma grande árvore em Ezequiel 31? O que Deus disse que aconteceria com essa "árvore forte" entre as nações?

4. Como Ezequiel aponta para Jesus, o Messias (veja Ezequiel 34:11-31)? O que aprendemos com esses versículos sobre o cuidado pastoral de Deus para com seu povo?

5. Como você descreveria as forças que se reunirão contra Israel com base em Ezequiel 38:1-17? Qual é o "plano maligno" que tramarão contra o povo de Deus?

6. Deus promete destruir os exércitos de Gogue e libertar seu povo (veja Ezequiel 39:1-16). Que promessa o Senhor faz em seguida à casa de Israel (veja v. 21-29)?

7. O profeta fornece descrições detalhadas e medidas do Templo milenar vindouro em Ezequiel 40:5—43:12. Para você, quais características mais chamam a atenção? Por quê?

8. Quais das festas ainda serão celebradas no reino milenar (veja Ezequiel 45:18-25)? Por que as festas de Pentecostes, das Trombetas e da Expiação não serão mais celebradas?

SEMANA 25

DEUS NOS SEPARA PARA A SANTIDADE

DANIEL 1—OSEIAS 14

LEITURAS DIÁRIAS: **169** | Daniel 1–2 **170** | Daniel 3–4 **171** | Daniel 5–6 **172** | Daniel 7–9 **173** | Oseias 1–3 **174** | Oseias 6–8 **175** | Oseias 11–14

Como mencionado anteriormente, os assírios invadiram o reino de Israel em 722 a.C., e levaram o povo ao cativeiro. O reino de Judá alternou entre obediência e idolatria por algum tempo, mas em determinado momento também foi derrotado e levado cativo pela Babilônia em 586 a.C. Daniel foi levado para a Babilônia ainda jovem, no primeiro grupo de exilados (c. 605 a.C.). Ele passaria toda a sua vida adulta como um oficial de alto escalão e confidente de reis pagãos. O rapaz serviu primeiro sob os babilônios (de Nabucodonosor a Belsazar) e depois na corte dos reis persas.

Ao chegar à Babilônia, Daniel se encontrou em uma cultura estrangeira, cercado por poderosos senhores de escravos que adoravam falsos deuses e comiam alimentos proibidos para o povo de Deus. No entanto, Daniel acreditava firmemente que Deus estava no controle de suas circunstâncias. Por isso, ele decidiu obedecer a Deus, e o Senhor recompensou sua obediência com um sucesso impressionante.

Ao longo do livro de Daniel, Deus exibe seu poder soberano. Em nove dos doze capítulos, Daniel transmite revelações de Deus por meio do relato e da interpretação de vários sonhos e visões. A primeira vez ocorreu quando Nabucodonosor teve um sonho com uma estátua gigante de um homem composta por vários metais. Daniel interpretou o sonho como uma sucessão de poderes mundiais, cujo início se deu com o próprio Nabucodonosor e se estendeu por mais de quinhentos anos até a era do Império Romano. Outros milagres incluem a proteção do Senhor aos três amigos de Daniel em uma fornalha ardente, o episódio no qual Deus escreveu na parede durante uma festa libertina no palácio (e, em sequência, revelou a Daniel a interpretação de que o reino de Belsazar estava prestes a acabar), o livramento de Daniel da cova dos leões após uma conspiração na corte do rei Dario, além de profecias sobrenaturais.

> "Mas os santos do Altíssimo receberão o reino e o possuirão para sempre; sim, para todo o sempre."
>
> Daniel 7:18

Em Daniel 7, o foco muda: o profeta deixa de narrar histórias sobre a fidelidade de Deus durante o exílio e passa a registrar as visões proféticas que recebeu. Em uma dessas visões, Daniel viu não apenas o Império Babilônico, mas também os reinos que o sucederiam – agora simbolizados por criaturas estranhas, em vez de uma grande estátua. Além disso, os eventos descritos se estendem muito além, culminando no triunfo final de Jesus Cristo. As profecias ao longo de Daniel revelam que, em algum momento no futuro, Cristo retornará e destruirá todas as formas de governo humano, estabelecendo seu trono terreno por mil anos, após os quais trará à existência novos céus e nova terra, e reinará eternamente.

Daniel foi separado como porta-voz de Deus durante os setenta anos do cativeiro babilônico. Oseias, outro profeta de Deus, foi separado como mensageiro para Israel durante o reinado dos seis últimos governantes do Reino do Norte antes de sua queda. No entanto, ele é mais conhecido por seu casamento. Deus instruiu Oseias a se casar e formar uma família com uma mulher chamada Gômer, a qual o Senhor previu que seria infiel. O casamento deles serviu como uma ilustração do relacionamento entre Deus e seu povo, oferecendo a metáfora rica que esclarece os temas do livro: infidelidade, julgamento e amor perdoador.

A mensagem de Oseias é repleta de condenação, tanto em nível nacional quanto individual. Em certos momentos, as palavras de Deus parecem duras. Ao usar a linguagem de um cônjuge traído, Deus revela a realidade da infidelidade de Israel. Revela também um retrato comovente do amor leal e de aliança de Deus por seu povo – um amor que não toleraria rival algum. No fim, o

VISÕES E SONHOS EM DANIEL

	Figuras: Daniel 2	Feras: Daniel 7	Feras: Daniel 8	Reinos apresentados
Tempo dos gentios	Cabeça de ouro puro	Como um leão com asas de águia		Babilônia
	Peito e braços de prata	Como um urso	Carneiro com dois chifres	Medo-Persa
	Ventre e coxas de bronze	Como um leopardo com quatro asas e quatro cabeças	Bode macho com um chifre, quatro chifres e um pequeno chifre	Grécia
	Pernas de ferro, pés de ferro e barro	Besta com dez chifres e um pequeno chifre		Roma
	Pedra que se torna uma grande montanha	Messias e santos recebem o reino		Reino de Deus

Senhor instruiu Oseias a buscar sua esposa afastada e restaurar o relacionamento entre eles, simbolizando, assim, como ele restauraria o relacionamento com o seu povo.

A mensagem principal do casamento de Oseias e Gômer é a fidelidade de Deus. A partir dos capítulos 4 e 5 de Oseias, porém, o foco se desloca dessa relação pessoal para uma acusação direta contra o povo de Israel. Deus orienta Oseias a apresentar uma denúncia formal, como em um tribunal, declarando a nação culpada de idolatria. Os líderes espirituais são especificamente mencionados, pois conduziram o povo à "prostituição espiritual". Enquanto chama o povo ao arrependimento, o profeta também descreve as consequências iminentes da infidelidade de Israel e Judá: entre elas, o afastamento espiritual e o exílio da nação.

Oseias deixa claro que o exílio era algo certo para o reino adúltero de Israel. Ele chega a detalhar o que o povo de Deus experimentaria após ser removido de sua terra da aliança. Apesar da prosperidade de Israel, o futuro da nação estava selado como um tempo de privação e aflição. Os reis de Israel seriam eliminados; o povo colheria os frutos de sua própria perversidade; e a nação seria separada das bênçãos da aliança com Deus por causa das muitas formas com as quais violaram esse pacto. Ainda assim, mesmo diante de todas estas coisas,

Deus lamentou a perda da comunhão com seu povo e deixou claro o que desejava desse relacionamento: não sacrifícios vazios, mas misericórdia e um conhecimento verdadeiro de quem ele era.

Posteriormente, no capítulo 11, surgem palavras mais ternas: palavras de um Pai celestial amoroso que anseia pelo retorno do seu povo. Deus descreve seu amor por Israel como o amor de um pai por um filho. Deus até mesmo, metaforicamente, ensina Efraim (outro nome para Israel) a andar. Ele fala sobre curar e alimentar seu filho rebelde e sobre atrair seu povo com laços de amor. Talvez ainda mais comovente seja a dor que Deus expressa diante da necessidade da destruição e do cativeiro de Israel. De maneira notável, Deus não anula seu plano de permitir que os assírios conquistem Israel, uma vez que o pecado ainda exigia justiça. Contudo, as palavras de Oseias refletem a compaixão de um pai que sabe que seus filhos precisam enfrentar as consequências, mas também deseja poupá-los delas.

> Venham, voltemos para o Senhor. Ele nos despedaçou, mas nos trará cura; ele nos feriu, mas enfaixará as nossas feridas. Depois de dois dias, ele nos dará vida novamente; ao terceiro dia, ele nos restaurará, para que vivamos na sua presença.
>
> Oseias 6:1-2

Nos três últimos capítulos do livro, Oseias retorna ao tema principal da infidelidade de Israel para com Deus, contrastando o povo com Jacó, o patriarca (que buscou ao Senhor com diligência), e revelando a imensa dor e sofrimento que os israelitas experimentarão por causa de sua rebelião contínua. Ainda assim, o Senhor reafirma seu amor intenso e fiel por seu povo: "Você foi destruído, ó Israel, porque está contra mim, contra o seu ajudador. E agora? Onde está o seu rei para salvá-lo em todas as suas cidades? E onde estão os oficiais que você pediu, dizendo: 'Dá-me um rei e líderes'? Dei a você um rei na minha ira e o tirei na minha indignação" (13:9-11). Por fim, o profeta Oseias conclui com um olhar voltado à futura restauração de Israel, que acontecerá durante o reino milenar, e exorta seus leitores a escolherem a obediência e a fidelidade em vez da insensatez.

REFLEXÕES

Escolha obedecer a Deus. Só podemos imaginar as tentações que Daniel e seus três amigos enfrentaram vivendo em uma cultura pagã, com deuses, tradições e práticas estranhas. Teria sido fácil para eles caírem no desespero e em diversas práticas pecaminosas. Em vez disso, decidiram obedecer aos mandamentos de Deus, não importavam as consequências. A vida é cheia de situações que testam a nossa determinação, mas Deus nos deu o seu Espírito Santo para nos capacitar a resistir e permanecer firmes diante dessas pressões e tentações. No entanto, antes que a tentação venha, decida andar nos caminhos do Senhor (veja Provérbios 4:23).

Escolha buscar a Deus. Os magos de Nabucodonosor ficaram apavorados quando o rei ordenou que descrevessem seu sonho, pois reconheceram que nenhum ser humano poderia fazer tal coisa. "Ninguém pode revelar isso ao rei, senão os deuses" (Daniel 2:11). Eles não confiavam no Senhor e, por isso, é óbvio, não recorreram a Deus em busca de orientação. Daniel sabia que os magos estavam parcialmente certos, pois a interpretação correta só poderia vir do Senhor Deus. Daniel não tinha como saber se o Senhor revelaria o sonho a ele, mas sabia que sua única esperança era confiar em Deus. Então, Daniel buscou o Senhor em oração e confiou que ele o guiaria naquela provação - e foi exatamente isso que Deus fez.

Nenhum perigo pode nos atingir sem a permissão de Deus. Na visão do mundo, os três amigos de Daniel pareciam confiantes demais - ou até mesmo iludidos. A fornalha era terrivelmente real, assim como as chamas que dela saíam. No entanto, Sadraque, Mesaque e Abede-Nego sabiam que, embora o fogo fosse real, aquelas chamas estavam sob o comando soberano de seu Criador. Se Deus assim quisesse, nem um fio de cabelo deles seria queimado - e foi exatamente isso o que aconteceu. A atitude deles serve de modelo para todos os crentes. Deus não permitirá que nada nos atinja que não seja, em última instância, para o nosso bem (veja Salmos 121:2-8).

Adore o Criador, não a criação. O rei Belsazar promoveu uma festa regada a vinho para seus convidados e, no auge da sua irreverência, usou os utensílios sagrados do Templo para comer e beber. Porém, sua blasfêmia foi além: "Mandaste trazer as taças do Templo do Senhor para que nelas bebessem tu, os teus nobres, as tuas mulheres e concubinas. Louvaste os deuses de prata, de ouro, de bronze, de ferro, de madeira e de pedra" (Daniel 5:23). Muitas pessoas hoje também negam que Deus criou a terra e a humanidade, mas, ao mesmo tempo, exaltam a criação no lugar do Criador. É uma ironia trágica desprezar o que é sagrado, como fez Belsazar, e simultaneamente idolatrar aquilo que foi criado por Deus. A Bíblia adverte que essa atitude idólatra inevitavelmente levará à queda de uma nação, assim como aconteceu com a Babilônia no tempo do rei Belsazar.

O povo de Deus deve viver de maneira irrepreensível. Os acontecimentos de Daniel 6 revelam o caráter piedoso de Daniel. Seus inimigos queriam descobrir alguma falha, erro ou traço de caráter que pudesse manchar sua reputação, mas não encontraram nada! Muitos de nós ficaríamos apreensivos ao saber que um inimigo está investigando nossa vida em busca de erros. No entanto, é isso que acontece todos os dias do ano! O inimigo é o acusador dos crentes e trabalha incansavelmente, dia e noite, para trazer acusações de pecado contra todos os que colocam sua fé em Jesus Cristo (veja Apocalipse 12:10). O sangue de Cristo silencia permanentemente as acusações do Diabo, pois, por meio do sacrifício de Cristo, somos considerados irrepreensíveis diante de Deus. Isso, porém, não dá aos crentes liberdade para se entregarem ao pecado – na verdade, é o oposto.

COVA DOS LEÕES (Daniel 6)

"... trouxeram Daniel e o jogaram na cova dos leões" (Daniel 6:16). A palavra cova está relacionada ao termo hebraico que significa "cavar", referindo-se, portanto, a um poço subterrâneo que provavelmente tinha (1) um buraco no topo por onde se lançava alimento dentro da cova, e (2) uma porta ao pé de uma rampa ou em uma encosta por onde os leões podiam entrar. Os leões mencionados nas Escrituras eram menores do que o leão africano, mas igualmente aterrorizantes. A caça a leões era um esporte favorito dos reis do Antigo Oriente, de modo que não era incomum o fato de Dario manter uma cova como essa.

Seja fiel a Deus. O casamento de Oseias não foi uma metáfora; ele realmente se casou com Gômer, e o texto indica seu desejo de que ela fosse fiel a ele – e aos filhos deles. A conexão entre Deus e seu povo também não era uma metáfora. Deus havia feito uma aliança com os descendentes de Abraão, semelhante a uma aliança de casamento, na qual declarou: "Farei de vocês o meu povo e serei o Deus de vocês" (Êxodo 6:7). Os seguidores de Jesus também são chamados a manter um relacionamento espiritualmente fiel com Deus. Aliás, o Novo Testamento usa uma imagem semelhante ao descrever a igreja como a "noiva" de Cristo. Como escreveu Paulo: "Maridos, cada um de vocês deve amar a sua esposa, assim como Cristo amou a igreja e entregouse por ela para santificála, tendoa purificado pelo lavar da água por meio da palavra" (Efésios 5:25-26).

Não ignore os avisos de Deus. Segundo Oseias, o povo havia rejeitado os mensageiros de Deus ao considerar o profeta "um tolo, e o homem inspirado, um louco violento" (9:7b). Quando os profetas falavam a verdade de uma forma que o povo considerava ofensiva, eles rejeitavam essas mensagens e as rotulavam como indignas de confiança. Como resultado, “Os dias de castigo vêm” (v. 7a). Jesus advertiu que seus discípulos enfrentariam um obstáculo semelhante: “O irmão entregará à morte outro irmão, e o pai entregará o filho; filhos se rebelarão contra os pais e os matarão. Todos odiarão vocês por causa do meu nome” (Mateus 10:21-22). Permanecer firme em Deus muitas vezes significa enfrentar a rejeição por parte do mundo.

O amor de Deus por seus filhos é terno. As figuras de linguagem que encontramos em Oseias 11 são impressionantes em sua ternura. Deus descreve seu amor por Israel como de um pai por seu filho, chegando a dizer que ele mesmo ensinou Efraim a andar. Deus fala de curar e alimentar seu filho rebelde e de atrair seu povo com laços de amor. Talvez ainda mais comovente seja a dor que Deus expressa diante da necessidade da destruição e do cativeiro de Israel. A angústia é evidente quando Deus clama: “Como posso desistir de você, Efraim? Como posso entregar você nas mãos de outros, Israel? Como posso tratar você como tratei Admá? Como posso fazer com você o que fiz com Zeboim? O meu coração está transtornado; toda a minha compaixão despertou-se” (11:8). Esses versículos revelam que Deus é, por natureza, um Pai. Sua paternidade (ou seu coração de Pai) é parte essencial de seu caráter e desempenha um papel central na forma como ele se relaciona com seu povo.

PERGUNTAS DE ESTUDO

1. Por que Daniel não quis comer a comida da dieta dos babilônios (veja Daniel 1:8-14)? Quais teriam sido as implicações se ele tivesse feito isso?

2. O que pode ter motivado o rei Nabucodonosor a criar a enorme estátua de ouro (veja Daniel 3:1-3)? Por que ele ordenou que todas as pessoas a adorassem?

3. Como Daniel soube o significado da mensagem misteriosa na parede do palácio de Belsazar (veja Daniel 5:5-7)? Quando ele recebeu a interpretação? Que princípio isso ilustra?

4. Como os inimigos de Daniel tiveram a ideia de criar um novo decreto (veja Daniel 6:1-9)? O que isso revela sobre o que eles sabiam a respeito da fé de Daniel em Deus?

5. Quais foram as formas como o povo de Israel quebrou princípios básicos dos Dez Mandamentos, segundo Oseias 4:1-2?

6. De acordo com Oseias 6:1-3, o que significa se arrepender da infidelidade espiritual? O que significaria para Israel "voltar" ao Senhor?

7. O que aprendemos sobre Judá, o Reino do Sul, em Oseias 11 e 12? Como você tem experimentado o amor de Deus? Quais são os efeitos desse amor?

8. Como você descreveria a mensagem ou exortação final de Oseias no capítulo 14? O que ele queria que seus leitores aprendessem (e fizessem) com base em sua profecia?

SEMANA 26

DEUS REQUER NOSSA OBEDIÊNCIA

JOEL 1—NAUM 3

LEITURAS DIÁRIAS: **176** | Joel 1–3 **177** | Amós 1–3 **178** | Amós 7–Obadias 1 **179** | Jonas 1–4 **180** | Miqueias 1–3 **181** | Miqueias 4–7 **182** | Naum 1–3

Tendemos a pensar em um profeta do Antigo Testamento como alguém que se opõe ao povo, clamando: "Arrependam-se!" ou "O fim está próximo!". De muitas maneiras, Joel atuou como esse tipo de profeta. O contexto imediato de sua profecia foi uma invasão de gafanhotos que devastou as colheitas do povo no reino de Judá. No entanto, a visão de Joel também apontava para a futura invasão de Judá pelo exército da Babilônia: "um grande e poderoso exército" (2:2), que invadiria os muros de Jerusalém em número semelhante ao dos gafanhotos.

Além disso, a profecia de Joel aponta para o julgamento final de Deus contra o pecado e o mal, que ocorrerá em algum momento futuro, no que é chamado de "Dia do Senhor." Na segunda metade do capítulo 2, em específico no versículo 18, esse momento é alcançado quando a linha do texto profético muda decisivamente. A partir desse ponto, o foco da profecia de Joel se desloca do juízo presente para a restauração futura.

Amós exerceu seu ministério "nos dias de Uzias, rei de Judá, e de Jeroboão, filho de Jeoás" (1:1). Naquela época, embora a nação desfrutasse prosperidade material, espiritualmente vivia em profunda decadência. Por isso, Deus chamou Amós, um criador de ovelhas da Judeia, para profetizar fora de sua terra natal, no Reino do Norte, Israel. Amós iniciou sua mensagem anunciando juízos contra os inimigos de Israel, o que inicialmente deve ter agradado aos seus ouvintes. Entretanto, a cada juízo, ele se aproximava cada vez mais das fronteiras israelitas. Quando declarou o juízo de Deus contra Judá, ficou claro que o Senhor não faria acepção de pessoas. Por fim, Amós concentrou-se inteiramente em Israel, denunciando a irresponsabilidade, a idolatria e a corrupção moral do povo.

Amós conclui com cinco visões proféticas. Na primeira, ele vê um enxame de gafanhotos devorar a parte da colheita destinada ao povo: ou seja, depois que o rei já havia recebido a sua parte. Na segunda, o profeta vê um fogo que consome os campos e faz com que a reserva de água da nação seque. Na terceira, vê o Senhor segurando um prumo. Deus diz ao profeta que mediu a condição espiritual de Israel e a encontrou deficiente. A quarta visão é de um cesto de frutas maduras, enquanto a quinta é a visão do próprio Senhor. Todas elas confirmam o plano de Deus de derramar sua ira sobre Israel. Todavia, o livro termina em tom mais esperançoso, com a promessa de Deus de restaurar seu povo.

O pequeno livro de Obadias contém um julgamento contra Edom. A relação entre Israel e Edom foi conturbada desde o início. As duas nações descendem dos filhos gêmeos de Isaque: Esaú, o primogênito, foi chamado de "Edom" por causa de sua aparência avermelhada ao nascer e de seu gosto por ensopado vermelho (veja Gênesis 25:30). Os edomitas descendem dos filhos de Esaú, enquanto os israelitas descendem de Jacó. Séculos mais tarde, após o êxodo do Egito, os israelitas tentaram atravessar o território de Edom, mas o rei edomita não lhes deu permissão (veja Números 20:14-21). A partir daquele momento, Edom tornou-se inimigo de Israel. A profecia de Obadias anuncia o julgamento de Deus contra eles, além de reforçar a futura restauração de Israel.

Conquanto a maioria dos profetas ministrasse ao povo de Israel, o Senhor enviou Jonas (por volta de 760 a.C.) para proclamar uma mensagem de juízo divino a uma nação estrangeira. Deus o instruiu a ir para Nínive, a capital da Assíria. Mas, em vez de obedecer ao chamado de Deus, Jonas embarcou em um navio com destino a Társis – provavelmente na direção oposta de Nínive. Como resultado, Deus enviou uma grande tempestade sobre o mar, e os marinheiros temeram que o barco afundasse. Eles lançaram sortes e descobriram que Jonas era o causador da tempestade, o que fez com que aqueles homens, a pedido do próprio profeta, a lançassem Jonas ao mar. Deus, então, enviou

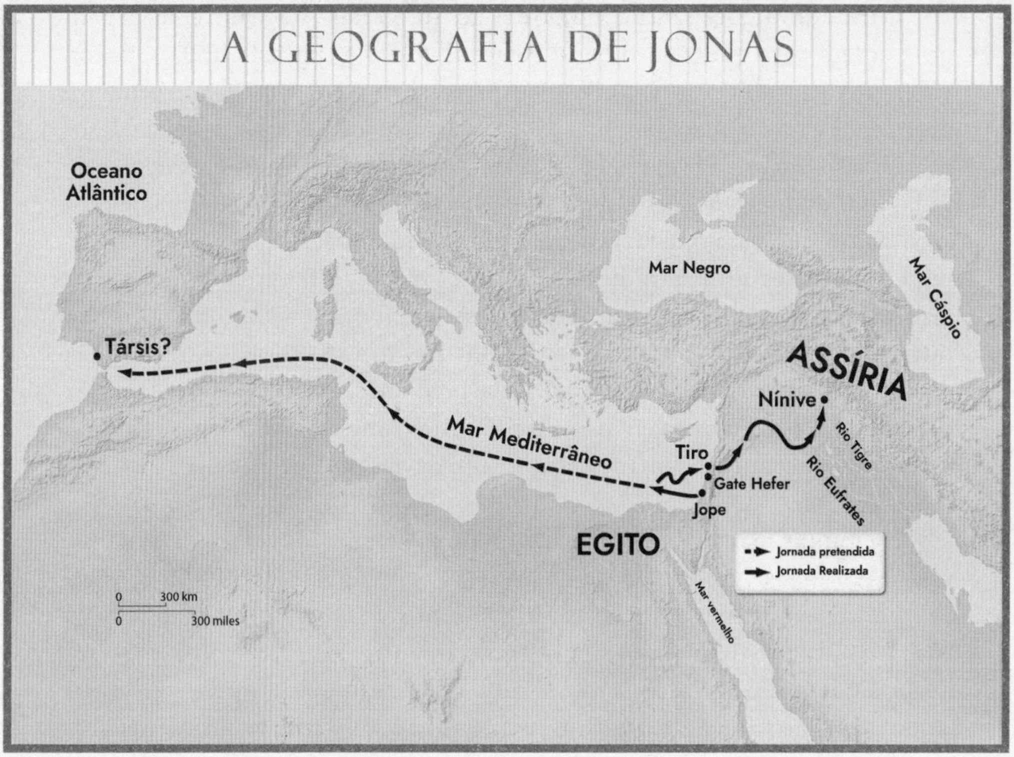

um grande peixe para engolir Jonas, e ele permaneceu no ventre desse peixe por três dias e três noites.

Deus fez com que o peixe vomitasse Jonas em terra firme, possivelmente perto de Jope, de onde ele havia partido. Desta vez, Jonas foi a Nínive e proclamou a palavra de Deus. O povo se arrependeu, o que deixou Jonas "profundamente descontente" (4:1), pois ele desejava que o juízo de Deus recaísse sobre eles. No fim, Deus deu a Jonas uma lição por meio de uma planta que lhe proporcionava sombra, a fim de mostrar seu cuidado por todas as pessoas, dizendo ao profeta: "[Os ninivitas] não sabem distinguir a mão direita da esquerda [...] Não deveria eu ter pena desta grande cidade?" (4:11).

Miqueias provavelmente estava vivo quando os assírios conquistaram o reino de Israel em 722 a.C. Ele também pode ter testemunhado o cerco malsucedido da Assíria contra Jerusalém em 701 a.C. Esses eventos, entre outros, deram a Miqueias uma clara compreensão dos perigos que os caminhos idólatras de Judá representavam. Mesmo quando os habitantes de Jerusalém se recusavam a acreditar que Deus permitiria um juízo real contra Sião, Miqueias sabia a verdade. Sua missão era proclamar essa verdade a um povo que não queria ouvi-la.

O livro de Miqueias está dividido em três "profecias". Cada um começa com uma ordem para que o povo ouça: "Ouçam, todos os povos!" (1:2); "Ouçam, vocês que são chefes de Jacó" (3:1); "Ouçam o que diz o SENHOR" (6:1). A primeira profecia descreve o juízo que Deus decretou contra Judá por causa de sua desobediência. A segunda profecia começa com uma denúncia contra os líderes de Judá, usando imagens fortes para chocá-los e tirá-los da complacência; e, em seguida, aponta para o reino milenar e a chegada do Messias em Belém. A terceira profecia segue uma tradição recorrente no Antigo Testamento, em que os profetas convocam os céus e a terra para servirem como testemunhas entre a humanidade e Deus: "Ouçam, ó montes, a acusação do SENHOR" (6:2). Miqueias encerra essa profecia declarando que Deus permanecerá fiel às alianças que fez com Israel. Chegará o dia em que ele cumprirá completamente a sua parte no acordo e abençoará um remanescente futuro da descendência de Abraão que se voltar para ele.

De muitas maneiras, a profecia de Naum é uma continuação daquela entregue por Jonas. A proclamação de Jonas sobre o juízo de Deus contra Nínive levou a um avivamento naquela cidade. No entanto, quarenta anos depois, os assírios atacaram e conquistaram o Reino do Norte, Israel e, em 701 a.C., tentaram sitiar Jerusalém. A profecia de Naum descreve de forma específica e visual a destruição de Nínive e do Império Assírio. E não se tratava de uma destruição qualquer: era o juízo de Deus. As profecias de Naum se cumpriram à risca quando uma coalizão liderada pela Babilônia derrotou a Assíria e destruiu Nínive em 612 a.C.

REFLEXÕES

Voltem para o Senhor de todo o coração. Os profetas muitas vezes transmitiam mensagens sobre o juízo iminente de Deus. Essas mensagens estavam de acordo com o caráter de Deus, "pois o Senhor é Deus de justiça" (Isaías 30:18), e ele pune o mal. No entanto, Deus também é misericordioso, e quer que os rebeldes abandonem sua rebeldia e se arrependam. Mesmo no meio das profecias de Joel sobre o Dia do Senhor, ele incluiu esse aspecto do caráter divino: "... ele é misericordioso e compassivo, tardio em irar-se e cheio de amor leal" (2:13). Todos nós pecamos em algum momento e estamos "destituídos da glória de Deus" (Romanos 3:23). O remédio para nossos atos pecaminosos é o arrependimento e o retorno a um relacionamento correto com Deus – amando-o e servindo a ele de todo o coração.

Não podemos subornar Deus. Amós foi um dos muitos profetas por meio dos quais Deus transmitiu sua mensagem de juízo iminente. Ezequiel, Jeremias, Oseias e outros profetizaram sobre a destruição de Israel e Judá pelas mãos de potências estrangeiras. Então, por que o povo ignorou esses avisos? Uma das razões parece ser o fato de que eles acreditavam que suas práticas espirituais – suas ofertas, sacrifícios e rituais – aplacariam a ira de Deus. É por isso que Amós 5:21 é tão chocante: "Eu odeio e desprezo as suas festas religiosas; não suporto as suas assembleias solenes". Era Deus falando, e isso era só o começo: "Mesmo que vocês me tragam holocaustos e ofertas de cereal, não me agradarei deles. Mesmo que me tragam as melhores ofertas de comunhão, não darei a menor atenção a elas." (v. 22). Os israelitas acreditavam, erroneamente, que poderiam usar ações externas para compensar sua pecaminosidade interior. Tentaram encobrir os pecados de seus lares com atividades piedosas no Templo. Mas todos esses esforços falharam. Deus deixou claro o destino deles: "Por isso, eu os enviarei para o exílio, para além de Damasco" (v. 27).

Deus ouve as orações do seu povo. Em Amós 7:1-3, o profeta teve uma visão de um enxame de gafanhotos devastando as colheitas de Israel. Em Amós 7:4, ele viu Deus convocar o fogo para participar do julgamento que consumia grande parte do território de Israel. Em ambas as ocasiões em que Amós recebeu essas visões, ele intercedeu em favor do povo. Pediu a Deus que cessasse seus juízos e, nas duas vezes, concluiu sua oração com essa súplica. E, em ambas as vezes, Deus respondeu retirando sua ira. O que aprendemos com essas visões? Antes de tudo, que Deus ouve as orações do seu povo. Como escreveu o apóstolo João: "Esta é a confiança que temos ao nos aproximar de Deus: se pedimos alguma coisa de acordo com a vontade dele, ele nos ouve" (1João 5:14). Deus não apenas ouve nossas orações, mas também as responde de acordo com sua vontade soberana.

> Pois o SENHOR, o Deus de vocês, [...] não age com parcialidade nem aceita suborno.
>
> Deuteronômio 10:17

Não fazer nada também é algo sério aos olhos de Deus. A Bíblia distingue os "pecados de comissão", ou seja, quando desobedecemos ativamente aos mandamentos divinos, dos "pecados de omissão", que ocorrem quando deixamos de fazer o que sabemos ser certo (veja Tiago 4:17). Esse princípio fica evidente no livro de Obadias. Os edomitas, ao se recusarem a ajudar seus parentes, tornaram-se repugnantes não apenas para o povo de Deus, mas também para o próprio Deus. Embora não tenham atacado ou ferido diretamente os israelitas durante aqueles encontros cruciais, falharam em ajudar seus "irmãos". Isso nos serve de alerta: muitos de nós procuramos evitar o que sabemos ser errado, mas, em nossa cultura, é comum negligenciar o que é certo. No entanto, essa postura está longe do que Deus espera de nós.

Deus é paciente conosco. A segunda chance que Jonas teve para obedecer ao Senhor foi um reflexo da paciência de Deus. O profeta já havia falhado ao tentar fugir da primeira ordem de Deus – algo que Jonas deveria saber ser impossível. Mesmo assim, Deus mostrou misericórdia ao seu profeta. Ele também demonstrou misericórdia ao povo de Nínive, conhecido por sua perversidade. A declaração de Jonas, "Daqui a quarenta dias, Nínive será destruída" (3:4), não era um blefe. Os assírios mereciam a ira de Deus, mas, por causa da graça do Senhor, foi lhes concedida salvação – algo que eles não mereciam.

Nossa missão é compartilhar o evangelho. Os assírios estavam presos em um padrão de paganismo e violência, sem saber "distinguir a mão direita da esquerda" (Jonas 4:11). Eles não tinham esperança de se achegar a Deus sem a intervenção do próprio Senhor. Por isso, Deus comissionou Jonas e o instruiu a compartilhar a verdade com aquele povo mergulhado em sua própria perversidade. O mesmo vale para todo seguidor de Cristo. Jesus ordenou a seus discípulos: "Vão pelo mundo todo e preguem o evangelho a todas as pessoas" (Marcos 16:15). Assim como Jonas, estamos cercados por pessoas que sofrem as consequências de sua própria injustiça e rebelião contra Deus. Essas pessoas estão perdidas sem a graça de Deus e não têm esperança de salvação. E, também como Jonas, nossa missão é ir e proclamar a Palavra de Deus àqueles que precisam ouvi-la.

Em Cristo, temos vitória. A situação para o povo "comum" nos dias de Miqueias era sombria. Deus estava prestes a julgar Judá não apenas pela idolatria de seus líderes, mas também por sua injustiça e corrupção. Os poderosos tratavam os mais fracos com crueldade, como se seus próprios compatriotas fossem animais prontos para o abate (veja Miqueias 3:2-3), enquanto sacerdotes e falsos profetas pregavam uma mensagem de prosperidade manipulada para satisfazer seus próprios interesses. Felizmente, Miqueias encerra sua segunda profecia com uma mensagem mais esperançosa. Quando o povo se volta para Deus e abandona seus pecados, ele promete consolo, proteção e paz. Não precisamos depositar nossa fé nas proteções deste mundo. Podemos confiar unicamente em Jesus, o Messias, que oferece a única proteção e refúgio de que precisamos.

A Palavra de Deus é verdadeira. Um dos elementos mais poderosos da profecia de Naum é a precisão com que previu a destruição da cidade de Nínive. Vale lembrar que Naum profetizou décadas antes de a cidade ser destruída. Mesmo assim, ele foi capaz de descrever as diferentes etapas do saque de Nínive como se tivesse testemunhado os eventos pessoalmente. Por exemplo, o profeta disse que Nínive terminaria "com uma enchente devastadora" (1:8), e isso aconteceu quando o rio Tigre transbordou, destruindo os muros da cidade o suficiente para permitir a invasão dos babilônios. Naum também profetizou que a cidade se esconderia (3:11), o que se cumpriu, pois ela só foi redescoberta após sua destruição no ano 1842 d.C. A precisão de Naum foi uma má notícia para Nínive, mas é uma boa notícia para os seguidores de Cristo, pois revela que todas as palavras de Deus são verdadeiras. Podemos confiar na precisão e veracidade da Bíblia.

PERGUNTAS DE ESTUDO

1. Que promessas Deus fez ao seu povo em Joel 2:18-27? Por que essas promessas foram especialmente importantes para o público original de Joel?

2. O que você aprende em Amós 4:6-13 sobre os métodos de Deus para chamar nossa atenção quando nos afastamos dele?

3. Deus chamou seu povo ao arrependimento em Amós 5:4-15. O que significa "buscar o Senhor" quando você é convencido do seu pecado?

4. Como devemos entender as queixas descritas em Obadias 1:10-14? Quais foram algumas das atitudes de Edom que despertaram a ira de Deus?

5. O que você aprende sobre o caráter e as motivações de Jonas com base nos capítulos 1 e 2? E sobre o caráter e as motivações de Deus nesses capítulos?

6. Quais são as evidências de avivamento e frutos espirituais em Nínive com base em Jonas 3:5-10? Quais são as semelhanças entre a missão de Jonas e a nossa missão como discípulos de Cristo?

7. A linguagem em Miqueias 3:1-7 é intencionalmente visual e chocante. O que Miqueias estava comunicando por meio desses versículos aos líderes de Judá?

8. O que Naum quer dizer ao escrever que “Deus [é] zeloso” (1:2)? Como Deus havia demonstrado ser “tardio em irar-se” (v. 3) diante das transgressões passadas de Nínive?

SEMANA 27

DEUS DESEJA QUE CUMPRAMOS NOSSAS TAREFAS

HABACUQUE 1— MALAQUIAS 4

LEITURAS DIÁRIAS: **183** | Habacuque 1—3 **184** | Sofonias 1—3 **185** | Ageu 1—2 **186** | Zacarias 1—5 **187** | Zacarias 6—9 **188** | Zacarias 10—14 **189** | Malaquias 1—4

O Império Assírio foi conquistado por uma coalizão de nações em 612 a.C. liderada por Nabopolassar, primeiro rei do Império Neobabilônico. Habacuque ministrou durante esse período. Por essa razão, ele ficou atônito ao saber que Deus pretendia usar os babilônios como instrumentos de juízo contra Judá. Habacuque compreendia o problema da idolatria em Judá, mas ficou extremamente perplexo com a solução de Deus para esse problema.

A princípio, Habacuque queria saber por que Deus havia demorado tanto para trazer juízo sobre o povo de Judá. Ele provavelmente tinha em mente as maldições que Moisés havia profetizado que cairiam sobre os israelitas caso não obedecessem ao Senhor nem seguissem seus mandamentos (veja Deuteronômio 28:15-68). Quando Deus respondeu que seu juízo já estava em andamento por meio da ascensão dos babilônios,

Habacuque questionou por que Deus usaria uma nação tão ímpia como ferramenta contra seu povo escolhido.

A resposta de Deus foi que os babilônios também não escapariam do seu juízo. O Senhor chegou a proclamar cinco "ais" que recairiam sobre diferentes classes da sociedade babilônica. Após essa resposta, Habacuque assumiu uma postura de oração e louvor, encerrando seu livro profético com a expressão de sua fé e confiança firmes no Senhor Deus.

Voltando um pouco no tempo, Sofonias exerceu seu ministério de profeta em Judá durante o reinado do piedoso rei Josias (c. 640-609 a.C.). No entanto, como vimos neste estudo, o contexto anterior era sombrio: o pai de Josias, Amom, e seu avô, Manassés, foram reis perversos que conduziram Judá por mais de cinquenta anos às trevas espirituais (c. 695-640 a.C.). Sofonias falou das consequências que o povo estava prestes a experimentar por causa de sua prolongada rebelião e idolatria.

Na época de Sofonias, a maioria das culturas seguia um sistema politeísta, no qual cada deus estava ligado a uma região geográfica específica. Por exemplo, certos deuses estavam associados a determinadas montanhas e eram adorados nos lugares altos. Outras regiões adoravam deuses relacionados a rios ou planícies. Conflitos entre nações e exércitos eram vistos como confrontos entre deuses regionais. Todavia, Sofonias proclamou que o Deus de Israel não era como esses supostos deuses que o povo adorava. Ele não estava limitado ao monte Sião ou às colinas da Palestina: ele reivindicava autoridade sobre todas as nações e povos.

Os três últimos profetas que aparecem no Antigo Testamento (Ageu, Zacarias e Malaquias) ministraram após o exílio. Ageu provavelmente retornou da Babilônia para Jerusalém durante a primeira leva de exilados sob a liderança de Zorobabel, em 538 a.C. É possível que Ageu até tenha sido levado ao cativeiro com Daniel em 586 a.C. O nome Ageu significa "festa", o que parece irônico quando consideramos o conteúdo disciplinar de sua mensagem. No entanto, Deus havia enviado seu povo de volta a Jerusalém para restabelecer as práticas de adoração e reconstruir sua cidade escolhida, o que certamente foi uma ocasião festiva.

Os exilados que retornaram ficaram desanimados com a oposição de seus vizinhos e, de forma equivocada, concluíram que não era o momento certo para reconstruir o Templo. Em vez disso, passaram a buscar riqueza. Da mesma forma que seus antepassados, eles deixaram de se importar com o reino de Deus e começaram a construir o seu próprio reino. Por meio de uma pergunta incisiva, o Senhor os lembrou de que não era certo morarem em casas revestidas enquanto o Templo permanecia em ruínas. Ele os exortou a refletirem sobre as consequências de sua indiferença.

Zacarias era um sacerdote que retornou a Judá com o primeiro grupo de exilados liderado por Zorobabel. Segundo a tradição, ele fazia parte da Grande Sinagoga – um conselho de 120 homens iniciado por Neemias e presidido por Esdras –, que mais tarde daria origem ao Sinédrio, os anciãos governantes da nação. Zacarias iniciou seu ministério dois meses após Ageu ter entregado suas primeiras profecias. O Senhor o usou para iniciar um avivamento, e usou Zacarias para fortalecê-lo.

A primeira seção de Zacarias (capítulos 1—6) é composta por oito "visões da noite", seguidas por quatro mensagens que Zacarias recebeu de Deus para entregar ao povo (capítulos 7—8). A seção final do livro de Zacarias (capítulos 9—14) descreve a rejeição do Messias em sua primeira vinda e sua aceitação na segunda vinda. Na verdade, Zacarias é o livro mais messiânico, apocalíptico e escatológico do Antigo Testamento. Embora trate de temas como arrependimento, salvação e santidade, seu foco principal é profético, com ênfase na pessoa de Jesus Cristo e em sua glória futura como fonte de consolo para Israel.

Depois de Zacarias, Deus levantou Malaquias para repreender e condenar os exilados pelos abusos cometidos durante o período de ausência de Neemias (c. 433-424 a.C.). Nessa época, o Segundo Templo já havia sido construído e os sacrifícios eram realizados ali. Mas os sacerdotes se tornaram cada vez mais complacentes e corruptos. Malaquias condenou esses abusos, denunciando o povo e chamando-o ao arrependimento. Quando Neemias retornou da Pérsia, ele também repreendeu esses abusos no Templo e no sacerdócio. Neemias ainda repreendeu o povo por violar o descanso sabático e os homens por se divorciarem ilegalmente de suas esposas judias para se casarem com mulheres gentias (veja Neemias 13).

A triste verdade é que, menos de cem anos após o retorno do cativeiro, o povo judeu havia afundado em um nível de pecado ainda mais profundo do que as iniquidades anteriores que provocaram as deportações assíria e babilônica. Além disso, o tão aguardado Messias ainda não havia chegado e não parecia estar próximo. Assim, Malaquias escreveu a profecia que serve como pedra angular do Antigo Testamento, na qual transmitiu a mensagem de Deus quanto ao julgamento de Israel por causa de seu pecado, bem como a promessa de que, um dia, quando os judeus se arrependessem, o Messias seria revelado e as promessas da aliança de Deus seriam cumpridas.

Após o ministério de Malaquias, seguiram-se quatrocentos anos de silêncio divino antes que outro profeta surgisse com uma mensagem vinda de Deus. Esse profeta foi João Batista, que proclamou: "Arrependam-se, pois o reino dos céus está próximo!" (Mateus 3:2). O Messias havia chegado.

REFLEXÕES

O tempo para se arrepender é agora. Pedro escreveu: "O Senhor não demora em cumprir a sua promessa, como alguns julgam. Ao contrário, ele é paciente com vocês e não quer que ninguém pereça, mas que todos cheguem ao arrependimento" (2Pedro 3:9). Deus foi paciente com Judá, enviando profetas para adverti-los sobre o que aconteceria se não se afastassem de seus pecados. Mas eles persistiram na idolatria. A mensagem de Sofonias, portanto, foi: "O tempo para se arrepender é agora!". O mesmo se aplica a nós. Deus nos convence do pecado e nos dá a oportunidade de nos arrependermos, mas precisamos reconhecer que isso é misericórdia da parte do Senhor e não devemos adiar a confissão de nossas transgressões.

Tome para si as prioridades de Deus. Deus enviou Ageu para levar uma mensagem clara ao seu povo: obedeçam ao Senhor mesmo quando as circunstâncias forem difíceis. O profeta proclamou: "Vejam aonde os seus caminhos os levaram" (Ageu 1:5). Esse mandamento pode ser traduzido por: "Reflitam sobre o modo como vocês têm vivido". Em essência, Deus estava dizendo ao seu povo: "Façam das minhas prioridades as suas prioridades!". Essa também é uma disciplina importante que precisamos exercitar. As prioridades e perspectivas do mundo não são as de Deus, mas, mesmo assim, elas tendem a infiltrar-se em nosso modo de pensar sem sequer nos darmos conta. Por isso, como cristãos, devemos reavaliar constantemente – às vezes até de instante em instante – nossas prioridades e atitudes, buscando sempre enxergar as coisas sob a perspectiva de Deus.

Jesus voltará. As profecias de bênçãos dadas por Deus em Zacarias tinham não apenas uma aplicação imediata ao povo judeu daquela época, mas também apontavam para eventos futuros. Por exemplo, a promessa de que ele retornaria a Sião indicava que reconstruiria seu Templo em Jerusalém naqueles dias, além de antecipar o momento em que entraria fisicamente em Jerusalém por meio de Cristo. Essa promessa ainda tem outro nível de cumprimento que está por vir, quando Jesus retornar para estabelecer seu reino terreno de mil anos em Sião. Jesus voltará. E ele estabelecerá um reino que governará todas as nações da terra.

PERGUNTAS DE ESTUDO

1. Considere a primeira pergunta de Habacuque ao Senhor em 1:1-4. Que problema ele estava apresentando a Deus? O que há de interessante na resposta de Deus nos versículos 5-11?

2. A denúncia de Deus contra os babilônios veio em cinco "ais" distintos (veja Habacuque 2:5-20). Qual desses "ais" é o mais devastador? Por que esse em particular?

3. O que Sofonias 1:4-6 ensina sobre a condição espiritual de Judá? Qual é o "sacrifício" que o Senhor diz ter preparado no versículo 8?

4. Se Deus não habita em construções feitas por mãos humanas, por que ele ficou indignado com o fato de o povo não ter reconstruído o seu Templo (veja Ageu 1:1-11)? Que questões mais profundas estavam em jogo nessa situação?

5. Quais imagens se destacam para você nas oito visões que Zacarias recebeu (veja Zacarias 1—6)? Qual foi a mensagem de Deus ao seu povo por meio dessas visões?

6. Do que o Senhor relembrou o povo de Judá sobre o que aconteceu com seus antepassados em Zacarias 6:8-14? Por que você acha que ele deu essa mensagem naquele momento?

7. Qual profecia sobre o Messias vindouro é dada em Zacarias 9:9-10? Como ela foi cumprida por Jesus (veja Mateus 21:1-11, Marcos 11:1-11, Lucas 19:28-44, João 12:12-19)?

8. Como as profecias de Malaquias 3:1 se relacionam com João Batista? O que Malaquias profetiza que ocorrerá quando o Messias aparecer (veja v. 2-7)?

NOVO TESTAMENTO

Mais de quatrocentos anos separam os eventos finais (Neemias 13:4-30) e a profecia final (Malaquias 1:1—4:6) registrados no Antigo Testamento dos primeiros acontecimentos narrados no Novo Testamento (Lucas 1:5-25). Como não houve nenhuma palavra profética de Deus durante esse período, alguns o chamam de "os quatrocentos anos de silêncio". No entanto, embora a voz de Deus tenha estado em silêncio, sua mão dirigiu ativamente os acontecimentos durante esses séculos.

Por cerca de duzentos anos, o Império Persa governou os judeus (539–332 a.C.). Eles permitiram que os israelitas retornassem, reconstruíssem e adorassem no Templo em Jerusalém. Por aproximadamente cem anos após o encerramento do cânon do Antigo Testamento, a Judeia continuou a ser um território persa sob autoridade do governador da Síria, com o sumo sacerdote exercendo certo grau de autoridade civil. Os judeus podiam observar seus preceitos religiosos sem qualquer interferência oficial do governo.

Entre 334 e 331 a.C., Alexandre, o Grande, da Macedônia, derrotou o rei persa Dario III em três batalhas decisivas que lhe deram o controle do Império Persa. Assim, a terra de Israel passou ao controle dos gregos em 332 a.C. Alexandre buscou levar a cultura grega, conhecida como helenismo, para as terras que conquistou. Essa política, mantida pelos sucessores de Alexandre, foi tão perigosa para a religião de Israel quanto o culto a Baal, pois o estilo de vida grego era atraente, sofisticado e sedutor - mas completamente ímpio.

O império de Alexandre foi dividido entre seus generais após sua morte em 323 a.C. Ptolomeu I Sóter assumiu o controle de Israel, e os ptolomeus governaram de 301 a.C. a 198 a.C. Durante esse reinado, os judeus desfrutaram de relativa liberdade religiosa, embora em um contexto de opressão econômica.

No entanto, em 198 a.C., Antíoco III derrotou Ptolomeu V Epifânio e tomou o controle da Palestina, colocando a Judeia sob domínio selêucida.

Antíoco IV Epifânio, um governante selêucida posterior (175-164 a.C.), profanou e saqueou o Templo de Jerusalém em 170 a.C. Em 167 a.C., ele ordenou uma "helenização" na Palestina e proibiu os judeus de obedecerem às suas leis, observarem o Sábado, celebrarem as festas, oferecerem sacrifícios e circuncidarem seus filhos. Os judeus também foram obrigados a oferecer sacrifícios impuros e a comer carne de porco.

Um sacerdote de idade avançada chamado Matatias e seus cinco filhos lideraram uma resistência judaica contra Antíoco e seus sucessores selêucidas. Após uma guerra de 24 anos (166-142 a.C.), os judeus conseguiram conquistar sua independência devido à crescente pressão romana sobre os selêucidas. Os descendentes de Matatias fundaram a dinastia hasmoneia, um nome derivado de Hasmon, um ancestral dos macabeus. Contudo, os hasmoneus logo começaram a adotar os costumes helenistas - justamente as práticas a que haviam resistido no início. A influência grega continuou na Palestina de 142 a.C. a 63 a.C., mas agora por meio dessa dinastia local.

A dinastia hasmoneia chegou ao fim em 63 a.C., quando Pompeu, um general romano, interveio em uma disputa entre dois candidatos ao sumo sacerdócio. A contínua instabilidade fez com que os romanos nomeassem um homem chamado Herodes, o Grande, como rei da Judeia. Ele era idumeu de nascimento, prosélito judeu e totalmente greco-romano em sua cosmovisão. Herodes governou a Palestina de 37 a.C. a 4 a.C., sendo o "rei dos judeus" quando Jesus nasceu (veja Mateus 2:1-2). Na segunda metade deste ano (semanas 28—52), você retomará a história a partir deste ponto no Novo Testamento, lendo um a dois capítulos por dia.

O Novo Testamento pode ser dividido em cinco seções. A primeira seção (Mateus—João) é conhecida como os Evangelhos, que significa "boas-novas". Os quatro Evangelhos são as boas-novas sobre os eventos mais significativos de toda a história: a vida, morte sacrificial e ressurreição de Jesus de Nazaré. Mateus escreveu principalmente para um público judeu, apresentando Jesus de Nazaré como o tão esperado Messias de Israel e rei legítimo. Marcos tinha como alvo um público romano. Lucas se dirigiu a um público gentio mais amplo. João, que escreveu o último Evangelho, enfatizou a divindade de Cristo e escreveu para fortalecer a fé de todos os crentes.

A segunda seção do Novo Testamento contém o livro histórico de Atos. Lucas, o autor, fornece informações sobre as três primeiras décadas da existência da igreja. Ele começa com a ascensão de Jesus ao céu e termina com a prisão de Paulo e sua viagem a Roma.

A terceira seção (Romanos—Filemom) é conhecida como as Epístolas Paulinas. Esses treze livros foram escritos por Paulo às igrejas em Roma, Corinto, na região da Galácia, Éfeso, Filipos, Colossos e Tessalônica. Paulo escreveu essas epístolas em resposta a determinadas questões que ocorriam nessas igrejas ou para responder perguntas da comunidade que congregava. Uma dessas epístolas, Romanos (uma igreja que Paulo nunca havia visitado), assume a forma de um tratado doutrinário. Paulo também enviou cartas a três pessoas: Timóteo e Tito, seus cooperadores; e Filemom, um membro respeitado da igreja em Colossos.

A quarta seção (Hebreus–Judas) é conhecida como as Epístolas Gerais. Essas cartas foram escritas por apóstolos e líderes da igreja primitiva (Tiago, Pedro, João, Judas) tanto para judeus quanto para gentios, principalmente com o objetivo de encorajar os crentes em um tempo de perseguição crescente e de adverti-los contra falsos mestres. Uma das cartas, Hebreus, foi escrita por um autor desconhecido para um público predominantemente judeu.

A seção final do Novo Testamento contém o livro profético do Apocalipse. O título vem do grego apokalupsis, que significa "uma revelação", "um desvendar" ou "uma manifestação". Escrito pelo discípulo João, o último apóstolo sobrevivente, na década final do primeiro século (c. 94-96 d.C.), o livro registra uma série de visões que João recebeu enquanto estava exilado na ilha de Patmos. João revela o que acontecerá nos "fim dos tempos", inclusive a configuração política final do mundo, a última batalha da história humana, as ações e derrota final do Anticristo, o reinado milenar de Cristo na terra (conhecido como o milênio), a derrota definitiva de Satanás e a criação de novos céus e nova terra.

SEMANA 28

JESUS É O REI PROMETIDO

MATEUS 1–11

LEITURAS DIÁRIAS: 190 | Mateus 1–2 191 | Mateus 3 192 | Mateus 4
193 | Mateus 5–6 194 | Mateus 7 195 | Mateus 8–9 196 | Mateus 10–11

Mateus registra, para um público predominantemente judeu, as boas-novas sobre os eventos mais significativos de toda a história: o nascimento, a vida, a morte sacrificial e a ressurreição de Jesus de Nazaré. O tão esperado Messias, o legítimo Rei de Israel, cumpriu inúmeras profecias do Antigo Testamento. Mas, para ser proclamado como o Rei dos judeus, seria necessário comprovar sua origem na linhagem real reconhecida.

Desde a genealogia inicial, que estabelece sua descendência direta de Davi, até os eventos que marcaram sua concepção milagrosa e seu nascimento – como a visita dos magos, a perseguição de Herodes, a proteção divina sobre o menino Jesus e o envio de João como seu arauto –, tudo apontava para a sua realeza. Após o chamado divino de Cristo, sua coroação por meio do batismo e da unção pelo Espírito, ele foi duramente provado no deserto. As recusas de Jesus às tentações de Satanás demonstraram ainda mais sua realeza divina e seu poder absoluto sobre o inferno e o pecado. Jesus suportou a tentação até o limite máximo do poder de Satanás e resistiu até esse limite.

Testado, provado e triunfante, o Rei Jesus deu início ao seu ministério público. Em uma mensagem poderosa, abrangente e concisa, o Senhor apresentou as verdades fundamentais do evangelho do reino que veio proclamar. Essa mensagem contínua do Senhor, tradicionalmente chamada de Sermão do Monte, trouxe verdades revolucionárias à mente dos religiosos judeus que a ouviram. As declarações de Cristo continuam causando grande impacto na mente dos leitores há mais de dois mil anos.

Ali estava o manifesto do novo Rei, que inaugurava uma nova era com uma nova mensagem sobre a verdadeira justiça. A maioria dos judeus na época de Jesus esperava que o Messias, o "Ungido", fosse, sobretudo, um líder militar e político capaz de libertá-los do domínio romano e estabelecer um reino judeu próspero e dominante sobre todas as nações. Imaginavam alguém maior do que qualquer rei, líder ou profeta de sua história, um governante de um grande Estado de Bem-Estar, onde até as necessidades mais básicas seriam atendidas. Mas Jesus não se permitiu ser confundido com esse tipo de rei. Sua mensagem e atuação como Rei prometido eram, antes e acima de tudo, internas e não externas; espirituais e morais em vez de físicas e políticas.

Antes desse sermão inaugural, Jesus percorria a Galileia, ensinava nas sinagogas e pregava o evangelho do reino. Sua qualificação legal havia sido estabelecida por meio de sua genealogia; sua qualificação profética, pelo cumprimento das profecias em seu nascimento; sua qualificação divina, pela própria declaração do Pai em seu batismo; sua qualificação espiritual, por sua perfeita resistência às tentações de Satanás; e sua qualificação teológica, pelo ensino do Sermão do Monte. Agora, outra qualificação era apresentada de forma dramática: o poder divino de Jesus para curar. Ao realizar esses milagres, Jesus confirmava sua divindade e sua identidade de Salvador do mundo.

Não é de admirar que os milagres de Jesus tenham atraído atenção imediata e generalizada. Para um povo que raramente tinha meios para aliviar sequer os sintomas de uma doença, a possibilidade de uma cura completa era quase inacreditável. Mesmo o boato de algo assim bastava para atrair uma multidão de curiosos e esperançosos. Por um breve período, doenças e outras aflições físicas foram praticamente eliminadas enquanto Jesus percorria a região, curando milhares.

Jesus declarou em várias ocasiões que suas obras milagrosas, por si só, já eram provas suficientes para que as pessoas cressem nele. Milagres como aqueles jamais haviam sido vistos antes e só podiam ter origem divina. Por isso, a rejeição posterior por parte dos escribas, fariseus, saduceus e outros líderes religiosos se tornou ainda mais condenatória. Ninguém podia negar os sinais que ele realizava. Diante de provas tão claras, cada milagre de Jesus se tornava, para os incrédulos, uma acusação silenciosa de sua recusa em crer.

Ao chamar e enviar os doze discípulos, Jesus não o fez com base em méritos pessoais, habilidades naturais ou fidelidade prévia, mas unicamente com base no que ele poderia realizar por meio deles, por seu próprio poder. Entre as palavras de Cristo a eles em seu segundo sermão estavam advertências sobre como o ministério deles seria recebido, além de observações finais sobre o custo do ministério. Em seguida, vemos as reações de diversos indivíduos e grupos diante das evidências que Jesus apresentava sobre sua identidade divina. Muitas vezes, essas respostas eram negativas, cheias de dúvida, crítica e indiferença.

Ainda assim, mesmo que a sombra da rejeição nunca desapareça da história de Jesus, a verdade permanece: ele é o Rei vitorioso, que um dia voltará com poder e grande glória.

REFLEXÕES

A vida de Jesus é prova de seu nascimento sobrenatural. Após Maria ter sido prometida em casamento a José, "ficou grávida por meio do Espírito Santo" (Mateus 1:18). O nascimento sobrenatural de Jesus é a única explicação possível para a vida que ele viveu. Um cético que negava o nascimento virginal certa vez perguntou a um cristão: "Se eu dissesse que uma criança qualquer nasceu sem um pai humano, você acreditaria em mim?". O crente respondeu: "Sim, se ela vivesse como Jesus viveu". A maior evidência do nascimento sobrenatural e da divindade de Jesus é a sua vida.

Jesus nos mostra como vencer Satanás. A vitória de Jesus sobre Satanás nos revela o caminho para o sucesso. Podemos vencer a tentação ao resistir como Jesus resistiu: com obediência total a Deus e à sua Palavra. Encontramos ajuda contra a tentação, assim como encontramos ajuda para tudo na vida cristã, "tendo os olhos fitos em Jesus, autor e consumador da nossa fé" (Hebreus 12:2). Um atleta que salta barreiras aprende rapidamente que, se olhar para os obstáculos, tropeçará. Por isso, ele mantém o foco na linha de chegada, ultrapassando os obstáculos conforme surgem. Da mesma forma, manter o olhar em Jesus é a nossa única esperança de resistir à tentação e correr com perseverança "a corrida proposta para nós" (v. 1).

Precisamos nascer de novo. Os ensinamentos de Jesus no Sermão do Monte revelam a necessidade do novo nascimento oferecido por Deus. As exigências da justiça do Senhor são elevadas e rigorosas demais para serem cumpridas pela força do homem. Somente aqueles que participam da natureza do Senhor, por meio de Jesus Cristo, podem satisfazer essas exigências. Os padrões estabelecidos

O TEMPLO DE HERODES

Herodes, o Grande, começou a realizar melhorias no "Segundo Templo" em 20 a.C., e, na época do ministério de Jesus, o Templo já tinha uma das estruturas mais impressionantes do mundo. Os edifícios do Templo eram feitos de mármore branco reluzente, e a parede leste da grande estrutura principal era coberta por placas de ouro que refletiam o sol da manhã, criando um espetáculo visível a quilômetros de distância. Todo o monte do Templo foi ampliado pelos engenheiros de Herodes, com o grande pátio no topo do monte praticamente dobrando de tamanho. Sob qualquer perspectiva, o complexo do Templo era uma obra magnífica.

por Jesus no Sermão do Monte vão muito além daqueles dados por Moisés na Lei, exigindo não apenas ações justas, mas também atitudes justas: não apenas que as pessoas *façam* o que é certo, mas que *sejam* justas (veja Mateus 5:17). Nenhuma parte das Escrituras mostra de forma mais clara a nossa condição e situação desesperadora sem o Senhor Deus.

PERGUNTAS DE ESTUDO

1. Quais são alguns dos títulos e descrições usados para se referir a Jesus em Mateus 1 e 2? Como Herodes reagiu ao saber que um novo Rei havia nascido em Belém?

2. Por que você acha que foi necessário que Jesus fosse batizado (veja Mateus 3:13-17)? Qual foi o significado desse ato realizado por Jesus?

3. Como você descreveria a mensagem central das Bem-Aventuranças em Mateus 5:3-12? Como você acha que as pessoas reagiram ao ouvir quem Jesus considerava "bem-aventurado"?

4. Como você resumiria o ensinamento de Jesus sobre a oração no Sermão do Monte (veja Mateus 6:5-15)? O que Jesus diz que devemos e não devemos fazer com relação à oração?

5. O que mais chama sua atenção na parábola dos construtores prudente e insensato em Mateus 7:24-29? O que Jesus estava destacando sobre aqueles que aceitam ou rejeitam seus ensinamentos?

6. Quantas doenças diferentes você consegue identificar em Mateus 8 e 9? Quais são alguns dos diferentes tipos de milagres que Jesus realizou?

7. Onde estava Mateus quando Jesus o chamou para segui-lo? Qual foi a reclamação dos fariseus quando Jesus compartilhou uma refeição com Mateus em sua casa (veja Mateus 9:9-13)?

8. Quais foram as instruções de Jesus aos Doze antes de enviá-los? Quais são algumas das declarações empolgantes e encorajadoras que ele lhes fez em Mateus 10?

SEMANA 29

JESUS É O REI GLORIOSO

MATEUS 12–20

LEITURAS DIÁRIAS: **197** | Mateus 12 **198** | Mateus 13 **199** | Mateus 14 **200** | Mateus 15–16 **201** | Mateus 17 **202** | Mateus 18–19 **203** | Mateus 20

Aquele que foi anunciado pelos profetas do Antigo Testamento havia chegado. Jesus veio oferecer salvação e o reino de Deus a Israel. Mas estava claro que os líderes judeus, assim como o próprio povo de Jesus, rejeitavam sua oferta. Em vez disso, a crescente incredulidade estava se moldando em uma determinação, por parte dos líderes religiosos da nação, de acabar com Cristo. Isso significava que o plano de Deus havia sido frustrado? Como seria, então, a natureza do reino?

Jesus abordou essas questões sobre o reino de Deus por meio de uma série de oito parábolas – uma forma comum de ensino judaico que usava objetos familiares para ilustrar uma verdade espiritual. A verdade central dessas parábolas era que o cumprimento final do reino externo e visível de Cristo seria adiado até o momento em que Israel cresse nele e o recebesse como Rei. Contudo, o reino espiritual e interior, presente na vida dos seus santos, já havia sido estabelecido. Por meio da vida e dos testemunhos deles, Jesus passaria a manifestar sua vontade na terra.

As parábolas proféticas de Jesus também ressaltavam a verdade de que algumas pessoas creriam no evangelho, mas muitas não. Diversos episódios da vida de Jesus confirmaram essa lei espiritual: a hostilidade em sua cidade natal, Nazaré; a dureza de coração do rei Herodes; a recepção superficial das multidões na multiplicação dos pães para 5 mil pessoas; a adoração dos doze discípulos após Jesus acalmar o mar tempestuoso; a fé desesperada de uma mulher cananeia; e as tramas sinistras dos líderes judeus que buscavam pegá-lo em alguma armadilha. No entanto, em meio a esse conflito do reino, vemos o coração compassivo de Jesus pelas pessoas ao realizar milagres ainda mais impressionantes.

Jesus refletia o coração compassivo de Deus. Ele não observava as necessidades das pessoas com frieza ou distanciamento, mas era profundamente tocado pela confusão, pelo desespero e pela condição espiritual perdida daqueles ao seu redor. Jesus sentia angústia genuína pelo sofrimento dos outros – fossem judeus ou gentios, homens ou mulheres, jovens ou idosos, ricos ou pobres. Em sua misericórdia, estendia compaixão até mesmo aos que buscavam sinais egoístas e revelava o amor de Deus até àqueles que ele sabia que o rejeitariam.

Esse Rei não era apenas compassivo, mas também glorioso. Um dia, quando Jesus estava na região de Cesareia de Filipe, ele deu aos discípulos uma espécie de "prova final", perguntando: "'E vocês, quem dizem que eu sou?' perguntou. Simão Pedro respondeu: 'Tu és o Cristo, o Filho do Deus vivo'" (Mateus 16:15-16).

Logo depois, Jesus subiu a um monte com Pedro, Tiago e João. Lá, ele passou por uma mudança dramática em sua aparência, uma transfiguração, para que os discípulos pudessem contemplar sua glória. É difícil imaginar a aparência de Jesus naquele momento, mas os escritores dos Evangelhos descreveram seu rosto brilhando como o sol, e suas roupas brilhando com um branco resplandecente. Na transfiguração, Deus mostrou que Jesus era seu único Filho, superior até mesmo a Moisés e Elias. O esplendor do reino de Cristo revelado nesse evento também foi uma prévia de sua majestade que será manifestada em sua segunda vinda.

Ao descerem do monte, Jesus encontrou seus discípulos envolvidos em uma discussão trivial. Provavelmente na casa de Pedro, eles debatiam sobre quem entre eles seria o maior. Jesus respondeu chamando uma das crianças (que talvez fosse da família de Pedro) para se aproximar. Ele se sentou diante deles, com a criança nos braços, e disse: "Em verdade lhes digo que, a não ser que vocês mudem e se tornem como crianças, jamais entrarão no reino dos céus" (Mateus 18:3). Assim, ele ensinou aos discípulos lições profundas sobre serem filhos de Deus.

Não é exagero dizer que esse único "sermão", proferido em um ambiente tão íntimo, foi o maior discurso que nosso Senhor já deu sobre a vida entre os redimidos em sua igreja. A primeira lição dessa mensagem magistral foi que todos que entram no reino devem fazê-lo como uma criança: com confiança e sem ambição por grandeza ou posição. Jesus, então, declarou: "Portanto, quem se faz humilde como esta criança é o maior no reino dos céus" (v. 4).

Através de Cristo, todos os que nele creem tornam-se filhos de Deus, adotados pela graça. Consequentemente, carregam a imagem da família de Deus e são coerdeiros com Jesus de tudo o que Deus possui. Mas há outro lado na filiação: os crentes também são filhos espirituais, com todas as fragilidades que a infância implica. Somos incompletos, dependentes, pequenos, inábeis,

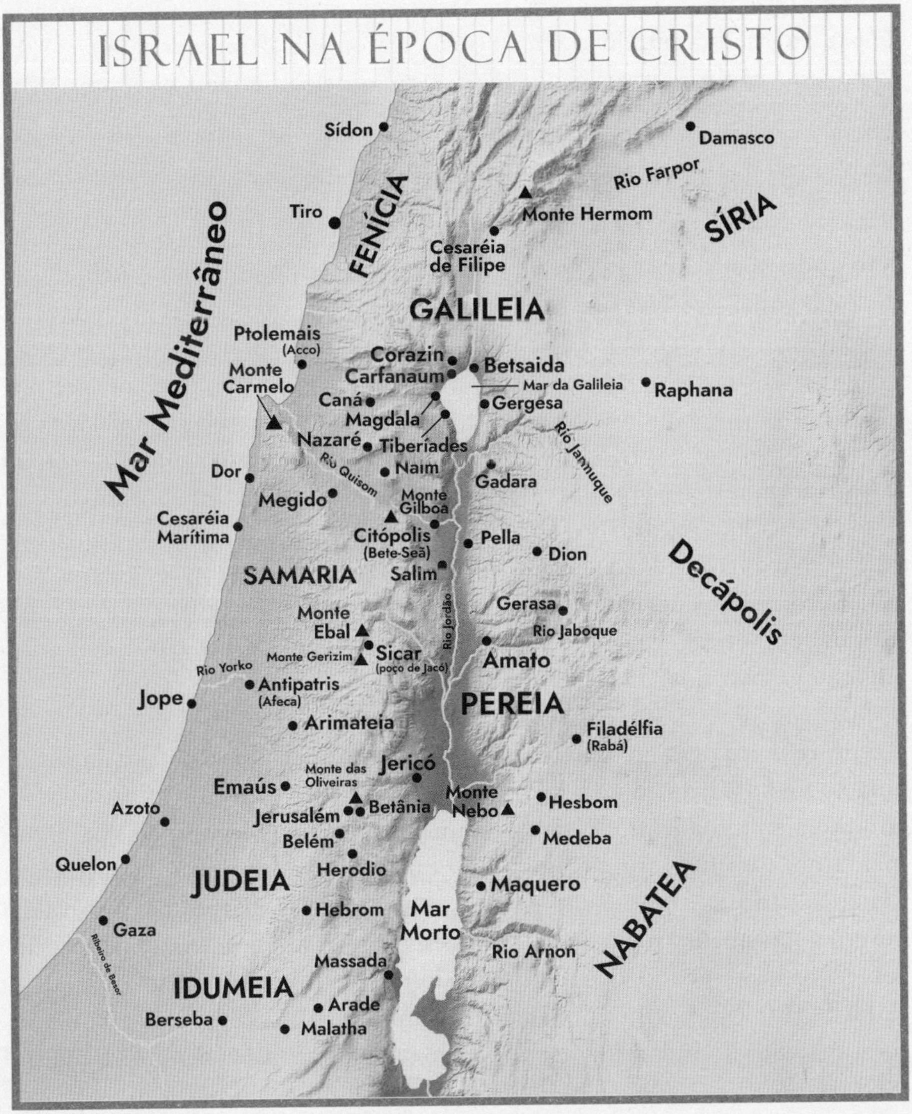

vulneráveis e imaturos. Por isso, Jesus ensinou que todos no Reino devem ser tratados como crianças, cuidados como crianças, disciplinados como crianças e perdoados como crianças.

Mais tarde, em contextos distintos e diante de diferentes ouvintes (os fariseus, seus discípulos, um jovem rico), Jesus contrastou a religião legalista com a graça e a verdade de Deus, bem como os valores da terra com as realidades do céu. Ele abordou diversos temas de importância vital: o casamento e o divórcio, a verdadeira grandeza, a falsa promessa das riquezas, a vida eterna e o juízo eterno.

A maioria das pessoas que se depararam com Jesus o queria conforme seus próprios termos. Mas ele não era um Messias que vinha oferecer uma panaceia de paz externa no mundo, e sim a bênção maior da paz interior com Deus. E, como Jesus não os salvaria conforme os termos deles, tampouco seriam salvos conforme os termos dele.

REFLEXÕES

Não podemos ficar cegos ao que Jesus está fazendo em nosso meio. Jesus disse em várias ocasiões que suas obras milagrosas deveriam ter sido mais do que suficientes para que as pessoas de seu tempo cressem nele como o Messias e o Filho de Deus. Por exemplo, em certa ocasião, ele disse: "Creiam em mim quando digo que estou no Pai e que o Pai está em mim; creiam ao menos por causa das mesmas obras" (João 14:11). Nunca antes haviam acontecido sinais tão extraordinários na terra, e esses sinais só poderiam ter uma origem divina. É isso que torna a rejeição dos líderes judeus da época de Jesus tão autoincriminadora. Ninguém podia negar que Jesus realizava milagres, e apenas uma resistência profundamente endurecida à verdade poderia levar alguém a rejeitar sua divindade diante de evidências tão esmagadoras. Assim, os que não acreditavam em Jesus eram condenados por cada milagre que ele realizava.

É sempre lícito praticar o bem. A tradição judaica proibia a prática da medicina no sábado, bem como a realização de trabalhos com fins lucrativos. No entanto, nenhuma lei do Antigo Testamento proibia colher espigas para alimentação, administrar remédios, curar ou realizar outros atos de misericórdia no Sábado. É sempre lícito praticar o bem. Jesus detém a prerrogativa de governar não apenas sobre regras sabatistas criadas por homens, mas também sobre o próprio sábado, que foi instituído para a adoração a Deus. "Porque o Filho do Homem é senhor do sábado" (Mateus 12:8). Essa foi uma afirmação inescapável da divindade de Jesus, e, como tal, provocou a violenta indignação dos fariseus.

Não rejeite Cristo. Quando as pessoas têm a oportunidade de ouvir a Palavra de Deus – e até mesmo vê-la demonstrada em forma de milagres –, mas ainda assim a rejeitam, sua culpa é intensificada. É muito melhor não ter ouvido nada sobre Cristo do que ouvir a verdade e ainda assim rejeitá-lo! "Porque, se nós pecarmos deliberadamente depois que recebemos o conhecimento da verdade, já não resta sacrifício pelos pecados, mas apenas uma terrível expectativa de juízo" (Hebreus 10:26-27). Quanto maior o privilégio que uma pessoa recebe, maior é sua responsabilidade, e, quanto maior a luz recebida, maior será o castigo por não tê-la acolhido.

Siga o caminho de Cristo. Aqueles que viram e ouviram Jesus não o rejeitaram por falta de provas: o rejeitaram *apesar* das provas abundantes. Eles não o rejeitaram por falta de verdade, mas porque rejeitaram a verdade. Recusaram o perdão porque queriam manter seus pecados. Negaram a luz porque preferiam as trevas. A razão para rejeitar o Senhor sempre foi que as pessoas preferem o seu próprio caminho ao dele. "Quem nele crê não é condenado, mas quem não crê já está condenado, por não crer no nome do Filho Unigênito de Deus. Este é o julgamento: a luz veio ao mundo, mas os homens amaram as trevas no lugar da luz" (João 3:18-19).

Seja compassivo com os outros. O verbo grego traduzido por *compaixão* significa literalmente "ser movido nas entranhas", o lugar onde as culturas antigas acreditavam que residiam as emoções. Cristo refletia o coração compassivo de Deus e teve esse tipo de "movimento nas entranhas" por aqueles em sofrimento, confusos, em desespero e espiritualmente perdidos. Jesus sentia dor e experimentava uma angústia genuína pelo sofrimento de *todas* as pessoas. Em sua grande misericórdia, Cristo estendeu sua compaixão até mesmo àqueles que o procuravam apenas para ver a realização de milagres e sinais. Ele revelou o coração amoroso de Deus até mesmo para com aqueles que não entenderiam, nem creriam, e que, no fim, iriam rejeitá-lo.

Produza bons frutos. Os verdadeiros seguidores de Jesus não apenas ouvem e compreendem a mensagem de Cristo, mas também produzem frutos. O fruto espiritual é o resultado inevitável da vida espiritual. Há o "fruto espiritual" das atitudes, como descrito por Paulo: "Entretanto, o fruto do Espírito é amor, alegria, paz, paciência, amabilidade, bondade, fidelidade, mansidão e domínio próprio" (Gálatas 5:22-23). Os verdadeiros cristãos também produzem "fruto" em seu comportamento, os quais Paulo chamou de "fruto da justiça, fruto que vem por meio de Jesus Cristo, para glória e louvor de Deus" (Filipenses 1:11).

O fruto é a evidência da obra do Espírito Santo na vida dos filhos de Deus. Jesus declarou que os ramos verdadeiros e os falsos – aqueles que estão genuinamente ligados a ele e os que apenas aparentam estar – se distinguem pelo fato de produzirem ou não frutos (veja João 15:2-5). Não somos salvos por produzir frutos ou por qualquer outra boa obra, pois não podemos produzir fruto espiritual ou realizar qualquer obra verdadeiramente boa antes de sermos salvos, mas somos salvos para produzir frutos.

Os crentes são como crianças. Como Jesus explicou, a conversão exige que nos tornemos como crianças. Uma criança é dependente, simples, sem pretensão e sem ambição. Embora não sejam isentas de pecado e revelarem desde cedo a natureza caída da humanidade, as crianças ainda assim são inocentes em muitos aspectos, confiam facilmente nos outros e não buscam grandeza. Foi sobre quem se humilha como uma criança que Jesus declarou ser o maior no reino dos céus. Aos olhos de Deus, quem se rebaixa é quem será exaltado; quem genuinamente se considera o menor é quem Deus considera o maior. "O maior entre vocês deverá ser servo", disse Jesus aos fariseus autossuficientes. "Pois todo aquele que se exaltar será humilhado, e todo aquele que se humilhar será exaltado" (Mateus 23:11-12). Se alguém não estiver disposto a se humilhar como Jesus "humilhou-se" (Filipenses 2:8), não terá lugar no reino de Jesus. Para os judeus que se consideravam justos por seus próprios méritos e acreditavam que sua justiça agradava a Deus, essa verdade foi um golpe devastador.

O SIGNIFICADO DE "CRISTO" (Mateus 16)

O termo *Cristo* significa literalmente "o Ungido". *Messias*, o equivalente hebraico de Cristo, era um termo empregado no Antigo Testamento para se referir a profetas (veja 1Reis 19:16), sacerdotes (veja Levítico 4:5,16) e reis (veja 1Samuel 24:6,10), no sentido de que todos eram ungidos com óleo. Essa unção simbolizava uma consagração para o ministério da parte de Deus. Jesus Cristo, como o Ungido, seria o supremo Profeta, Sacerdote e Rei (veja Isaías 61:1). Pedro, com sua confissão marcante ("Tu és o Cristo, o Filho do Deus vivo" [Mateus 16:16]), estava declarando sua fé em Jesus como o Messias prometido.

PERGUNTAS DE ESTUDO

1. Qual foi a origem dos conflitos entre Jesus e os líderes religiosos em Mateus 12:1-13? Que conclusões os fariseus tiraram sobre Cristo?

2. Quais são as lições contidas na parábola do semeador (veja Mateus 13:1-17)? Qual foi a explicação de Jesus sobre a parábola do joio (veja v. 24-30)?

3. A multiplicação dos pães para cinco mil pessoas, conforme relatada em Mateus 14:13-21, é registrada em todos os quatro Evangelhos. Quais são os detalhes mais importantes desse milagre de Jesus?

4. Por quais violações da Lei mosaica Jesus repreendeu os fariseus em Mateus 15:1-11? Como Jesus respondeu ao saber que os fariseus se ofenderam com suas palavras?

5. O que aconteceu quando Jesus perguntou aos seus discípulos sobre sua "reputação" em Mateus 16:13-20? O que você acha que esse momento significou?

6. O que a Transfiguração revelou sobre Jesus (veja Mateus 17:1-13)? Por que você acha que os discípulos que testemunharam esse evento não foram transformados para sempre por ele?

7. Como Jesus ensinou uma lição a seus discípulos implicantes ao chamar uma criança pequena? O que Jesus diz sobre um crente que induz outros ao pecado (veja Mateus 18:1-9)?

8. Como Jesus respondeu ao jovem rico? O que Jesus disse sobre os discípulos que deixaram tudo para segui-lo (veja Mateus 19:16-30)?

SEMANA 30

JESUS É O REI VITORIOSO

MATEUS 21–28

LEITURAS DIÁRIAS: **204** | Mateus 21 **205** | Mateus 22–23 **206** | Mateus 24
207 | Mateus 25 **208** | Mateus 26 **209** | Mateus 27 **210** | Mateus 28

Nos tempos antigos, a coroação de um monarca envolvia uma exibição de grande esplendor e pompa. O rei prestes a ser coroado vestia as túnicas e joias mais caras e era conduzido pela capital em uma carruagem ornamentada puxada por cavalos imponentes. Ao seu redor, marchavam os membros da corte e representantes de outras nações, seguidos por uma escolta formada pelos mais valorosos soldados do reino. No clímax desses eventos, o rei recebia um cetro ou participava de algum outro ritual que simbolizava a transferência de poder para suas mãos. Cada parte da cerimônia era projetada para destacar a majestade, glória e dignidade do rei.

A entrada de Jesus em Jerusalém, montado em um jumento, marcou a coroação mais significativa da história – porém em total contraste com as cerimônias tradicionais. Jesus foi reconhecido como Rei e, de certo modo, entronizado. No entanto, não houve pompa, apenas uma breve espécie de solenidade. Breve porque, apenas alguns dias depois, a mesma multidão o rejeitaria e denunciaria, clamando por sua morte quando ele não correspondeu às expectativas.

Antes de ir para a cruz, Jesus entregaria sua mensagem final – conhecida como o Discurso do Monte das Oliveiras – a seus discípulos no monte das Oliveiras. Três vezes, nos dias anteriores, ele havia predito sua morte a eles. Desta vez, falou sobre sua segunda vinda e os eventos extraordinários a ela associados, quando retornaria para estabelecer seu reino milenar na terra.

A mensagem foi motivada pela pergunta dos discípulos: "Diz-nos quando acontecerão essas coisas? Qual será o sinal da tua vinda e do fim desta era?" (Mateus 24:3). A resposta que Jesus deu é a mais longa registrada a qualquer pergunta feita no Novo Testamento. Todavia, seu propósito era trazer clareza e encorajamento, não complexidade e ansiedade. Os discípulos não eram homens eruditos, e as verdades comunicadas por Jesus eram essenciais para que entendessem seu futuro retorno à terra em glória no fim dos tempos.

Mesmo na noite anterior à crucificação, Jesus outra vez lembrou seus discípulos de que um dia voltaria. Antes, porém, teria de sofrer e morrer. A ordem e o momento dos acontecimentos ocorreram exatamente conforme o plano de Deus. O tempo apropriado para a morte de Jesus era *agora*, durante a Páscoa. Era quando os cordeiros sacrificiais eram mortos, e essa celebração apontava para o Cordeiro de Deus que, como João Batista havia proclamado, tira o pecado do mundo (veja João 1:29). Os sacrifícios de todos os outros cordeiros eram apenas sombras do que o verdadeiro Cordeiro estava prestes a realizar.

Houve muitas ocasiões no passado em que se tentou matar Jesus, mas esses intentos não obtiveram êxito. A primeira tentativa contra sua vida ocorreu pouco após seu nascimento, quando Herodes mandou massacrar todos os meninos nascidos em Belém e arredores. Deus enviou um anjo para advertir José, instruindo-o a levar Jesus e Maria ao Egito, onde permaneceriam até que o perigo cessasse. Em outra ocasião, em Nazaré, sua cidade natal, os habitantes se enfureceram com sua declaração de que estava cumprindo a profecia de Isaías. Conseguiram conduzi-lo até a beira de um precipício nos arredores da cidade, com a intenção de matá-lo. Mas, antes disso, Jesus milagrosamente passou por entre eles e seguiu seu caminho. Os líderes religiosos dentre os judeus passaram a conspirar contra a vida de Jesus logo no início de seu ministério público, mas não foram capazes de levar a cabo esse propósito.

As tentativas de matar fracassaram porque ainda não era o tempo determinado por Deus, nem o modo por ele estabelecido para a morte de seu Filho. Somente a graça soberana de Deus poderia conduzir Jesus à cruz. Nenhum poder humano poderia ter realizado isso à revelia da vontade divina, e tampouco algum poder humano poderia impedir sua morte ocorresse, pois tratava-se do plano de Deus.

Tudo o que precedeu este momento foi apenas um prólogo da narrativa sagrada do plano redentor de Deus. Tudo nessa narrativa converge para a cruz de Cristo. Ela é o clímax das Escrituras e da história da redenção – a única esperança eterna para a humanidade caída. É somente por meio da cruz de Cristo que o Senhor proveu o caminho para que pecadores fossem salvos e reconciliados com ele, o Deus santo. Não há salvação, não há evangelho, não há cristianismo bíblico sem a cruz de Cristo.

À medida que o Rei dos céus se aproximava da hora de seu sofrimento e morte, a hostilidade dos líderes judeus aumentava. A oposição por parte do seu próprio povo crescia. Seus discípulos tornaram-se temerosos. Jesus foi ao jardim do Getsêmani, onde orou: "Meu Pai, se for possível, afasta de mim este cálice; contudo, não seja como eu quero, mas como tu queres" (Mateus 26:39). Logo depois, Jesus foi preso e levado a julgamento. Em seguida, veio a sentença de morte, proferida pelo governador romano Pôncio Pilatos.

Jesus foi conduzido até a cruz, executado e sepultado. Em seguida, vemos a ressurreição do Senhor e ouvimos suas últimas e triunfantes instruções aos discípulos, quando lhes confia sua Grande Comissão, ordenando-os a ir e fazer discípulos de todas as nações. Cada acontecimento, cada diálogo, nos últimos dias do ministério de Jesus era mais uma oportunidade de iluminar as trevas do mundo com a luz da verdade de Deus.

Ao longo das páginas da história, o verdadeiro Rei de Israel percorreu o caminho desde uma manjedoura em Belém até uma cruz nos arredores de Jerusalém com um único propósito: ser crucificado, não coroado. Contudo, um dia ele será coroado de uma maneira perfeitamente apropriada. Um dia, ele voltará nas nuvens do céu com poder e grande glória. Nesse dia, Satanás será derrotado para sempre, a maldição será removida, a criação será libertada e restaurada, o pecado e a morte serão vencidos, os santos serão glorificados, e Cristo será adorado como o Rei vitorioso.

REFLEXÕES

Vamos a Jesus nos termos *dele*. Como já foi observado, muitas das pessoas retratadas no Evangelho de Mateus queriam um Messias moldado às suas próprias expectativas. Recusavam-se a se submeter a um Rei que não se encaixasse em seus desejos – mesmo que ele fosse o Filho de Deus. Queriam que Jesus destruísse Roma, mas não os seus pecados acariciados nem sua religião hipócrita e superficial. No entanto, Jesus não os libertaria da forma que eles gostariam. Muitas pessoas hoje também estão abertas a um Jesus que, segundo pensam, lhes dará riqueza, saúde, sucesso, felicidade e as coisas do mundo que desejam. Como a multidão na Entrada Triunfal, elas proclamam Jesus com entusiasmo enquanto acreditam que ele satisfará seus desejos egoístas. Entretanto, como a mesma multidão poucos dias depois, elas o rejeitam e denunciam quando não age conforme suas expectativas. Quando confrontadas com seu pecado e com a necessidade de um Salvador, elas o amaldiçoam e se afastam. As palavras da multidão estavam corretas, mas seu coração, não. De todo modo, Jesus viera naquele momento não para ser coroado, mas para ser crucificado. Um dia, porém, ele será coroado de uma forma perfeitamente apropriada.

Devemos ter expectativa pela volta de Jesus. O tema da segunda vinda de Cristo é um fio condutor no Novo Testamento e a grande realidade antecipatória da vida cristã. O retorno do Senhor será tão real e marcante quanto sua primeira vinda ao mundo. Os crentes olham para trás, recordando-se do momento em que a fé em Cristo os salvou e sua alma foi redimida. Mas também olham para a frente, para o retorno de Cristo, quando seu corpo será redimido e entrará na plenitude prometida da salvação. Naquele dia, Satanás será derrotado; a maldição será removida; Cristo será adorado; a criação será libertada e restaurada; o pecado e a morte serão vencidos; e os santos serão glorificados.

Devemos fazer discípulos para Cristo. A Grande Comissão é uma ordem para levar os descrentes a um conhecimento salvífico de Jesus Cristo. Os verdadeiros convertidos são *discípulos*: aqueles que aceitaram e se submeteram a Jesus. As pessoas verdadeiramente convertidas são cheias do Espírito Santo e recebem uma nova natureza que anseia obedecer e adorar o Senhor. Mesmo quando desobedecem, sabem que estão vivendo contra a natureza de sua nova identidade, que é honrar e agradar ao Senhor. A ordem suprema de Jesus, portanto, é de que aqueles que são seus discípulos se tornem seus instrumentos para fazer discípulos de todas as nações. O ministério terreno de Jesus foi fazer discípulos para si, e esse é o ministério do seu povo.

PERGUNTAS DE ESTUDO

1. Quais eventos ocorreram quando Jesus chegou a Jerusalém pela primeira vez (Mateus 21:1-17)? O que esses acontecimentos revelam sobre a pessoa de Jesus?

2. Qual foi o ponto principal de Jesus ao contar a parábola do banquete de casamento (veja Mateus 22:1-14)? O que Jesus estava dizendo sobre aqueles que são convidados para o reino de Deus?

3. Reserve um momento para reler o que Jesus disse ser o maior mandamento (veja Mateus 22:37-39). Como uma pessoa pode saber se tem obedecido a esse mandamento?

4. O que o lamento de Jesus sobre a cidade de Jerusalém revela sobre o coração de Deus (veja Mateus 23:37-39)? E o que isso revela sobre o coração humano?

5. Como Jesus descreveu a tribulação do fim dos tempos? O que ele disse sobre sua segunda vinda (veja Mateus 24:29-31)?

6. Qual foi a principal lição da parábola das dez virgens contada por Jesus (veja Mateus 25:1-13)? Como essa lição se aplica à volta de Cristo?

7. A parábola da figueira é extremamente curta (veja Mateus 24:32-35). Que mensagem Jesus estava transmitindo ao povo por meio dessas poucas palavras?

8. Quais detalhes sobre a prisão, julgamento e crucificação de Jesus você notou pela primeira vez durante sua leitura desta semana (veja Mateus 26:47-56; 27:11-26,32-56)?

SEMANA 31

JESUS É O SERVO SOFREDOR

MARCOS 1—16

LEITURAS DIÁRIAS: **211** | Marcos 1—3 **212** | Marcos 4—5 **213** | Marcos 6—8 **214** | Marcos 9—10 **215** | Marcos 11—12 **216** | Marcos 13—14 **217** | Marcos 15—16

Quando Jesus ministrou na terra, ele fez mais do que apenas ensinar as pessoas. Ele foi um homem de ação. Era mais do que um mensageiro do evangelho: ele *era* o evangelho. As boas-novas de Deus estavam presentes em sua vida, em seu ensino, em sua morte e em sua ressurreição. Por meio de sua humildade e humanidade, seu serviço e sacrifício, Jesus provou ser o servo supremo.

O relato focado na ação da vida de Jesus no Evangelho de Marcos apresenta brevemente João Batista como o precursor do Messias e, em seguida, volta os holofotes para o Servo de Deus. Logo após o batismo e a tentação de Jesus, ele chega à Galileia, onde chama seus primeiros discípulos (Pedro, André, Tiago e João) e inicia uma jornada de pregação e realização de milagres que deve ter durado semanas. Os acontecimentos seguintes estabelecem o cenário para tudo o que virá: uma série de controvérsias (ou episódios de "conflito") com os líderes judeus, começando com o incidente em que os discípulos de Jesus colhem cereais no sábado.

O contraste entre a recepção de Jesus por seus verdadeiros discípulos e a oposição a ele por parte dos "religiosos" de sua época era evidente desde o início. Os líderes religiosos de Israel eram formados por quatro diferentes seitas: os fariseus, os saduceus, os escribas e os mestres da lei. E todas estas facções invejavam a popularidade de Jesus entre o povo. Além disso, os líderes religiosos se ressentiam do fato de Jesus expor sua hipocrisia e justiça própria. Suas declarações de ser o Messias e o Filho de Deus — afirmações que, aos olhos deles, eram uma blasfêmia escancarada — deixavam-nos furiosos.

As tensões crescentes entre Jesus e os líderes judeus prenunciavam um confronto mortal. Especificamente, é último dos episódios de conflito — quando Jesus cura a mão ressequida de um homem no sábado — que leva os fariseus legalistas a começarem a conspirar sobre como acabar com Jesus. A tradição deles proibia a prática medicinal nesse dia de adoração e descanso, exceto em situações de risco de vida. No entanto, nenhuma lei do Antigo Testamento proibia curar ou praticar atos de misericórdia no sábado.

A autoridade de Cristo de governar não se limitava às regras do sábado criadas por homens: ela se estendia sobre o próprio sábado, o que constituía uma afirmação inegável de sua divindade e, como tal, resultou na indignação dos fariseus. Isso, por sua vez, levou Cristo a se retirar para o mar da Galileia com uma grande multidão vinda de muitos lugares, onde ele nomeou o restante de seus discípulos.

A Bíblia afirma claramente que Jesus, como um homem de ação, não "veio para ser servido, mas para servir e dar a sua vida em resgate por muitos" (Marcos 10:45). Transmitir a verdade de Deus a um mundo envolto em trevas foi uma das maneiras pelas quais Jesus serviu àqueles a quem veio salvar. Muitas vezes, Jesus ensinava o povo por meio de parábolas, como as do semeador, da lâmpada, da semente e do grão de mostarda. Essas histórias curtas, simples e ligadas à realidade terrena comunicavam verdades eternas e revelavam mistérios até então desconhecidos sobre o reino de Deus aos crentes e para ocultar essa verdade dos descrentes.

> O sábado foi feito por causa do homem, não o homem por causa do sábado. Assim, pois, o Filho do homem é Senhor até mesmo do sábado.
>
> Marcos 2:27-28

Outra forma pela qual Jesus serviu foi ao livrar as pessoas de certos sofrimentos temporais. Em toda a história do Antigo Testamento, nunca houve uma pessoa que demonstrasse um poder de cura tão grande quanto Jesus. As curas físicas eram raras no Antigo Testamento, mas Cristo escolheu manifestar sua divindade pela cura, ressurreição dos mortos e libertação de demônios. Isso não apenas mostrava o poder do Messias sobre os reinos físico e espiritual, mas também demonstrava a compaixão de Deus para com os afetados pelo pecado, tornando mais clara a já convincente apresentação de Jesus como o Servo-Messias enviado por Deus.

Apesar das obras maravilhosas de Jesus, sua própria família e seus amigos não compreendiam sua mensagem e ministério. A reação negativa que Jesus enfrentou em sua última visita a uma Nazaré incrédula o levou a redefinir o que significa fazer parte da família de Deus. Nessa etapa de seu ministério, Jesus começou a treinar os doze discípulos para se juntarem a ele como cooperadores, e não apenas como observadores. Cristo também ampliou seu ministério aos gentios descrentes da região, curando e realizando milagres surpreendentes em Tiro, Sidom, Decápolis e Betsaida, onde muitos excluídos religiosos passaram confiar nele e a obedecer-lhe de bom grado.

Para um leitor comum, alguns relatos do ministério de Jesus podem parecer uma coleção de incidentes desconexos. No entanto, ele estava deliberadamente se movendo em direção a Jerusalém, o local de seu confronto final com os líderes religiosos judeus. Ciente de que o tempo era curto, Jesus passou a ensinar e a demonstrar aos seus discípulos várias verdades importantes do reino, como a definição de grandeza, a identificação do verdadeiro fruto espiritual e advertências àqueles que seriam pedra de tropeço.

Na última semana da vida terrena de Jesus, o Filho do Homem entrou em Jerusalém sob os alegres clamores da multidão, mas também para a inquietação dos líderes religiosos judeus. Em seguida, Jesus expulsou os cambistas e comerciantes do Templo e repreendeu publicamente os escribas e fariseus, o que fez com que ele ficasse mais perto da cruz. Ainda havia lições a serem ensinadas, então Jesus aproveitou a oportunidade para realizar um sermão no monte das Oliveiras, a leste do Templo. Sua previsão da futura destruição do Templo em Jerusalém motivou uma pergunta dos discípulos sobre o caráter do fim dos tempos. Jesus respondeu descrevendo sua segunda vinda.

Enquanto isso, aqueles que odiavam Jesus conspiravam para destruí-lo. Os seguidores de Jesus, talvez pressentindo o perigo, reagiram com atitudes que iam da adoração ao abandono. Por fim, Cristo foi submetido a dois julgamentos: o primeiro, judeu e religioso; o segundo, romano e secular, sendo condenado à morte.

A obra redentora de Deus por meio de seu Filho teve seu clímax na cruz, onde Jesus carregou os pecados do mundo. Na expiação de Cristo, Deus restaurou a unidade entre si e os seres humanos pecadores, restabelecendo os pecadores a um relacionamento de "união" com ele. Essa grande revelação do amor gracioso de Deus foi seguida pelo maior evento da história: a ressurreição de Jesus Cristo. O Filho de Deus veio voluntariamente à terra para pregar, morrer e ressuscitar com o propósito de salvar a humanidade do pecado por toda eternidade.

REFLEXÕES

Considere o solo. Jesus convida aqueles que estão refletindo sobre suas palavras a pensarem no tipo de solo que representa o próprio coração. Se está endurecido e compactado pela negligência para com Deus, ele nos chama a permitir que seu Espírito mexa a terra e a torne receptiva à sua Palavra. Se o solo é raso e superficial, ele nos chama a permitir que o Espírito remova a resistência rochosa que se esconde sob a aparente aceitação do evangelho. Se o solo está infestado de espinhosos interesses mundanos, ele pede que permitamos que o Espírito nos purifique do mundo e que o recebamos com lealdade exclusiva.

A cruz antes da coroa. Vir a Jesus Cristo é receber continuamente. No entanto, Jesus e os autores do Novo Testamento deixam claro que deve haver uma cruz antes da coroa, sofrimento antes da glória e sacrifício antes da recompensa. O cerne do discipulado cristão é dar antes de receber.

O evangelho não é centrado em si mesmo. O discipulado cristão dá um golpe fatal nos falsos evangelhos egocêntricos. Ele não deixa espaço para o evangelho do *obter*, no qual Deus é considerado uma espécie de gênio da lâmpada que atende a todos os nossos caprichos. Ele fecha a porta para o evangelho da *saúde* e da *prosperidade*, os quais afirmam que, se não estamos saudáveis e prósperos, não exercemos nossos direitos divinos ou não temos fé suficiente para reivindicar nossas bênçãos. Ele ataca o evangelho da *autoestima* má, que apela para nosso narcisismo e macula o espírito do quebrantamento e arrependimento humildes – marcas do evangelho da cruz.

PERGUNTAS DE ESTUDO

1. De volta aos capítulos 1 e 2 de Marcos, o que aconteceu quando a notícia sobre o poder milagroso de Jesus começou a se espalhar? Como os escribas judeus reagiram ao ministério inicial de Jesus?

2. Qual era a descrição do trabalho dos doze homens escolhidos por Cristo para serem seus discípulos? Como Jesus respondeu quando seus próprios familiares foram vê-lo (veja Marcos 3:13-19)?

3. Como os discípulos reagiram quando se viram jogados de um lado para o outro durante uma tempestade no mar da Galileia? O que fizeram depois de Jesus acalmar a tempestade (veja Marcos 4:35-41)?

4. O que aconteceu quando Jesus retornou a Nazaré, sua cidade natal, e ensinou na sinagoga (veja Marcos 6:1-6)? Quais lições os discípulos poderiam ter aprendido com esse incidente?

5. Qual foi o efeito da Transfiguração sobre os discípulos Pedro, Tiago e João? O que esse evento revelou sobre a identidade de Cristo (veja Marcos 9:2-13)?

6. O que Jesus fez para purificar o Templo (veja Marcos 11:15-19)? Por que você acha que ele ficou tão irado com o que viu lá?

7. De acordo com Jesus, quais eventos mundiais acontecerão durante a tribulação? O que os seguidores de Cristo podem esperar durante esse tempo (veja Marcos 13:4-31)?

8. Os governantes judeus já haviam julgado Cristo diante do Sinédrio. Em Marcos 15:1-15, Jesus também é julgado diante de Pilatos. Em quais aspectos esses julgamentos se assemelham? Como se diferem?

SEMANA 32

JESUS É O MESSIAS PROMETIDO

LUCAS 1–9

LEITURAS DIÁRIAS: **218** | Lucas 1–2 **219** | Lucas 3 **220** | Lucas 4
221 | Lucas 5–6 **222** | Lucas 7 **223** | Lucas 8 **224** | Lucas 9

Tente imaginar como deve ter sido quando Jesus, o Messias prometido, veio ao mundo. Embora seu nascimento tenha sido acompanhado de grande alarde celestial, gerou pouca atenção ou interesse entre os homens. Apenas algumas testemunhas obscuras – "pastores naquela região" (Lucas 2:8) – celebraram a abençoada chegada do Salvador ao nosso mundo marcado pelo pecado.

A partir das circunstâncias excepcionais envolvendo o nascimento de João Batista (primo de Jesus), os eventos do nascimento de Jesus no Evangelho de Lucas se desdobram: o anúncio do nascimento de Jesus a Maria (a "anunciação"); seu nascimento humilde; a visitação angelical aos pastores e as respostas, inspiradas pelo Espírito, de Simeão e Ana quando Jesus foi apresentado no Templo. Depois, na principal história que a Bíblia oferece de sua infância, vemos Jesus se encontrar com os mestres no Templo aos 12 anos.

Lucas, um historiador meticuloso, baseou-se em fontes escritas e em relatos de testemunhas oculares para apresentar um relato cuidadosamente elaborado e abrangente que revela Jesus (cujo nome significa, em sentido literal, "O Senhor salvará") como o Messias aguardado pelos judeus: aquele ungido por Deus e capacitado pelo Espírito de Deus para livrar seu povo e estabelecer seu reino. Na concepção cristã, o termo "Messias" refere-se ao papel de Jesus como um libertador espiritual, ou seja, aquele que liberta seu povo do pecado e da morte. No entanto, na concepção judaica, o Messias era entendido como um líder político que derrotaria seus inimigos e traria uma era gloriosa de paz e prosperidade.

Mateus traçou a linhagem de Jesus a partir da descendência real de Davi. Mas a genealogia de Lucas segue de Jesus até Adão, revelando a parte da árvore genealógica de Maria. Assim, vemos que a linha real passou pelo pai legal de Jesus, José, descendente de Abraão, e fisicamente pela linhagem ancestral de sua mãe até Davi. Outro propósito do trabalho de Lucas era destacar o escopo universal do convite do evangelho: Jesus não era apenas o Messias judeu, mas também o Salvador dos não judeus. Antes de o ministério terreno de Cristo terminar, veremos exatamente isto: o Filho do Homem rejeitado por Israel e oferecido ao mundo.

O início da obra do reino de Jesus foi anunciado por João Batista. Isso é significativo porque, naqueles dias, monarcas que viajavam por regiões desertas enviavam equipes de trabalhadores na frente para garantir que o caminho estivesse livre de buracos, entulhos, obstáculos e outros perigos que pudessem dificultar a jornada. Em um sentido espiritual, João preparou o caminho para o Messias, conclamando o povo de Israel a preparar o coração para sua chegada.

As advertências de João para que o povo se batizasse como parte dessa preparação pareciam estranhas aos ouvidos judeus. Eles estavam acostumados a ver gentios prosélitos procurando o batismo no Jordão, mas o tipo de batismo ao qual João se referia - um batismo para os judeus - era noviade. João os convocava a serem batizados como uma renúncia pública ao antigo modo de vida e como símbolo de prontidão espiritual para o Messias. Anos mais tarde, Paulo relacionaria o batismo com a identificação dos crentes com Cristo, dizendo: "Portanto, fomos sepultados com ele na morte por meio do batismo, a fim de que, como Cristo foi ressuscitado dentre os mortos pela glória do Pai, assim também vivamos uma vida nova" (Romanos 6:4).

Após o batismo de Jesus, ele enfrentou oposição do Diabo durante os quarenta dias de tentação no deserto. Em seguida, veio a inauguração de seu ministério. Jesus ensinou na sinagoga de Cafarnaum, curou muitos (inclusive a sogra de Pedro), percorreu a Galileia com Pedro e outros, e purificou um leproso - o que lhe gerou bastante publicidade (indesejada). Ele também perdoou e curou um paralítico, comeu com "pecadores" e confrontou os fariseus a respeito de suas regras em relação ao Sábado. Ao pregar, curar e ensinar o povo por toda a Galileia, o Messias prometido a Israel demonstrava sua autoridade soberana sobre a natureza, a doença e a impureza, o pecado e suas consequências, bem como sobre a tradição religiosa.

Pouco antes de pregar em um lugar plano na encosta de uma montanha, provavelmente nas proximidades de Cafarnaum, Jesus demonstrou sua autoridade ao escolher, em oração, doze homens dentre seus muitos discípulos. Jesus tinha muitos discípulos, mas comissionou especificamente esse grupo com autoridade especial para anunciar as boas-novas do evangelho em seu nome. Esses indivíduos seriam mais tarde conhecidos como apóstolos ("mensageiros, enviados"), os líderes humanos da entidade mundial conhecida como igreja.

Esse também foi o momento no ministério de Jesus em que ele começou a falar às multidões somente por meio de parábolas. Antes de escolher seus discípulos, Jesus havia utilizado muitas analogias em seus ensinamentos, com significados razoavelmente claros em seu contexto. As parábolas, no entanto, exigiam mais explicação, e Jesus as usava para ocultar a verdade aos descrentes, enquanto a tornava mais clara para os doze discípulos. Esse véu sobre a verdade era tanto um ato de juízo quanto um ato de misericórdia: de "juízo" por manter os incrédulos na escuridão que escolheram para si; de "misericórdia", por poupá-los de maior culpa diante de verdades que já haviam rejeitado.

Embora o ministério de Jesus próximo de Jerusalém estivesse chegando ao fim, o treinamento dos discípulos estava começando de forma intensa. A propagação do evangelho e a fundação da igreja dependeriam desses poucos escolhidos, e o tempo para serem treinados por Cristo seria contado em meses – não em anos.

Assim, Jesus lhes ensinou sobre as Escrituras e a teologia. Ele os guiou nos caminhos da vida piedosa. Deu-lhes instrução moral. Falou-lhes sobre coisas futuras. Realizou inúmeros milagres diante deles. Também foi transfigurado à vista de três desses homens: seu círculo mais íntimo. E estabeleceu todos os doze discípulos como instrumentos para curar enfermos, expulsar demônios e realizar outras obras milagrosas antes de sua jornada final em direção a Jerusalém.

REFLEXÕES

Jesus foi uma pessoa real. Algumas pessoas duvidam se Jesus realmente existiu, mas muitos historiadores escreveram sobre Cristo. Por volta do ano 114 d.C., Tácito escreveu que Jesus foi o fundador da religião cristã e que foi condenado à morte por Pôncio Pilatos. Plínio, o Jovem, escreveu uma carta ao imperador Trajano sobre Cristo. No ano 90 d.C., o historiador judeu Flávio Josefo também registrou uma nota biográfica sobre Jesus. Da mesma forma, o *Talmude* faz referência a Jesus de Nazaré. Jesus *foi* um homem na história, e suas declarações eram verdadeiras.

A força de Deus se aperfeiçoa em nossa fraqueza. Do ponto de vista humano, a propagação do evangelho e a fundação da igreja dependeram de um grupo de homens cuja característica mais notável era sua simplicidade. Esses indivíduos foram escolhidos por Cristo e treinados por um período que se mede melhor em meses do que em anos. Jesus lhes ensinou as Escrituras e a teologia. Ele os discipulou nos caminhos da vida piedosa, ensinando-lhes e mostrando-lhes como orar, como perdoar e como servir uns aos outros com humildade. Deu-lhes instrução moral. Falou-lhes sobre coisas futuras. E transformou-os em seus instrumentos para curar enfermos, expulsar demônios e realizar outras obras milagrosas. Esses homens comuns, capacitados pelo Espírito Santo no Dia de Pentecostes, assumiram com coragem a tarefa para a qual Jesus os havia chamado. A obra que eles iniciaram continua até hoje, cerca de dois mil anos depois. Os discípulos de Jesus são prova de que a força de Deus se aperfeiçoa em nossa fraqueza.

Precisamos compreender o coração de Jesus. Quando as multidões procuravam por ele, Jesus disse aos seus discípulos: "É necessário que eu pregue o evangelho do reino de Deus em outras cidades também, porque para isso fui enviado" (Lucas 4:43). Jesus tinha uma paixão pelos perdidos que o impulsionava a ir de um lugar a outro. Podemos aumentar nossa paixão pelos perdidos estudando seu amor, compaixão e misericórdia. Também podemos estudar grandes homens e mulheres da história da igreja, mas, acima de tudo, precisamos compreender o coração de Cristo. Como João escreveu: "quem afirma que permanece nele deve andar como ele andou" (1João 2:6).

PERGUNTAS DE ESTUDO

1. Que acontecimentos inesperados ocorreram quando José e Maria foram apresentar Jesus ao Senhor no Templo em Jerusalém (veja Lucas 2:22-38)?

2. Como você descreveria a personalidade de João Batista? O que João pregava ao povo e o que ele dizia que estava prestes a acontecer (veja Lucas 3:1-17)?

3. O que aconteceu quando Jesus chamou Simão (Pedro), André, Tiago e João para serem seus discípulos (veja Lucas 5:1-11)? O que Jesus pediu a Pedro, e qual foi a resposta dele?

4. Por que os eventos de Lucas 5:27-32 espantaram e incomodaram os líderes religiosos judeus? De que forma as ações de Jesus contrariavam o que os líderes ensinavam?

5. O que Jesus estava dizendo e revelando sobre si mesmo ao curar o homem paralítico (veja Lucas 5:17-26)? Qual foi a queixa dos fariseus contra ele?

6. Revise os ensinamentos de Jesus em Lucas 6:17-38. Quais são cinco verdades ou princípios do Reino que você identifica nesses versículos? Quais são os temas principais desse ensinamento?

7. Como Jesus definiu ou descreveu o verdadeiro custo de ser seu discípulo em Lucas 9:23-26? Como esse "custo" poderia se aplicar à sua própria vida?

8. Três candidatos a seguidores de Jesus se aproximaram dele em Lucas 9:57-62. Como você descreveria as respostas de Jesus a cada um desses indivíduos?

SEMANA 33

JESUS É O GRANDE MÉDICO

LUCAS 10—17

LEITURAS DIÁRIAS: **225** | Lucas 10 **226** | Lucas 11 **227** | Lucas 12—13 **228** | Lucas 14 **229** | Lucas 15 **230** | Lucas 16 **231** | Lucas 17

O destino do Filho do Homem agora era Jerusalém, onde ele entregaria sua vida pelos pecados do mundo. A partir desse ponto, o relato bíblico no Evangelho de Lucas - em grande parte exclusivo em seu registro organizado e histórico da vida de Cristo - assume o formato de um diário de viagem, acompanhando a longa jornada de Jesus rumo à cruz.

A partir deste ponto, a Galileia deixa de ser a base de operações de Jesus. Sabemos, por meio da comparação com os outros Evangelhos, que Jesus fez visitas curtas a Jerusalém para celebrar festas (veja Marcos 10:1; João 2:13, 5:1, 7:10, 10:22). No entanto, essas ocasiões pontuais funcionaram apenas como interlúdios durante um período de ministério que culminaria em sua jornada final rumo a Jerusalém. No Evangelho de Lucas, esse ponto de virada é marcado de forma enfática pela firme determinação de Jesus em cumprir sua missão, evidenciada com clareza quando ele parte de Samaria em direção a Jerusalém.

Jesus enviou setenta discípulos a cada cidade da Judeia (e possivelmente a Pereia) e a cada lugar que ele estava prestes a visitar. Ele também visitou a casa de Maria, Marta e seu irmão, Lázaro, na aldeia de Betânia, localizada a cerca de três quilômetros de Jerusalém. Por essa época, um advogado (escriba) perguntou: "Mestre, que farei para herdar a vida eterna?" (Lucas 10:25). Jesus, sabendo que o homem buscava justificar a si mesmo, respondeu com a parábola do Bom Samaritano – a qual, para esse suposto especialista na lei de Deus, teria sido uma contradição nos termos.

Já vimos que grande parte do ministério de Jesus foi direcionada aos gentios. De fato, quando Jesus inaugurou seu ministério público ao ensinar na sinagoga em Nazaré, ele mencionou o ministério de Elias à viúva de Sarepta e o de Eliseu a Naamã, o sírio (veja Lucas 4:24-27): dois gentios a quem Deus quis demonstrar sua graça. Jesus estava comunicando que a preocupação de Deus não era apenas com os judeus, mas com todas as pessoas, tanto judeus quanto gentios.

Esse foi um tema recorrente no ministério de Cristo: sua compaixão pelos excluídos da sociedade – gentios, samaritanos, mulheres, crianças, coletores de impostos, pecadores e outros considerados marginalizados em Israel. Em diversas situações, esses indivíduos à margem da sociedade encontraram graça aos olhos de Jesus. Aliás, após chamar Mateus (também conhecido como Levi), um coletor de impostos, para ser um dos seus discípulos, Jesus participou de um banquete de celebração na casa de Mateus. Esse banquete foi frequentado por vários outros coletores de impostos e "pecadores", como os fariseus os descreviam. Por que Jesus decidiu comer e beber com essas pessoas? Como ele disse aos fariseus: "Não são os que têm saúde que precisam de médico, mas sim os doentes. Eu não vim chamar justos, mas pecadores ao arrependimento" (Lucas 5:31-32).

Ainda assim, Jesus não ignorou a salvação daqueles que eram ricos e respeitáveis. Desde o início de seu ministério público até suas palavras finais na cruz, ele demonstrou ser o Grande Médico, que se dispõe a ministrar àqueles que mais reconhecem sua necessidade. O alto valor que Jesus atribuía às mulheres é especialmente significativo. Desde a proeminência de Maria, Isabel e Ana no relato do nascimento até os eventos da manhã da ressurreição, as mulheres tiveram um papel central e visível na vida e no ministério do nosso Senhor.

Enquanto desenvolvia seu ministério itinerante, Jesus curou um homem no sábado – outra oportunidade para desafiar o legalismo

OS SERMÕES DE JESUS NO EVANGELHO DE LUCAS

Sermão proferido na sinagoga (4:17-27);

Sermão proferido na planície (6:17-49);

Sermão proferido por meio de parábolas (8:4-21);

Sermão sobre os perdidos (15:1-32);

Sermão sobre o reino de Deus (17:20-37);

Sermões sobre vários temas (20:1—21:38).

religioso dos líderes de Israel. Sabendo que estava a caminho de um confronto com esses falsos pastores, o qual acarretaria sua crucificação, Jesus instruiu seus seguidores sobre vários assuntos importantes, inclusive a respeito do discipulado – e não mediu palavras.

Aqui, o Mestre contador de histórias utilizou várias parábolas, inclusive a do filho pródigo, para ensinar verdades do reino, principalmente a de que a salvação de pessoas traz grande alegria aos céus! Jesus concluiu com a Parábola do Administrador Astuto, dirigida aos discípulos de Cristo, e com a história do rico e Lázaro, contada aos fariseus. O objetivo de Jesus ao apresentar esse relato sombrio sobre o céu e o inferno era mostrar que a incredulidade é, no fundo, um problema moral, e não intelectual. Essa era certamente outra razão pela qual os líderes de Israel se opunham ao ensino de Jesus. Ou seja, não se opunham simplesmente por se sentirem ameaçados pela popularidade e autoridade de Cristo. Enquanto isso, as multidões, encantadas com o poder sobrenatural de Jesus, estavam contentes por desfrutarem de suas bênçãos sem se comprometer com seus elevados padrões de discipulado.

Em contraste, Jesus declarou que trazia um tipo totalmente diferente de reino, o qual se manifestava pelo governo de Deus no coração dos homens mediante a fé em Jesus. Esse reino não estava confinado a uma localização geográfica específica, nem era visível aos olhos humanos. Tampouco Jesus sugeria que as promessas do Antigo Testamento sobre um reino terreno haviam sido anuladas. Em vez disso, ele anunciava que a manifestação terrena e visível do reino ainda estava por vir. E, quando vier, aparecerá de maneira silenciosa, invisível e sem o esplendor e pompa normalmente associados à chegada de um rei.

A mensagem de Jesus era, acima de tudo, um chamado ao arrependimento. Ele exortava judeus e gentios, religiosos e marginalizados, doentes físicos e doentes espirituais a se afastarem do pecado: a mudarem de rumo e buscarem um novo caminho. (A palavra grega para *arrependimento* significa literalmente "uma mudança de percepção". Arrepender-se, portanto, é mudar nossa maneira de enxergar o pecado e a justiça.) O arrependimento era, e continua sendo, a primeira exigência do evangelho, o primeiro requisito da salvação e, como o Grande Médico sempre soube, o primeiro elemento da obra salvadora de Deus na alma.

MULHERES NOS EVANGELHOS E EM ATO		
Maria	Mãe de Jesus	Lucas 1:26-56
Isabel	Mãe de João Batista	Lucas 1:5-25,39-45
Ana	Profetisa que reconheceu Jesus como o Messias	Lucas 2:36-38
Joana	Apoiou financeiramente o ministério de Jesus	Lucas 8:3
Susana	Apoiou financeiramente o ministério de Jesus	Lucas 8:3
Marta e Maria	Irmãs de Lázaro e amigas de Jesus	Lucas 10:38-42
Herodias	Rainha que exigiu a execução de João Batista	Mateus 14:3-10
Salomé	Mãe dos discípulos de Jesus, Tiago e João	Mateus 20:20-24
Maria Madalena	Uma das primeiras a testemunhar a ressurreição de Jesus	Marcos 16:9
Safira	Reteve parte do dinheiro da igreja primitiva	Atos 5:1-11
Candace	Rainha dos etíopes	Atos 8:27
Dorcas (Tabita)	Mulher em Jope que foi ressuscitada dos mortos	Atos 9:36-43
Lídia	Convertida durante o ministério de Paulo em Filipos	Atos 16:14
Priscila	Esposa de Áquila e cooperadora de Paulo	Atos 18:2,18
Berenice	Irmã do rei Agripa, perante quem Paulo compareceu	Atos 25:13

REFLEXÕES

Jesus chama pessoas comuns para serem seus seguidores. Lucas relata que Jesus "designou outros setenta e dois e os enviou de dois em dois, adiante dele, a todas as cidades e lugares para onde ele estava prestes a ir" (10:1). Não sabemos mais nada, pela Bíblia, sobre a identidade desses setenta e dois, mas basta dizer que eram homens e mulheres comuns, assim como todos nós. No entanto, o que eles conseguiram realizar para Cristo foi *extra*ordinário: "Os setenta e dois voltaram alegres e disseram: 'Senhor, até os demônios se submetem a nós em teu nome'" (v. 17). Homens e mulheres como estes são aqueles que confessam Jesus como Senhor e Salvador, creem que Deus o ressuscitou dos mortos, declaram essa fé publicamente e buscam fazer outros discípulos de Cristo. Eles não são algum tipo de "cristãos de nível superior", mas o que podem alcançar para Deus quando se submetem à autoridade de Cristo é de "nível superior". Como Jesus disse: "Dei a vocês autoridade para pisarem sobre cobras e escorpiões e sobre todo o poder do inimigo" (v. 19).

Reconheça que o discipulado tem um custo. Paulo escreveu: "Pois pela graça vocês são salvos, por meio da fé, e isto não vem de vocês, é dom de Deus; não por obras, para que ninguém se glorie" (Efésios 2:8-9). Não pagamos nada para obter a salvação: ela é um dom gratuito do Senhor. Contudo, viver para Cristo é uma questão séria do discipulado que implica um custo. Ser cristão significa confiar no poder de Cristo em vez da nossa própria força e estar disposto a abandonar o nosso caminho para seguir a vereda que ele estabeleceu para nós. Ser cristão pode significar enfrentar perseguição, zombaria e tribulação. Como Pedro escreveu à igreja: "Amados, não estranhem o fogo que surge entre vocês para prová-los, como se algo estranho estivesse acontecendo. Antes, alegrem-se à medida que participam dos sofrimentos de Cristo" (1Pedro 4:12-13). Jesus também advertiu seus discípulos: "Se me perseguiram, também perseguirão vocês" (João 15:20). No entanto, junto com esse aviso sobre o custo do discipulado, o Senhor também prometeu: "... vocês se alegrarão, e ninguém tirará essa alegria de vocês" (16:22). Mais adiante, Cristo disse a seus seguidores: "Eu disse isso para que em mim vocês tenham paz. Neste mundo, vocês terão aflições; contudo, tenham coragem! Eu venci o mundo" (v. 33). Nenhum de nós pode escapar das dificuldades do discipulado, mas Jesus nos prometeu que nos capacitará para enfrentá-las.

O céu se alegra quando um pecador se arrepende. Uma *parábola* pode ser definida como uma longa analogia muitas vezes apresentada na forma de uma história simples. Esse tipo de narrativa era uma forma comum de ensino no judaísmo, e se tornou o principal método de Jesus para ensinar o povo de sua época. A Parábola do Filho Pródigo é, talvez, a mais conhecida e amada de todas as parábolas de Cristo. Todavia, ao contrário da maioria, ela contém mais de uma lição. O filho pródigo é um exemplo de arrependimento genuíno. O irmão mais velho ilustra a maldade da justiça própria dos fariseus, seu preconceito e sua indiferença em relação aos pecadores arrependidos. Já o pai representa Deus, pronto a perdoar e desejoso pelo retorno do pecador. A principal ênfase, porém – como ocorre também nas outras duas parábolas encontradas em Lucas 15 –, é a alegria de Deus e as celebrações que enchem os céus quando um pecador se arrepende.

> Jesus dizia a todos: — Se alguém quiser vir após mim, negue-se a si mesmo, tome diariamente a sua cruz e siga-me.
>
> Lucas 9:23

Devemos adotar uma atitude de dependência de Deus. Como discutido anteriormente, ao falar sobre a verdadeira salvação, Jesus fez uma comparação com as características das crianças: "Em verdade lhes digo que quem não receber o reino de Deus como uma criança nunca entrará nele" (Lucas 18:17). Para que sejamos salvos, devemos nos aproximar de Cristo com a atitude e a perspectiva dependentes de uma criança: simples, indefesa, confiante, sem corrupção, sem pretensões e sem ambições. É claro que isso não significa que as crianças são isentas de pecado; na verdade, elas são ingênuas e despretensiosas, dependentes dos outros e livres de pretensões egoístas de grandeza. Elas se submetem aos cuidados dos pais e de outros entes queridos, confiando neles para suprirem todas as suas necessidades. Essa é a atitude humilde e dependente que qualquer pessoa deve ter se deseja entrar no reino de Deus.

> Confie no Senhor de todo o coração e não se apoie no seu próprio entendimento. Reconheça-o em todos os seus caminhos, e ele endireitará as suas veredas.
>
> Provérbios 3:5-6

Não podemos servir a dois senhores. Jesus ensinou: "Nenhum servo pode servir a dois senhores, pois odiará um e amará o outro, ou se dedicará a um e desprezará o outro". Jesus se referia sobretudo ao amor ao dinheiro (ou *mamom*, no grego), dizendo: "Vocês não podem servir a Deus e ao dinheiro" (Lucas 16:13). Deus deseja que tenhamos um coração totalmente íntegro e dedicado a ele. Ou seja, que o amemos e sirvamos de todo o nosso coração, de toda a nossa alma, com todas as nossas forças e com todo o nosso entendimento (veja Lucas 10:27). Como Jesus disse aos fariseus que o ouviram: "Vocês são os que se justificam aos olhos dos homens, mas Deus conhece o coração de vocês" (16:15). Deus conhece nosso coração, e ele não dividirá o trono das nossas afeições com nada nem ninguém.

Entramos na salvação pela "porta estreita". Jesus instruiu: "Esforcem-se para entrar pela porta estreita, porque eu digo a vocês que muitos tentarão entrar e não conseguirão. Quando o dono da casa se levantar e fechar a porta, vocês ficarão do lado de fora, batendo e pedindo: 'Senhor, abre-nos a porta'. Ele, porém, responderá: 'Não os conheço nem sei de onde vocês são'" (Lucas 13:24-25). Nossa salvação não vem pela confirmação, comunhão, batismo, filiação a uma igreja, frequência a cultos, tentativa de guardar os Dez Mandamentos, ou por viver segundo os ensinamentos de Jesus no Sermão do Monte. Também não vem pela doação à caridade ou simplesmente por crer que Deus existe. Não vem apenas por ser moral ou levar uma vida respeitável. Antes, a salvação vem somente quando entramos pela "porta estreita" e recebemos, pela fé, o dom da graça de Deus. O inferno estará cheio de pessoas que tentaram chegar ao céu de outra maneira. Como disse certa vez o pastor e teólogo Donald Grey Barnhouse: "O amor que sobe é adoração; o amor que se espalha é afeto; o amor que se rebaixa é graça". Deus se rebaixou para nos conceder graça. A questão é: Vamos recebê-la?

PERGUNTAS DE ESTUDO

1. Em Lucas 10:1-24, encontramos um relato de uma missão evangelística envolvendo outros setenta e dois discípulos de Jesus. Qual foi o resultado dos esforços ministeriais deles?

2. Como Jesus respondeu às diferenças entre as irmãs Maria e Marta (veja Lucas 10:38-42)? Como você se identifica com a reação de Marta a Jesus em sua casa?

3. Jesus muitas vezes tinha palavras duras para os fariseus (e também para os escribas e mestres da lei). Quais foram suas principais críticas contra os fariseus em Lucas 11:37-54?

4. Revise as advertências e palavras de consolo de Jesus aos seus seguidores em Lucas 12:1-12. Como as palavras de Jesus soam verdadeiras para você em sua vida e na situação que se encontra hoje?

5. Considere as duas parábolas que Jesus contou em Lucas 14:7-24. Quais são os temas mais recorrentes dessas parábolas? Que verdades Jesus parece enfatizar aqui?

6. Jesus relata a Parábola do Administrador Astuto em Lucas 16:1-13. Qual ponto Jesus quis transmitir ao contar essa história em particular? Como essa mensagem se aplica ao mundo de hoje?

7. Para quem Jesus contou a Parábola do Rico e Lázaro (veja Lucas 16:19-31)? Qual foi o objetivo da história de Jesus? Como sua mensagem ainda é pertinente hoje?

8. Como Jesus respondeu ao pedido dos discípulos para que aumentasse a fé deles? Como isso se relaciona com seu ensino sobre o perdão (veja Lucas 17:1-10)?

SEMANA 34

JESUS É O GRANDE REDENTOR

LUCAS 18–24

LEITURAS DIÁRIAS: **232** | Lucas 18 **233** | Lucas 19 **234** | Lucas 20 **235** | Lucas 21 **236** | Lucas 22 **237** | Lucas 23 **238** | Lucas 24

Na incansável jornada de Jesus em direção à cruz, encontramos o verdadeiro propósito de sua vinda à terra. A salvação dos pecadores era o centro de sua missão, e nada poderia desviá-lo desse objetivo.

Enquanto ainda ministrava na região da Pereia, Jesus revelou uma última série de lições e parábolas a todos que estavam abertos para receber suas verdades. Uma das muitas coisas que Jesus ensinou foi que nada acontece sem fé em Deus. Como a viúva e o humilde publicano em suas parábolas, devemos ter uma fé persistente, orante, inocente e comprometida. Esta não é uma fé em nós mesmos nem nas riquezas, mas sim na justiça de Cristo, o Redentor.

No entanto, a verdadeira fé é rara. Jesus disse: "Contudo, quando o Filho do homem vier, encontrará fé na terra?" (Lucas 18:8). A verdadeira fé significa abrir mão da confiança em si mesmo e transferi-la para outra pessoa ou algo maior. A verdadeira fé, segundo a definição de Cristo, sempre envolve a rendição à vontade de Deus. O que Jesus ensinou não se parecia em nada com a ideia psicológica de pensar positivo. Ele disse que tanto a fonte quanto o objeto de toda fé genuína encontram-se apenas em Deus. E com Deus nada será impossível (veja Lucas 1:37).

A parábola do fariseu e do publicano ilustra perfeitamente como um pecador desprovido de justiça própria pode ser declarado justo diante de Deus por meio de um ato de fé e arrependimento em Cristo, o Redentor. Em contraste, a confiança dos fariseus – que confiavam em sua própria justiça – não passava de uma esperança condenatória. A justiça humana – mesmo a justiça do fariseu mais meticuloso que se esforçava para seguir a lei – sempre fica aquém do padrão divino. Como Paulo escreveria mais tarde: "Portanto, ninguém será declarado justo diante dele pelas obras da lei" (Romanos 3:20).

Outro indivíduo que também deixou a desejar foi o jovem rico. Quando esse jovem se aproximou de Jesus em busca da salvação, nosso Senhor imediatamente testou sua disposição de renunciar a tudo e segui-lo. A relutância do jovem em obedecer às palavras de Jesus revelou um problema mais profundo: a falta de disposição para se submeter ao senhorio de Cristo. A fé salvadora calcula o custo e clama humildemente a Deus, como fez o cobrador de impostos na parábola de Jesus, dizendo: "Deus, tem misericórdia de mim, que sou pecador!" (Lucas 18:13).

Vemos diferentes aspectos do nosso Senhor em uma sucessão de cenas à medida que Jesus se aproxima de Jerusalém. Depois de curar o cego Bartimeu, Cristo demonstrou bondade a Zaqueu, um coletor de impostos em Jericó. Este era Cristo, o amigo dos pecadores, que veio para buscar e salvar os perdidos. Por meio da Parábola das Dez Minas, encontramos Cristo, o Juiz de toda a terra. Em seguida, no domingo da semana da Paixão, encontramos Cristo, o Rei dos reis, quando Jesus entrou em Jerusalém montado em um jumentinho, sob os aplausos entusiasmados das multidões.

Logo em seguida, os solenes acontecimentos da semana se desenrolam. Na segunda-feira, Jesus foi ao Templo e o purificou, expulsando os mercadores e cambistas. Na terça-feira, ele entrou no centro do território inimigo e confrontou os líderes religiosos que questionavam sua autoridade. Em seguida, ensinou as multidões que haviam feito a peregrinação sagrada a Jerusalém (e ao Templo) para celebrar a festa da Páscoa.

O ensino de Cristo nesse momento incluiu uma parábola contundente sobre os lavradores maus: uma acusação óbvia contra os líderes judeus. Seu ensino também incluiu um brilhante diálogo com vários líderes religiosos que tentavam apanhá-lo com diferentes questões teológicas e políticas em uma série de ataques cuidadosamente coordenados. Ainda no Templo, naquele dia, Cristo notou uma pobre mulher fazendo uma oferta sacrificial. Ele disse sobre ela: "Em verdade lhes digo que esta viúva pobre colocou mais do que todos os outros. Todos esses deram do que lhes sobrava, mas ela, da sua pobreza, deu tudo o que possuía para viver" (Lucas 21:3-4). Jesus, em seguida, profetizou a destruição de Jerusalém e ensinou sobre o fim dos tempos.

Provavelmente entre terça-feira e quarta-feira, Judas, um dos discípulos de Jesus, juntou-se à conspiração maligna dos líderes judeus contra Cristo. Na quinta-feira da semana da Paixão, o Filho do Homem e seus seguidores celebraram a Páscoa. Ali, em um cenáculo alugado, Jesus instituiu uma refeição simples que chamamos de a ceia do Senhor, destinada a comemorar a nova aliança em seu sangue.

A Páscoa era uma celebração especial no calendário religioso de Israel, intimamente ligada ao Êxodo e ao dia da redenção dos israelitas do Egito. A Páscoa começava com a imolação do cordeiro pascal, que precisava ser um cordeiro sem defeito. Segundo o antigo historiador Josefo, era costume imolar o cordeiro por volta das três horas da tarde. Esse foi o horário em que Jesus, o verdadeiro Cordeiro Pascal, morreria.

Na Última Ceia, Jesus previu sua traição por Judas. Ele também profetizou a negação de Pedro, após o discípulo declarar: "Senhor, estou pronto para ir contigo tanto para a prisão como para a morte" (Lucas 22:33). Jesus, em sequência, conduziu seu grupo ao jardim do Getsêmani. Lá, tarde da noite de quinta-feira, agonizou em oração antes de ser preso. Em seguida, vem o trágico desfecho. O Filho do Homem, abandonado, foi zombado, espancado e levado perante o Sinédrio. Como o conselho judaico não tinha autoridade legal para pronunciar uma sentença de morte sobre Cristo, levaram-no ao governador romano, Pilatos, para um julgamento civil.

Jesus foi condenado à morte e levado para execução pública em um lugar chamado Caveira. "Enquanto o levavam, agarraram Simão de Cirene, que estava chegando do campo, e colocaram a cruz nas costas dele, fazendo-o carregá-la atrás de Jesus" (Lucas 23:26). Jesus foi pregado a uma cruz de madeira, com criminosos crucificados à sua direita e à sua esquerda. Um dos criminosos zombou dele, mas o outro pediu a Jesus que se lembrasse dele. Jesus assegurou ao segundo homem que, naquele mesmo dia, estaria com ele no paraíso.

Mas a história da redenção não acaba aí. O capítulo final da experiência de Jesus na terra termina com sua vitória sobre a morte! As mulheres que foram ao túmulo de Jesus na manhã de domingo o encontraram vazio – fato confirmado por Pedro. Jesus, então, apareceu a dois discípulos no caminho de Emaús, abrindo-lhes o entendimento para tudo o que o Antigo Testamento dizia a respeito do Messias. Em seguida, Jesus apareceu pessoalmente aos discípulos e os comissionou a levar sua mensagem ao resto do mundo.

Ao fazer isso, Jesus proclamou que as boas-novas da salvação deveriam ser pregadas a todas as nações; ou seja, seus discípulos deveriam tornar a mensagem publicamente conhecida no mundo. Pregar é a proclamação de certezas, não a sugestão de possibilidades. Como pregadores fiéis e seguidores devotos, eles proclamariam a verdade de Deus com a autoridade delegada por ele e sob sua comissão divina.

REFLEXÕES

Devemos ser distintos do mundo. "... e os chefes dos sacerdotes e os mestres da lei procuravam um meio de matar Jesus, mas tinham medo do povo" (Lucas 22:2). Se a sua vida for semelhante à de Cristo, você também carregará parte da reprovação que ele carregou. O cristianismo confronta o sistema do mundo ao ser distinto dele. Ele expõe o pecado para poder revelar a cura. Se estivermos comprometidos com Cristo, nossa vida será distinta da vida dos que são do mundo.

Nossa esperança é a ressurreição. A ressurreição de Jesus é o maior evento da história. Ela é tão fundamental para o cristianismo que ninguém que a negue pode ser um verdadeiro cristão. Sem a ressurreição, não há fé cristã, salvação ou esperança. O fundamento de toda a nossa esperança está expresso nas palavras de Jesus: "Eu sou a ressurreição e a vida. Aquele que crê em mim, ainda que morra, viverá" (João 11:25).

A cruz é o ponto central da nossa fé. As pessoas têm diferentes imagens de Jesus: alguns o imaginam como um bebê em uma manjedoura; outros, como o curador compassivo que restaurava os doentes e ressuscitava os mortos; e há quem o veja como o pregador fervoroso que proclamava a Palavra de Deus às multidões. No entanto, a imagem de Cristo que supera todas as outras é a de Jesus na cruz. Conhecer Cristo crucificado é conhecê-lo como o autor e consumador da sua fé. O sofrimento de Cristo na cruz é o ponto central da fé cristã. É ali que sua divindade, sua humanidade, sua obra e seu sofrimento são mais claramente revelados.

PERGUNTAS DE ESTUDO

1. O que aconteceu quando Jesus se aproximou de Jericó? Quem era Zaqueu e qual era a sua história (veja Lucas 19:1-4)? Existe hoje alguma comparação moderna com Zaqueu?

2. Como Zaqueu respondeu após seu encontro com Jesus (veja Lucas 19:5-10)? Que lição isso trouxe para as testemunhas do ocorrido?

3. Como você descreveria as ações de Jesus ao entrar em Jerusalém (veja Lucas 19:28-44)? Quais foram as instruções dadas aos discípulos? Qual foi a reação da multidão?

4. Por que Jesus disse que a oferta da viúva pobre agradou a Deus (veja Lucas 21:1-4)? Para quem a mensagem de Jesus estava direcionada?

5. Que evento surpreendente ocorreu imediatamente após a primeira ceia do Senhor (veja Lucas 22:7-38)? O que Jesus queria ensinar aos discípulos?

6. Veja novamente aquilo que ocorreu no jardim do Getsêmani em Lucas 22:39-46. Quais detalhes se destacam? Qual foi o alerta de Jesus aos discípulos?

7. No relato da crucificação feito por Lucas, o que Jesus disse e fez (veja Lucas 23:26-46)? Quais foram suas ações e como elas impactaram os que testemunharam o evento?

8. Como Jesus tranquilizou os discípulos após sua ressurreição, provando que ele não era apenas um "espírito"? Que instruções ele lhes deu antes de voltar para os céus (veja Lucas 24:36-49)?

SEMANA 35

JESUS É O VERBO ENCARNADO

JOÃO 1—11

LEITURAS DIÁRIAS: **239** | João 1—2 **240** | João 3 **241** | João 4 **242** | João 5—6 **243** | João 7—8 **244** | João 9—10 **245** | João 11

O que tem sido verdade há séculos continua a ser verdade agora: existem muitas opiniões sobre quem é Jesus. No entanto, para o apóstolo João – o discípulo que estava mais próximo de Jesus e foi testemunha ocular de seu ministério na terra –, não existia espaço para dúvida. Jesus era o Cristo, o Filho de Deus. Na verdade, como João afirmou próximo ao final de seu Evangelho, o principal motivo pelo qual ele escreveu um relato centrado na pessoa e na obra de Cristo foi para que as pessoas "creiam que Jesus é o Cristo, o Filho de Deus, e, crendo, tenham vida em seu nome" (João 20:31).

João estava preocupado em apresentar razões para a *fé salvadora*. Antes de tudo, ele queria convencer seus leitores de que Jesus era o Verbo encarnado, o Deus-homem cujas naturezas divina e humana estavam perfeitamente unidas em uma só pessoa, o Messias profetizado e Salvador do mundo.

João alcançou esse propósito, em parte, ao organizar todo o seu relato da vida de Jesus em torno de oito "sinais", ou provas, que confirmavam sua divindade.

Encarnação é o termo teológico para a vinda de Jesus, o Filho de Deus, à terra, em forma humana. Embora a palavra não seja usada na Bíblia, ela se baseia em referências claras no Novo Testamento a Jesus como uma pessoa "em carne". Para aqueles que falavam grego, "a Palavra" enfatizava que Jesus tinha a essência ou os atributos da divindade. Jesus, o Messias, era totalmente Deus. Ele também era totalmente homem, salvo o fato de apenas assumir a aparência externa da carne pecaminosa, pois não tinha nenhum pecado. O que isso significava? E o que significa agora? De forma simples, *conhecer Jesus é conhecer a Deus.*

João também queria assegurar que os crentes recebessem o dom da vida eterna – um termo que se refere não apenas à *quantidade* eterna, mas também à *qualidade* divina de vida. Significa literalmente "vida da era futura", uma referência à ressurreição e à vida celestial em perfeita santidade e glória. Essa vida no Senhor Jesus é experimentada mesmo antes de se chegar aos céus. Embora ela só se manifeste plenamente na ressurreição, é a vida de Deus em todos os crentes, à medida que participam da vida da Palavra viva: Jesus Cristo.

João apresenta muitas testemunhas que provam que Jesus é o Messias e o Filho de Deus. Primeiro, João Batista deu testemunho em três dias diferentes para três públicos distintos. Esses eventos ocorreram entre os anos 26 e 27 d.C., apenas alguns meses após o batismo de Jesus. Em seguida, Jesus realizou seu primeiro milagre público (o primeiro sinal), transformando água em vinho em um casamento em Caná da Galileia – um sinal extraordinário que apontava de forma inconfundível para a identidade divina de Jesus. Finalmente, quando Cristo purificou o Templo com uma justa indignação, dizendo aos comerciantes e cambistas: "Parem de fazer da casa do meu Pai um mercado!" (João 2:16), ele demonstrou seu zelo pela casa de Deus e seu poder prometido de ressurreição.

Após esses eventos, Jesus teve um diálogo noturno com Nicodemos, um membro do Sinédrio, confrontando-o gentilmente e destacando a necessidade de regeneração. A conversa reforçou não apenas que Jesus era o mensageiro de Deus, mas também que veio oferecer salvação. A conversa seguinte de Jesus com a mulher samaritana revelou que Jesus era o Messias prometido – e todas as distinções anteriores entre a verdadeira e a falsa adoração, baseadas na localização geográfica, desapareceram. Os verdadeiros adoradores são todos aqueles que adoram a Deus "em espírito e em verdade" (João 4:23) por meio do Filho, com o coração.

Outro aspecto importante dessa história foi a demonstração do amor de Jesus pela humanidade, um amor que não conhecia limites. Essa mulher samaritana era uma excluída social, mas, apesar das tensões étnicas, culturais, históricas e teológicas entre samaritanos e judeus, Jesus exibiu o caráter do amor divino, que é abrangente e não faz acepção de pessoas.

Cristo realizou mais duas curas – o segundo e o terceiro sinais. Primeiro, Jesus curou a distância o filho de um oficial do rei que estava doente em

Cafarnaum. Em seguida, curou um homem paralítico havia trinta e oito anos. Foi essa cura que provocou uma mudança de atitude na elite religiosa: de uma postura reservada em relação a Jesus para uma rejeição aberta. A oposição se concentrou na controvérsia sobre Jesus ter curado o homem no sábado e sobre suas declarações claras a respeito de sua divindade.

> Porque Deus tanto amou o mundo que deu o seu Filho Unigênito, para que todo aquele que nele crer não pereça, mas tenha a vida eterna.
>
> João 3:16

Jesus, então, alimentou cinco mil homens (o quarto sinal) e demonstrou seu poder sobre a natureza ao andar sobre o mar da Galileia (o quinto sinal). Esses milagres abriram caminho para o discurso controverso em que se declarou o "pão da vida" (João 6:35), levando muitos de seus seguidores a abandoná-lo. Esse crescente descontentamento com Cristo se transformaria em ódio aberto durante a Festa dos Tabernáculos, em Jerusalém, alguns meses depois.

Essa festa era conhecida por seus rituais de coleta de água e o acendimento das luzes. Jesus fez referência a ambos os temas: primeiro, ao convidar os sedentos a virem até ele e, no dia seguinte, ao declarar ser a luz do mundo. Ao ouvirem isso, os judeus pegaram pedras para matá-lo, mas, como Jesus seguia um cronograma divino e sua hora ainda não havia chegado, conseguiu escapar.

O próximo ato de Jesus – curar um homem cego de nascença (o sexto sinal) – evidenciou a cegueira espiritual dos judeus excessivamente religiosos. Neles se manifestavam as marcas de uma incredulidade endurecida: padrões falsos, investigações tendenciosas, rejeição de verdades claras, egocentrismo e uma exigência constante por mais provas. O drama se intensificou ainda mais quando Cristo confrontou esses falsos pastores que levavam a nação ao erro e declarou ser "o bom pastor" (João 10:11). Isso levou os judeus a pegarem pedras para tentar executá-lo, mas Jesus escapou das mãos dos inimigos mais uma vez.

O breve período de Jesus na região além do Jordão chegou ao fim, e ele voltou para a área de Jerusalém. Sua morte na cruz estava agora a apenas alguns dias de distância, e a narrativa no Evangelho de João muda do ódio e rejeição para um testemunho inconfundível da glória de Cristo. Todo o ódio e rejeição dos judeus não conseguiram ofuscar a glória de Jesus, que foi manifesta na ressurreição de Lázaro. Esse sétimo sinal foi o ponto culminante do ministério público de Jesus. Ele evidenciou sua glória, pois não apenas apontou de forma nítida para sua divindade e fortaleceu a fé dos discípulos, mas também o conduziu diretamente à cruz.

REFLEXÕES

Jesus veio para nos salvar da morte espiritual. Se Jesus tivesse sido o Messias militar que o povo esperava, ele teria trazido um exército para Jerusalém e atacado os romanos. Em vez disso, confrontou um grupo de seus próprios compatriotas que estavam profanando o Templo. A questão mais importante para Jesus não era o exército de Roma, mas o Templo de Deus. O Messias não veio como um salvador militar, econômico, político ou social contra a injustiça e a opressão, mas como um Salvador espiritual para resgatar as pessoas do pecado e da morte.

Devemos nascer de novo. Jesus disse a Nicodemos: "Em verdade lhe digo que ninguém pode ver o reino de Deus se não nascer de novo" (João 3:3). Aqueles que estão espiritualmente mortos não têm vida para responder às coisas espirituais, muito menos para viver uma vida espiritual. Os que estão afastados de Deus são "zumbis espirituais": mortos ambulantes que não sabem que estão mortos. Eles cumprem as rotinas da vida, mas não vivem de fato. Uma pessoa morta precisa ser trazida de volta à vida. É isto que a salvação proporciona: vida espiritual.

Jesus é o único caminho para a salvação. Quando afirmamos que Jesus é o único caminho para Deus, não apenas expressamos nossa opinião sobre a religião verdadeira, mas anunciamos a revelação divina da verdade. Não dizemos que Jesus é a única "porta" para a salvação porque fomos salvos, porque isso combina com nossa personalidade ou porque somos intolerantes e exclusivos. Proclamamos isso porque *Deus* declarou em sua Palavra que Jesus é o único caminho para que as pessoas encontrem a salvação e a vida eterna. Proclamamos um evangelho estreito porque Jesus disse: "Eu sou a porta; quem entra por mim será salvo" (João 10:9).

PERGUNTAS DE ESTUDO

1. Quais descrições (títulos e termos) João Batista usa para apresentar a pessoa de Jesus Cristo ao mundo (veja João 1:29-38)?

2. Jesus disse a Nicodemos que ele precisaria nascer de novo para ver o reino de Deus (veja João 3:1-21). O que significa esse conceito? Como você o explicaria com suas próprias palavras?

3. Qual foi a postura de João Batista diante da crescente proeminência de Jesus (veja João 3:27-36)? Como os seguidores de João reagiram a esses acontecimentos?

4. Como você descreveria a mulher que Jesus encontrou no poço em Samaria (veja João 4:7-20)? O que você observa nela que o impressiona?

5. Como Jesus descreveu Deus, o Pai celestial, na conversa com a mulher samaritana (veja João 4:21-24)? Quais são as implicações dessa verdade?

6. Qual foi a resposta da multidão ao ensino de Jesus quando ele viajou para Jerusalém (veja João 7:1-24)? Como Jesus caracterizou o seu próprio ensino?

7. A que tipo de liberdade Jesus se referia em sua conversa com os "judeus que haviam crido nele" em João 8:31-36? O que eles disseram sobre Jesus nos versículos 48-53?

8. De que maneiras a ressurreição de Lázaro por Jesus foi um prenúncio de eventos futuros (veja João 11:43-44)? Como você acha que a multidão quando Jesus realizou esse milagre?

SEMANA 36

JESUS É A LUZ DO MUNDO

JOÃO 12—21

LEITURAS DIÁRIAS: **246** | João 12 **247** | João 13–14 **248** | João 15–16 **249** | João 17–18 **250** | João 19 **251** | João 20 **252** | João 21

Amor. Ódio. Crença. Rejeição. Jesus despertava reações diversas por onde quer que Jesus passasse em Jerusalém durante aquela semana final que antecedeu a cruz.

O Sinédrio e outros líderes judeus queriam a morte de Jesus, mas, porque ele era popular entre as multidões, temiam provocá-las se matassem Jesus durante a época da Páscoa. Enquanto isso, outras pessoas, como Maria, demonstraram profundo amor por ele. Pouco antes da entrada triunfal de Jesus em Jerusalém, Maria derramou seu perfume mais precioso e sua própria alma em um gesto de adoração total, ungindo os pés do Senhor. Nesse ato de amor e honra, ela entregou sua posse mais valiosa em uma demonstração sincera de devoção. Esse momento foi significativo, pois marcou a apresentação oficial de Jesus à nação como o Messias e o Filho de Deus.

Apesar das intenções dos líderes judeus, Jesus entrou na cidade obedecendo a seu próprio cronograma. Ao fazer isso, ele fez com que sua prisão e crucificação ocorressem exatamente no dia da Páscoa, quando os cordeiros eram sacrificados. No tempo perfeito de Deus, no momento exato predeterminado desde a eternidade, Jesus se apresentou para morrer.

E, com a cruz se aproximando, Jesus mudou completamente de um ministério público diante das multidões para um ministério privado diante de alguns poucos seguidores fiéis, dedicando-se aos seus discípulos.

Até esse ponto, João havia se concentrado na rejeição de Jesus pela nação. Agora, na noite que seria a traição e prisão de Jesus, João se concentra no pequeno grupo de pessoas que o receberam, bem como nas palavras e obras de despedida de Cristo. Esses atos e diálogos finais compõem o legado de Jesus para seus seguidores.

Poucas horas antes de sua prisão, quando reuniu seus discípulos em um cenáculo para compartilhar uma última refeição, Jesus pegou uma toalha e uma bacia de água e lavou os pés dos discípulos. Isso os chocou e constrangeu, porque, embora as condições empoeiradas da região tornassem necessária a lavagem dos pés, esse ato era reservado ao mais humilde dos servos. Assim, Jesus demonstrou a profundidade de seu amor por aqueles homens. Ele também ensinou a lição do serviço altruísta, que seria exemplificada de forma suprema por sua morte na cruz. Além disso, as ações de Cristo serviram como símbolo de purificação espiritual e modelo de humildade cristã.

JERUSALÉM NO TEMPO DE JESUS

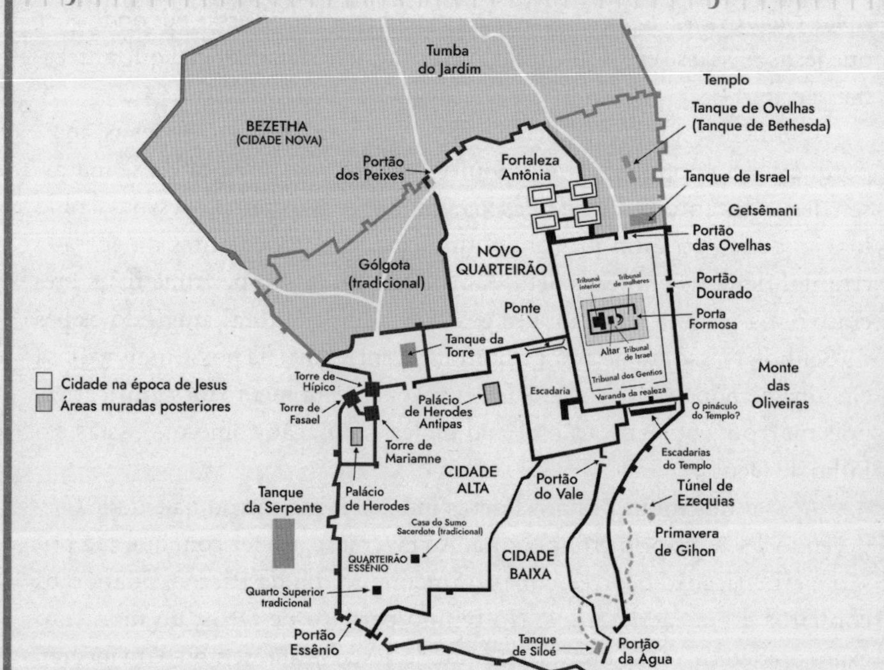

Jesus lavou até mesmo os pés de Judas, e depois disse: "Em verdade lhes digo que um de vocês me trairá" (João 13:21). Os discípulos ficaram perplexos com essa fala, mesmo depois de Jesus identificar o traidor ao molhar um pedaço de pão no vinho e entregá-lo a Judas. Em seguida, Jesus lhe disse: "O que você está para fazer, faça depressa" (v. 27). Em seguida, ainda naquela noite, Judas foi aos líderes judeus para trair Jesus.

Jesus, então, fez seu discurso de despedida, prometendo enviar aos onze discípulos "o Espírito da verdade" (João 14:17) e dizendo-lhes: "Dentro de pouco tempo, o mundo não me verá mais" (v. 19). Os discípulos mal sabiam que seu mundo estava prestes a ser despedaçado. Eles ficariam perplexos, confusos e tomados de ansiedade pelos acontecimentos seguintes. Ao antecipar essa devastação, Jesus lhes dirigiu palavras de consolo, com ênfase na promessa de que ele é aquele que dá conforto aos crentes, não apenas por meio de seu retorno vindouro, mas também, no presente, pelo ministério poderoso do Espírito Santo.

Jesus também apresentou uma longa metáfora da vida agrícola: a videira e os ramos. Jesus afirmou que ele era a videira, seu Pai era o agricultor, e os discípulos eram os ramos. Ele usou essa ilustração porque a videira e os ramos retratam perfeitamente a necessidade de frutificação na vida do crente e o fato de essa experiência ser impossível sem que haja um relacionamento rico, profundo, vital e contínuo com Cristo. Jesus advertiu que aqueles que vivessem essa vida frutífera encontrariam o ódio do mundo, assim como ele próprio enfrentou. Mas os discípulos não deveriam entrar em pânico. O Espírito de Deus viria, não apenas como auxiliador e consolador, mas também como aquele que convenceria todos os que fossem hostis ao evangelho.

Em seguida, Jesus orou por seus seguidores. Essa oração revelou tanto a genuína comunhão face a face do Filho com seu Pai celestial quanto forneceu um relato detalhado do conteúdo da comunicação entre Deus Pai e Deus Filho. A oração também formou uma espécie de transição, marcando o fim do ministério terreno de Jesus e o início de seu ministério de intercessão em favor dos crentes.

A partir desse ponto, João narra o fluxo lógico dos acontecimentos: rejeição, prisão, julgamentos e execução de Jesus. No entanto, longe de enfraquecer a missão de Cristo, cada ato humilhante e vergonhoso sofrido por ele serviu, na realidade, como prova de sua verdadeira identidade e do

> Eu sou a videira verdadeira, e o meu Pai é o agricultor. Ele corta todo ramo que, estando em mim, não der fruto. E poda todo aquele que der fruto, para que dê mais fruto ainda.
>
> João 15:1-2

propósito de sua vinda ao mundo. Na crucificação de Jesus, vemos tanto o clímax da história da redenção quanto a culminação da maldade humana. A execução do Salvador representou a mais extrema expressão da depravação, mas nem mesmo o auge do mal conseguiu apagar a Luz do mundo. Jesus ressuscitou dos mortos, aparecendo a Maria Madalena próximo ao túmulo e, depois, a seus seguidores em diferentes ocasiões: a Pedro e a vários outros discípulos que haviam voltado da pesca. Foi nesse momento que Jesus restaurou Pedro, instruindo-o: "Pastoreie as minhas ovelhas" (João 21:16).

Com a exceção posterior de Paulo, o Cristo ressuscitado não apareceu a descrentes, pois sabia que a evidência de sua ressurreição não os convenceria, uma vez que nem mesmo seus outros milagres foram suficientes para convencê-los. Assim, ele apareceu exclusivamente aos seus para confirmar a fé deles no Cristo ressuscitado. Essas aparições foram tão impactantes que transformaram os discípulos. Homens outrora covardes, escondidos por causa do medo, tornaram-se testemunhas ousadas de Jesus. No final, este foi o propósito de João ao registrar essas aparições pós-ressurreição: oferecer a prova definitiva de que Jesus era verdadeiramente o Messias e o Filho de Deus que entregou a vida pelos seus.

REFLEXÃO

Deus um dia acabará com a maldição. Jesus disse a Marta: "Eu sou a ressurreição e a vida. Aquele que crê em mim, ainda que morra, viverá; e todo aquele que vive e crê em mim jamais morrerá eternamente" (João 11:25-26). Desde que Adão e Eva pecaram no jardim do Éden, há uma maldição sobre a terra (veja Gênesis 3:14-19), e essa maldição lançou a terra e todos os seus habitantes em desastres, lágrimas, doenças e sepultura. O pecado não era o propósito de Deus para a humanidade. Todas as coisas no mundo foram criadas para o bem e a bênção da humanidade, mas o pecado corrompeu essa bondade e essa bênção, trazendo em seu lugar uma maldição. Jesus veio para trazer vida e, um dia, no tempo de Deus, o pecado terá cumprido seu curso e será destruído para sempre. Como proclamou o apóstolo Paulo: "'Onde está, ó morte, a sua vitória? Onde está, ó morte, o seu aguilhão?' O aguilhão da morte é o pecado, e o poder do pecado é a lei. Mas graças a Deus que nos dá a vitória por meio do nosso Senhor Jesus Cristo" (1Coríntios 15:55-57).

Devemos ser generosos em nossa adoração. Em um grande ato de amor, "Maria pegou uma litra de nardo puro, que era um perfume caro, derramouo sobre os pés de Jesus e os enxugou com os cabelos" (João 12:3). Nesse ato de honra e devoção, Maria derramou sua alma diante do Senhor, sem qualquer preocupação com contenção ou economia. Ela não ofereceu seu tesouro para sustentar um programa ou ministério, mas o entregou diretamente a Jesus. Ela não buscou de forma egoísta um resultado tangível de sua generosidade, mas, sem hesitação, ofereceu seu bem mais precioso ao Senhor em um ato de plena adoração. Da mesma forma, Deus deseja nossa adoração e louvor: "Venham! Adoremos prostrados e ajoelhemos diante do Senhor, o nosso Criador. Pois ele é o nosso Deus, e nós somos o povo do seu pastoreio, o rebanho sob os seus cuidados" (Salmos 95:6-7).

Jesus nos chama a colocar os outros antes de nós mesmos. Judeia era um lugar de muita poeira, fazendo-se necessário lavar os pés. Embora os discípulos provavelmente estivessem dispostos a lavar os pés de Jesus, eles não conseguiam conceber a ideia de lavar os pés uns dos outros. Isso acontecia porque, na época, o ato de lavar os pés era reservado para os servos mais humildes. Colegas de mesma classe não lavavam os pés uns dos outros, salvo raras exceções e como um sinal de grande amor. Em Lucas 22:24, lemos que os discípulos estavam tão ocupados discutindo sobre quem era o maior entre eles que nenhum deles parou para lavar os pés – então, Jesus fez o trabalho. Quando Jesus fez isso, todos ficaram chocados. Pedro até protestou contra a ação de Cristo: "'Nunca lavarás os meus pés!' Jesus respondeu: 'Se eu não os lavar, você não tem parte comigo'" (João 13:8). Jesus estava modelando como o amor e o serviço aos outros devem ser no reino de Deus: "... se eu, sendo Senhor e Mestre de vocês, lavei os pés de vocês, então vocês também devem lavar os pés uns dos outros" (v. 14). O ato de Jesus de lavar os pés de seus discípulos também serve de símbolo de purificação espiritual e de modelo de humildade cristã.

Devemos permanecer em Cristo. Jesus disse aos seus discípulos: "Eu sou a videira, e vocês, os ramos. Se alguém permanecer em mim, e eu permanecer nele, esse dará muito fruto, pois sem mim vocês não podem fazer nada" (João 15:5). Jesus usou a ilustração da videira por três razões. Primeiro, seus discípulos reconheceriam a analogia imediatamente, pois Israel era muitas vezes referido como uma videira nas Escrituras do Antigo Testamento. Segundo, as videiras cresciam por toda parte na Palestina. Quando Jesus falou sobre os procedimentos de poda, ele descrevia com exatidão o que os viticultores faziam para produzir boas colheitas de uvas. Terceiro, a videira e os ramos são a perfeita ilustração do tipo de relacionamento que deve existir entre Jesus e qualquer pessoa que queira ser seu discípulo. Essa analogia é para todos os cristãos. Para que alguém conheça a vida e dê fruto, essa pessoa deve estar conectada a Jesus Cristo.

Nosso trabalho é uma extensão do trabalho de Cristo. Jesus disse a seu Pai celestial: "Eu te glorifiquei na terra, completando a obra que me deste para fazer" (João 17:4). Na encarnação de Jesus (seu ato de se tornar um ser humano de carne e osso na terra, sendo também plenamente Deus), ele glorificou seu Pai celestial ao cumprir sua missão de reconciliar as pessoas caídas e pecadoras com seu Criador e de proporcionar a vida eterna àqueles que decidirem confiar nele. O grande propósito de Jesus nesta terra foi "buscar e salvar o que estava perdido" (Lucas 19:10), e essa também é a grande missão da igreja de Cristo. O trabalho da igreja é uma extensão do trabalho de seu Senhor. "Como me enviaste ao mundo, assim eu os enviei ao mundo" (João 17:18).

Jesus suportou a vergonha da cruz por nós. "[Jesus,] levando a sua própria cruz, ele saiu para o lugar chamado Caveira [...]. Ali o crucificaram" (João 19:17-18). A vítima de uma crucificação geralmente era pregada ou amarrada a uma estaca de madeira e deixada para morrer. A crucificação era utilizada por muitas nações do mundo antigo, incluindo a Assíria, Média e Pérsia. (Alexandre, o Grande, crucificou 2 mil habitantes de Tiro quando capturou a cidade.) A crucificação era a forma mais severa de execução empregada pelos romanos, reservada apenas para escravos e criminosos. Nenhum cidadão romano podia ser crucificado. Na crucificação de Cristo, a maldade da humanidade atingiu o seu ápice. A execução do Salvador foi a mais vil expressão do mal na história humana, o mais profundo nível da depravação do homem. Aliás, relatos indicam que cristãos da igreja primitiva suplicavam o perdão de Deus pelos sofrimentos desconhecidos que haviam causado a Jesus, reconhecendo que não podiam conceber toda a extensão da dor que ele suportou pelas mãos dos homens: uma dor à qual sabiam que seus próprios pecados haviam contribuído. No entanto, Jesus, por nossa causa, "suportou a cruz, ao desprezar a vergonha, e assentou-se à direita do trono de Deus" (Hebreus 12:2).

A ORAÇÃO SACERDOTAL DE JESUS	
Por si mesmo: Afirma a glória da cruz, expressa a essência da vida eterna e se alegra na glória compartilhada com o Pai.	João 17:1-5
Por seus discípulos: Ora pelo conhecimento, perseverança, alegria, santificação e pela missão deles na terra.	João 17:6-19
Por futuros crentes: Ora pela unidade entre eles, pela perfeita união, pela futura presença deles com ele e pelo amor mútuo uns pelos outros.	João 17:20-26

PERGUNTAS DE ESTUDO

1. Jesus e seus discípulos fizeram uma refeição na casa de Marta, Maria e Lázaro (veja João 12:1-7). Como as atitudes e o comportamento de Maria contrastaram com os de Judas?

2. Como Jesus procurou confortar seus discípulos confusos durante as horas finais antes de sua morte (veja João 14:1-4)? Quais foram as garantias dadas por ele?

3. Em suas próprias palavras, resuma as ideias principais do que Cristo ensinou em sua metáfora da videira e dos ramos (veja João 15:1-17).

4. Que advertência Jesus deu aos seus seguidores sobre como o mundo os trataria (veja João 15:18-25)? Você já passou por algo semelhante?

5. Como Jesus demonstrou sua divindade no momento de sua prisão no jardim do Getsêmani (veja João 18:2-14)? Por que esses atos apenas intensificaram a culpa dos inimigos de Jesus?

6. Compare a resposta de Pedro no jardim do Getsêmani com sua resposta no julgamento de Jesus (veja João 18:10-27). Por que você acha que houve uma mudança tão grande nele?

7. Como Jesus lidou com a dúvida de Tomé após a ressurreição (veja João 20:24-29)? Qual é a diferença entre a dúvida honesta e o ceticismo de um coração endurecido?

8. Qual razão ou propósito João apresenta para ter escrito o seu Evangelho (veja João 20:30-31)? Quão efetivamente esse propósito tem se realizado em sua vida?

SEMANA 37

A IGREJA TEM UMA MISSÃO

ATOS 1–14

LEITURAS DIÁRIAS: **253** | Atos 1–2 **254** | Atos 2–4 **255** | Atos 5–6
256 | Atos 7–8 **257** | Atos 9–10 **258** | Atos 11–12 **259** | Atos 13–14

No final do Evangelho de Lucas, o Cristo ressuscitado comissionou seus discípulos a pregarem a todas as nações em seu nome, começando por Jerusalém. É exatamente neste ponto que encontramos os seguidores de Jesus quando Lucas continua seu relato cuidadosamente documentado sobre a fundação do cristianismo. Os apóstolos e outros discípulos de Jesus estão em Jerusalém para a festa de Pentecostes.

Após a ascensão de Cristo aos céus, havia chegado o momento do cumprimento de sua promessa sobre a habitação do Espírito nos crentes. Esse derramamento milagroso de Deus daria nascimento à igreja e capacitaria os fiéis a levarem a mensagem transformadora do evangelho ao mundo. Isso ocorreu no Dia de Pentecostes, quando os crentes (cerca de 120 no total) estavam reunidos em um cenáculo. De repente, "Apareceram línguas de fogo, que se separaram e pousaram sobre cada um deles" e todos "ficaram cheios do Espírito Santo" (Atos 2:3-4).

Pedro, então, pregou um sermão que resultou em 3 mil conversões, dando o primeiro passo da igreja em sua missão. Ele e João foram os primeiros líderes dessa nova comunidade. Uma cura no Templo lhes deu oportunidade para declarar que Jesus, crucificado e ressuscitado, era o Messias profetizado. No entanto, a pregação deles fez com que se tornassem alvo do Sinédrio – as mesmas autoridades que haviam prendido Jesus. Sem se deixarem intimidar pelas ameaças, os crentes oraram pedindo coragem; os apóstolos continuaram a pregar; e todos continuaram a cuidar uns dos outros com tamanha generosidade que aqueles de fora da igreja ficaram surpresos.

As autoridades judaicas ofendidas, lideradas pelo sumo sacerdote, logo prenderam e encarceraram Pedro e seus companheiros. Contudo, Deus libertou milagrosamente seus porta-vozes, e os apóstolos voltaram ao Templo para retomar a pregação. Depois disso, "Todos os dias, no templo e de casa em casa, não deixavam de ensinar e anunciar que Jesus é o Cristo" (Atos 5:42).

O rápido crescimento da igreja trouxe um grande número de novos membros. Esse aumento gerou mais necessidades e exigiu a criação de novos ministérios. Em pouco tempo, questões administrativas e logísticas começaram a ocupar boa parte do tempo dos apóstolos. Para não deixarem de lado a oração e o ensino da Palavra de Deus, eles encarregaram um grupo de homens para cuidar das necessidades urgentes da comunidade.

Estêvão, um dos primeiros "diáconos" nomeados, ministrava com grande poder entre o povo até enfrentar um grupo de judeus que mentiram a seu respeito diante das autoridades religiosas. Após sua prisão, Estêvão fez uma breve revisão da história de Israel diante do sumo sacerdote e do poderoso conselho dos judeus e, em seguida, acusou aqueles homens de assassinar o Messias. Seu sermão franco enfureceu os judeus, e Estêvão tornou-se o primeiro mártir da história da igreja.

A morte de Estêvão pareceu intensificar a perseguição dos judeus contra os seguidores de Cristo. Sob a perspectiva humana, foi um desdobramento trágico. Contudo, do ponto de vista divino, tudo servia a um propósito maior: a perseguição levou os cristãos a se dispersarem pelas regiões da Judeia e da Samaria. Assim, mesmo em meio a intensa oposição, a igreja continuou a se expandir.

O ministério do discípulo Filipe se estendeu além da Samaria. Lucas revela que Filipe, durante esse tempo de intensa perseguição à igreja, foi soberanamente instruído a seguir para o sul, rumo ao deserto. No caminho, ele encontrou um oficial da corte da rainha da Etiópia. A conversa e a evangelização do eunuco etíope por Filipe revelam uma verdade maravilhosa: a mensagem de Cristo era – e ainda é – um evangelho para todo o mundo. Todas as nações e línguas seriam convidadas e incluídas no reino de Deus.

O que aconteceu em seguida provou ser outro evento monumental na história da igreja. Um homem chamado Saulo de Tarso havia se destacado na liderança das perseguições judaicas contra a igreja. Ele mais tarde seria responsável pela disseminação do cristianismo por todo o Império Romano. Mas, antes que Cristo pudesse usar esse homem talentoso, ele precisava transformá-lo. A mudança em

Saulo, a partir de seu dramático encontro com Cristo na estrada de Damasco, foi instantânea. Em menos de uma semana, ele passou de respirar "ameaças e morte contra os discípulos do Senhor" (Atos 9:1) para pregar Jesus como o Filho de Deus nas sinagogas. A igreja ficou desconfiada no início – o que era totalmente compreensível. Porém, a pregação poderosa e persistente de Saulo, bem como as tentativas das autoridades judaicas de matá-lo, convenceu os apóstolos de que sua conversão era genuína; desse modo, ele foi aceito como um deles.

Outro momento decisivo ocorreu quando o Espírito Santo providenciou para que um oficial gentio do exército chamado Cornélio visitasse Pedro. Em uma visão, Pedro foi instruído: "Não chame impuro ao que Deus purificou" (Atos 10:15). Deus estava dizendo a Pedro que ele não faria acepção entre judeus e gentios quanto à aceitação em seu reino. Cornélio, por sua vez, convidou Pedro a visitar sua casa em Cesareia. Quando ele, sua família e seus amigos receberam a palavra de Deus por meio da pregação de Pedro, eles tiveram a mesma experiência com o Espírito Santo que os crentes judeus tiveram no Pentecostes.

Os crentes judeus que acompanhavam Pedro ficaram maravilhados. Esse encontro evangelístico não foi um acaso; Deus havia confirmado sua aceitação dos gentios como herdeiros de sua graça. As autoridades romanas, percebendo que eram incapazes de impedir as multidões de abraçarem essa nova fé, lançaram um ataque direto contra os líderes dos cristãos: um ataque que ia muito além de ameaças e advertências, resultando na execução de Tiago e na prisão de Pedro por Herodes. Ao que tudo indica, Pedro também seria morto, mas Deus enviou um anjo para libertá-lo da prisão.

O Espírito Santo escolheu Saulo (agora chamado Paulo) e Barnabé como mensageiros do movimento missionário da igreja. Paulo, Barnabé e João Marcos (primo de Barnabé) embarcaram em uma viagem, fazendo uma parada em Chipre, onde confrontaram um falso profeta. A missão, então, seguiu para Perge. Por uma razão desconhecida, João Marcos deixou a missão e retornou a Jerusalém, enquanto Paulo e Barnabé continuaram a caminho de Antioquia.

A reação inicial à pregação de Paulo foi favorável, mas líderes judeus invejosos entre o público tentaram desacreditar o apóstolo e sua mensagem. Mesmo assim, os gentios presentes abraçaram o evangelho. Isso provocou ainda mais a ira dos líderes judeus, que incitaram uma multidão para expulsar Paulo e Barnabé da cidade. Esses eventos servem como um microcosmo do ministério de Paulo: forte oposição da maioria dos judeus e aceitação do evangelho por muitos gentios. A perseverança do apóstolo diante da perseguição, bem como o crescimento da igreja apesar de muitos desafios, é um testemunho do poder do Espírito Santo. No entanto, o crescente número de convertidos gentios em uma igreja até então exclusivamente judaica prepararia o cenário para uma controvérsia futura.

REFLEXÕES

Devemos pregar o evangelho. A igreja hoje tem o costume de enfatizar muitos programas, métodos e abordagens diferentes para o ministério – e muitos deles são úteis para os crentes. No entanto, o que muitas vezes é sacrificado nessas atividades é a prioridade da pregação. O primeiro evento na história da igreja, após a vinda do Espírito Santo, foi o sermão de Pedro. Esse sermão resultou em 3 mil conversões e culminou no início da igreja. O livro de Atos é, em grande parte, o registro da pregação apostólica. A pregação sempre foi central para a missão da igreja.

O Espírito Santo pode santificar vidas. O Espírito Santo transformou Saulo de duas maneiras fundamentais. Primeiro, ele refinou as forças naturais de Saulo, isto é, seus dons como líder, como um homem de convicções e como um profundo pensador. Segundo, ele eliminou características indesejáveis em Paulo, substituindo seu ódio cruel por amor, seu espírito agressivo por paz, seu tratamento severo para com as pessoas por gentileza, e seu orgulho por humildade. Somente o Espírito de Deus pode santificar uma vida de forma tão completa!

Todos são bem-vindos na igreja. O mundo expressa sua intolerância e preconceito em todos os níveis, desde o preconceito silencioso até a guerra declarada. A igreja não está imune a essa tendência. Aqueles que pertencem a outras culturas, raças, posições sociais ou níveis de renda muitas vezes se sentem indesejados na igreja. Esse exclusivismo intolerante entristece o coração do Pai, "que deseja que todos os homens sejam salvos" (1Timóteo 2:4).

PERGUNTAS DE ESTUDO

1. Que palavras e expressões Lucas usa em seu parágrafo de abertura (veja Atos 1:1-5) para reforçar a verdade da ressurreição de Cristo?

2. O que os crentes fizeram após a ascensão de Jesus aos céus? O que nos é dito sobre a identidade desse grupo (veja Atos 1:12-26)?

3. Quais são alguns dos nomes dados a Jesus que Pedro usou em sua pregação (veja Atos 3:12-26, 4:8-12, 5:29-31)? Como a visão dos discípulos sobre Cristo se expandiu?

4. Lucas inclui uma história em Atos 5:1-11 que contém um sério alerta contra o pecado na igreja. Quais são as implicações desse evento para a igreja hoje?

5. Quais eram os requisitos para os homens escolhidos para liderar os ministérios de serviço da igreja (veja Atos 6:1-7)? Por que essas qualidades seriam necessárias?

6. O que aconteceu imediatamente após a morte de Estêvão (veja Atos 8:1-3)? Por que você acha que o assassinato de Estêvão não apaziguou aqueles que eram contrários ao evangelho?

7. Revise a Parábola do Semeador que Jesus contou em Mateus 13:3-8,18-23. Como ela ilustra as diferentes reações ao evangelho relatadas em Atos 8?

8. O que aconteceu com Saulo enquanto ele ia a Damasco para capturar mais cristãos? Como seus companheiros de viagem reagiram (veja Atos 9:1-9)?

SEMANA 38

A IGREJA DEVE AGIR EM SUA MISSÃO

ATOS 15–28

LEITURAS DIÁRIAS: **260** | Atos 15–16 **261** | Atos 17–18 **262** | Atos 19–20 **263** | Atos 21–22 **264** | Atos 23–24 **265** | Atos 25–26 **266** | Atos 27–28

A inclusão crescente de gentios na igreja revelou sentimentos latentes de orgulho e preconceito. Alguns judeus legalistas chegaram a exigir que os novos convertidos fossem circuncidados. Discussões acaloradas entre os grupos levaram à convocação do primeiro concílio da igreja, no qual os apóstolos e anciãos discutiram a relação entre a Lei de Moisés e o evangelho da graça.

Esse concílio ecumênico estabeleceria a resposta para a mais importante de todas as perguntas doutrinárias: "O que uma pessoa precisa fazer para ser salva?". O Concílio de Jerusalém (como passou a ser conhecido) concluiu que os gentios são coparticipantes dos judeus no plano eterno de Deus e que a salvação dependia exclusivamente da fé em Jesus – não da obediência à Lei de Moisés.

Quando chegou o momento da segunda viagem missionária, Barnabé e Paulo discordaram a respeito de João Marcos. Barnabé queria levar seu primo, mas Paulo recusou, citando seu abandono durante a primeira jornada evangelística. Assim, pela soberania de Deus, formaram-se duas equipes missionárias: Paulo e Silas, e Barnabé e Marcos. As duas equipes partiram de Antioquia em direções diferentes, de modo que Paulo e Silas retornaram às igrejas da Ásia Menor.

Em Listra, Paulo conheceu Timóteo, que se tornaria um colega muito querido. Impedidos pelo Espírito Santo de irem às províncias da Ásia e da Bitínia, Paulo e seus companheiros foram direcionados, em vez disso, para a cidade de Trôade. Ali, Paulo teve uma visão divina instruindo-o a ir para a Macedônia.

Em Filipos, eles encontraram um grupo de mulheres tementes a Deus. Em seguida, Paulo e Silas seguiram para Tessalônica, onde testemunharam uma reação comum à pregação do evangelho: avivamento entre os gregos, mas oposição intensa por parte dos líderes judeus. A agitação os obrigou a partir para Bereia, mas logo judeus hostis de Tessalônica chegaram ali e começaram a minar o trabalho de Paulo. Como resultado, o grande evangelista foi para Atenas.

No Areópago, Paulo pregou com poder o evangelho do Cristo ressuscitado, usando conceitos e termos que os filósofos atenienses podiam compreender facilmente. Alguns zombaram de sua mensagem; outros quiseram ouvir mais. Em seguida, Paulo seguiu para Corinto, onde conheceu Priscila e Áquila, um casal que se mostrou fiel parceiro no evangelho. Após algumas paradas na Síria e em Éfeso, ele retornou à igreja em Jerusalém para relatar suas atividades. Isso marcou o fim de sua segunda viagem missionária.

Acredita-se que Paulo tenha iniciado sua terceira viagem missionária na tentativa de desfazer os danos que os opositores do evangelho causaram nas igrejas. Começando por Antioquia, o grande apóstolo viajou pelas regiões da Galácia e da Frígia até Éfeso. Seu ministério ali durou mais de dois anos, até que os comerciantes locais, que vendiam ídolos da deusa Diana, instigaram um motim, alegando que a expansão do cristianismo ameaçava seu sustento.

De Éfeso, Paulo seguiu para Acaia. Em Atenas, foi novamente protegido pela mão divina contra um plano assassino de judeus. Ao chegar a Mileto, o apóstolo convocou os presbíteros da igreja de Éfeso para se despedir deles em uma cena emocionante. Esse momento revelou a presença de um grupo bem treinado de discípulos que levaria a mensagem de Cristo por toda a Ásia.

Durante sua passagem por Tiro e Cesareia, Paulo foi advertido por profecias de que enfrentaria prisão caso seguisse para Jerusalém. Mesmo assim, ele decidiu seguir em frente, disposto a cumprir sua missão, ainda que isso custasse sua vida por causa de Cristo. Ao chegar a Jerusalém, foi bem recebido pelos crentes. No entanto, devido à forte animosidade dos judeus contra ele, Tiago e os presbíteros o encorajaram a participar de uma cerimônia pública de purificação no Templo, na esperança de acalmar os falsos rumores de que Paulo estaria atacando a Lei de Moisés.

A PRIMEIRA E A SEGUNDA VIAGENS DE PAULO

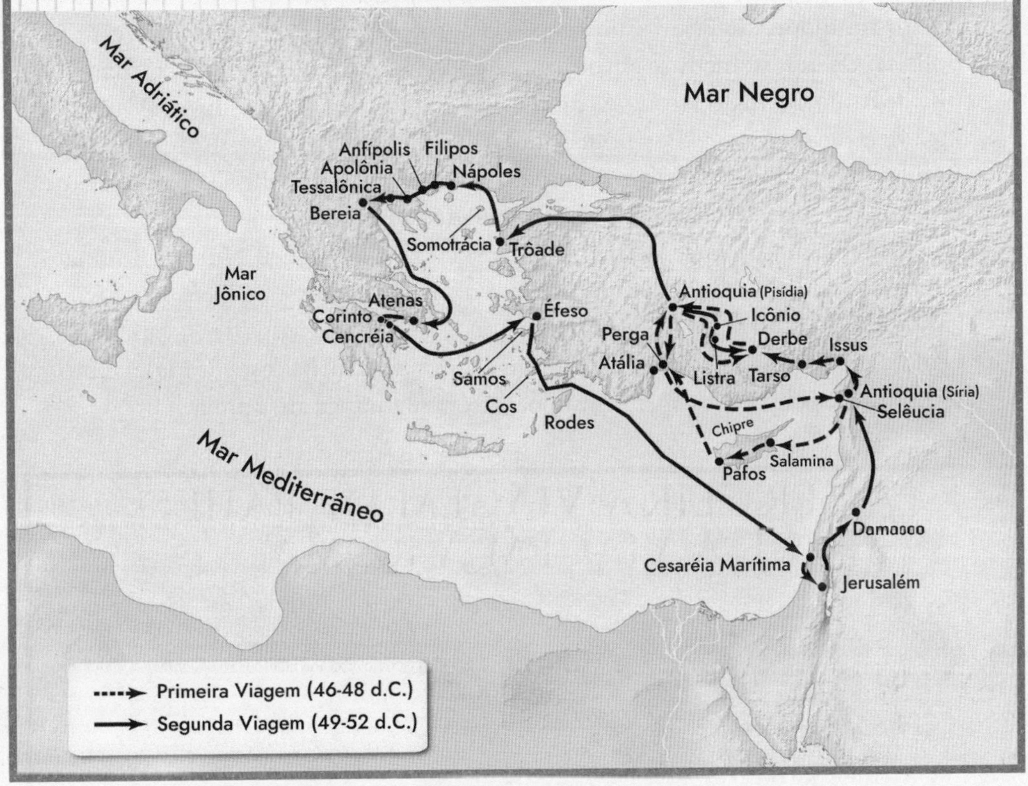

A tentativa de acalmar os opositores do evangelho se provou, no fim, um completo fracasso. Um grupo de judeus vindos da Ásia levantou acusações falsas e inflamadas contra Paulo, incitando uma multidão furiosa que quase o espancou até a morte. Foi somente graças à rápida intervenção de soldados romanos que sua vida foi poupada. Em seguida, Paulo dirigiu-se à multidão e apresentou-se como um judeu devoto, formado sob a orientação do renomado mestre Gamaliel. Relatou ainda seu extraordinário encontro com o Cristo ressuscitado no caminho de Damasco. Todavia, ao mencionar que Jesus o havia enviado aos gentios, a multidão explodiu em fúria.

Paulo, escapando por pouco dos açoites, foi levado diante do conselho judaico. O ambiente era de extrema tensão, e o sumo sacerdote ordenou que Paulo fosse esbofeteado logo após o apóstolo pronunciar a primeira frase de sua defesa!

Paulo também enfrentou três julgamentos. O primeiro foi diante de Félix, o governador romano em Cesareia. O segundo ocorreu dois anos depois, diante de um novo governador, Festo. Nesse ponto, Paulo usou seus direitos como cidadão romano para solicitar uma audiência diante de César. Seu terceiro julgamento foi diante de Festo e do rei Agripa, que estava em Cesareia em visita política. Os dois homens se envolveram em uma controvérsia sobre o testemunho de Paulo; Festo declarou: "As muitas letras o estão levando à loucura!" (Atos 26:24), e Agripa disse: "Por pouco me convence a tornar-me cristão" (v. 28). Embora tenha sido decidido que Paulo não havia feito nada digno de morte ou prisão, ele e outros prisioneiros foram enviados à Itália.

O mau tempo no mar Mediterrâneo tornou a viagem difícil. No auge de uma tempestade, Paulo reuniu a tripulação do navio e declarou que Deus lhe havia garantido chegada segura a Roma e que todos os companheiros de viagem também seriam protegidos. O navio encalhou e se despedaçou na costa de Malta, mas todos os 276 ocupantes conseguiram nadar em segurança até a praia.

A TERCEIRA VIAGEM DE PAULO E A VIAGEM A ROMA

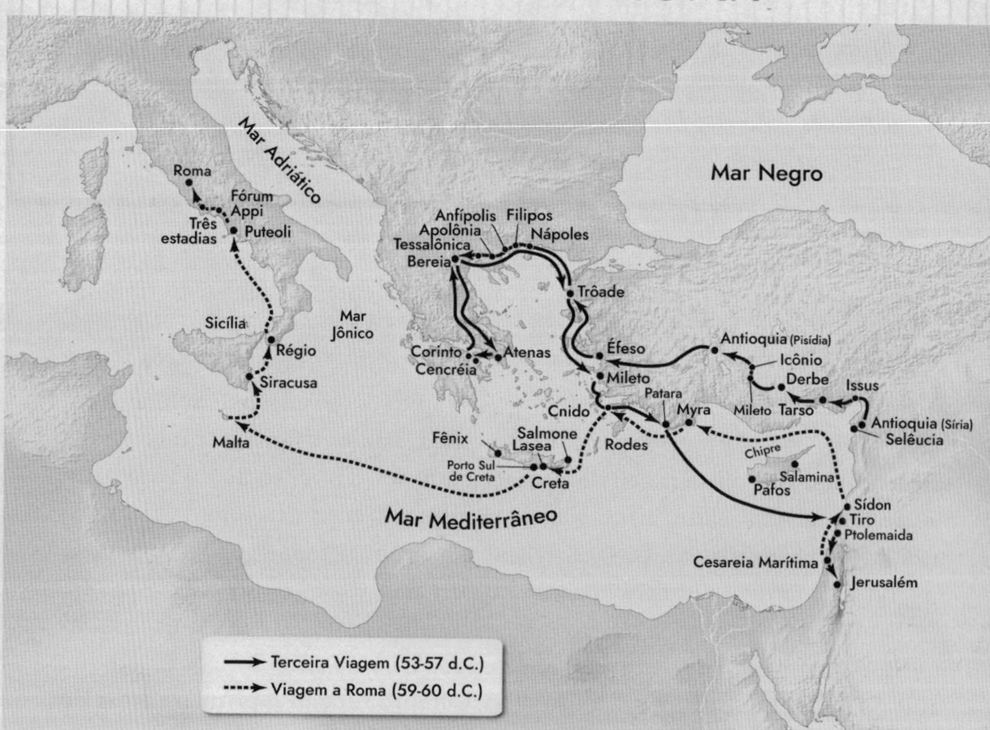

Durante os três meses de permanência ali, as forças do inferno tentaram impedi-lo de chegar a Roma, mas ele foi acolhido com hospitalidade. Quando enfim chegou à Itália, Paulo foi calorosamente recebido por alguns crentes e colocado em prisão domiciliar, em vez de ser levado a um presídio romano. O efeito vinculativo de sua apelação para ser ouvido por César o levou como prisioneiro à capital do Império Romano, onde aguardava julgamento. Em breve, Paulo começaria a ministrar na cidade mais influente do mundo.

REFLEXÕES

A salvação vem somente pela fé em Cristo. Historiadores apontam para sete concílios ecumênicos na história da igreja primitiva, destacando especialmente os Concílios de Niceia (325 d.C.) e Calcedônia (451 d.C.). No entanto, o concílio mais importante foi o primeiro, o Concílio de Jerusalém, porque estabeleceu a resposta à questão doutrinária mais importante sobre *o que uma pessoa deve fazer para ser salva*. Os apóstolos e os presbíteros resistiram aos esforços de impor o legalismo e o ritualismo como pré-requisitos necessários para a salvação. Tiago, o líder da igreja em Jerusalém, declarou: "Portanto, julgo que não devemos criar dificuldades para os gentios que estão se convertendo a Deus. Ao contrário, devemos escrever a eles, dizendolhes que se abstenham de comida contaminada pelos ídolos, da imoralidade sexual, da carne de animais estrangulados e do sangue" (Atos 15:19-20). Dessa forma, os apóstolos e presbíteros afirmaram para sempre que a salvação se dá totalmente pela graça, somente pela fé em Cristo.

Conflitos ocorrerão quando o evangelho for pregado. "Os judeus, porém, ficaram com inveja. Reuniram alguns homens perversos dentre os desocupados e, com a multidão, iniciaram um tumulto na cidade. Invadiram a casa de Jasom..." (Atos 17:5). Conflitos muitas vezes surgem quando o verdadeiro evangelho é pregado. O evangelho não une a todos, nem é uma opinião tolerável que os incrédulos possam aceitar ou rejeitar sem consequências. Pelo contrário, ele divide as pessoas, separando os arrependidos dos de coração endurecido, os salvos dos perdidos, os justos dos depravados, e aqueles que amam a verdade daqueles que a rejeitam.

Os crentes abalam o mundo. A multidão que atacou a casa de Jasom fez a seguinte acusação contra Paulo e seus companheiros: "Esses homens que têm alvoroçado o mundo inteiro chegaram agora aqui" (Atos 17:6). Para que os cristãos causem esse tipo de impacto, é necessário unir coragem com o conteúdo certo. A mensagem verdadeira, se não houver ousadia para proclamá-la, perde sua eficácia. Por outro lado, declarar falsidades com coragem, como fazem muitas seitas, pode ser ainda mais destrutivo. Proclamar a *verdade* com ousadia, como fez Paulo, inevitavelmente transforma o mundo.

Empunhamos a espada do Espírito. A arma que os cristãos devem empunhar em sua batalha contra Satanás é "a espada do Espírito, que é a palavra de Deus" (Efésios 6:17). Mesmo o livro de Atos, que registra o ministério evangelístico dos apóstolos, enfatiza a pregação da Palavra mais do que sinais, prodígios, milagres e exorcismos. Na realidade, logo no início do livro, os apóstolos definem as prioridades de seu ministério na igreja: "Assim, nós nos dedicaremos à oração e ao ministério da palavra" (Atos 6:4). Como o apóstolo Paulo mais tarde escreveria: "Ai de mim se não pregar o evangelho!" (1Coríntios 9:16).

Deus nos dá oportunidades para compartilhar o evangelho. Perto do final do livro de Atos, lemos que Paulo se encontrava em uma situação desesperadora ao retornar à cidade de Jerusalém. "Toda a cidade ficou alvoroçada, e juntou-se uma multidão. Agarrando Paulo, arrastaramno para fora do Templo, e imediatamente as portas foram fechadas" (Atos 21:30). A multidão não havia se reunido para ouvir Paulo pregar, mas para espancá-lo e matá-lo ali mesmo. O apóstolo Paulo, no entanto, usou essa ocasião para proclamar ao povo judeu como o poder salvador de Deus transformara sua vida. "Paulo levantou-se na escadaria e fez sinal com a mão à multidão. Quando todos fizeram silêncio, dirigiu-se a eles em língua hebraica: 'Irmãos e pais, ouçam agora a minha defesa'" (21:40—22:1). Deus nos dá oportunidades para compartilhar a mensagem da salvação. A questão é: vamos agir quando ele nos der essas oportunidades?

Somos todos chamados a fazer nossa parte por Cristo. O livro de Atos termina com a seguinte frase: "Por dois anos inteiros, Paulo permaneceu na casa que havia alugado e recebia todos os que iam vê-lo. Pregava o reino de Deus e ensinava a respeito do Senhor Jesus Cristo abertamente, sem impedimento algum" (Atos 28:30-31). A igreja descrita em Atos foi fiel em cumprir a missão que Jesus lhes havia confiado ao partir deste mundo: "... serão minhas testemunhas tanto em Jerusalém como em toda a Judeia e Samaria e até os confins da terra" (1:8). Desde então, a igreja tem passado o bastão ao longo dos séculos, por muitas mãos diferentes, até chegar a nós. Como escreveu o apóstolo Pedro: "Estejam sempre preparados para responder a qualquer pessoa que pedir a razão da esperança que há em vocês" (1Pedro 3:15). Será que as gerações futuras verão que corremos bem a parte da corrida pela qual somos responsáveis?

PERGUNTAS DE ESTUDO

1. Qual era a questão que ameaçava dividir a igreja primitiva? O que os crentes do primeiro século fizeram para tentar resolver esse debate acalorado (veja Atos 15:1-6)?

2. Que princípios para resolver conflitos entre crentes você encontra nas decisões tomadas pelo Concílio de Jerusalém (veja Atos 15:6-21)? Qual desses princípios você pode aplicar nesta semana?

3. Como Paulo e sua equipe chegaram a Filipos e que eventos significativos aconteceram ali (veja Atos 16:11-40)? O que isso revela sobre o caráter de Paulo?

4. Que evidências sugerem que os homens encontrados por Paulo em Atos 19:1-7 ainda não eram salvos? O que aconteceu depois de Paulo falar com eles sobre Cristo?

5. Quais são algumas das possíveis razões pelas quais Lucas incluiu a história de Êutico em seu relato (veja Atos 20:7-12)? O que podemos aprender com esse episódio?

6. O que aconteceu quando Paulo voltou a Jerusalém e foi ao Templo para se submeter à purificação ritual (veja Atos 21:17-26)? Por que Paulo sentiu a necessidade de participar desse ritual judaico?

7. Qual assunto causou um tumulto durante o discurso de Paulo ao Sinédrio (veja Atos 22:20-24)? Quais foram os dois grupos que começaram a discutir entre si dentro do Sinédrio (veja Atos 23:6-10)?

8. Em que aspectos a viagem a Roma revelou-se uma decisão ousada (veja Atos 27:1-38)? De que forma Paulo demonstrou qualidades de liderança ao enfrentar as dificuldades dessa jornada?

SEMANA 39

OS CRENTES SÃO JUSTIFICADOS PELA FÉ

ROMANOS 1—8

LEITURAS DIÁRIAS: **267** | Romanos 1–2 **268** | Romanos 3 **269** | Romanos 4
270 | Romanos 5 **271** | Romanos 6 **272** | Romanos 7 **273** | Romanos 8

Como apóstolo de Deus para os gentios, foi Paulo quem liderou a igreja na propagação do cristianismo por todo o Império Romano. Ele realizou três viagens missionárias por grande parte do mundo mediterrâneo, pregando incansavelmente o evangelho que antes tentara destruir. Perto do final de sua terceira viagem missionária, escreveu a carta aos romanos quando estava na cidade de Corinto.

Diferentemente das cartas de Paulo a outras igrejas, ele não escreveu aos romanos para corrigir uma teologia distorcida ou para repreender condutas ímpias. Essa igreja – provavelmente fundada por alguns que se converteram no Dia de Pentecostes – era sólida em sua doutrina. No entanto, como todas as igrejas, esses crentes precisavam de uma valiosa instrução doutrinária e prática.

Apesar do forte desejo de Paulo de visitar os cristãos em Roma, ele havia sido impedido até aquele momento. Essa limitação, porém, sob a providência de Deus, resultou na criação de uma obra-prima teológica: um tratado divinamente inspirado sobre a doutrina cristã, que, mais tarde, se tornou o livro de Romanos no Novo Testamento. O tema central do livro é a justiça que vem de Deus. Deus justifica pecadores culpados e condenados somente pela graça – e somente mediante a fé em Jesus. Paulo apresenta primeiro as verdades teológicas desse tema e, em seguida, detalha como essas verdades se aplicam de forma prática à vida individual dos crentes e à vida da igreja.

A mensagem central da carta de Paulo é apresentada já nos primeiros parágrafos. A má notícia é que um poder destrutivo tomou conta do ser humano em seu âmago: o *pecado*. Contudo, a boa notícia do evangelho é que um Deus justo torna justos os pecadores por meio da fé. Em Cristo, o pecado pode ser perdoado, o egoísmo pode ser vencido, a culpa pode ser removida e as pessoas podem, de fato, ter esperança e glória eterna.

> Porque o salário do pecado é a morte, mas o dom gratuito de Deus é a vida eterna em Cristo Jesus, o nosso Senhor.
>
> Romanos 6:23

Paulo entendia que seus leitores não poderiam compreender plenamente a maravilha da graça de Deus até que entendessem a justa ira de Deus contra o pecado. Por isso, na primeira parte de sua carta, ele expõe a miséria do coração humano e a ira divina provocada por essa rebelião. O apóstolo está determinado a fazer os crentes entenderem que todos somos pecadores sob a ira de Deus e que as consequências do pecado são eternas. Também somos indesculpáveis, escreve Paulo, porque Deus se revelou a todas as pessoas por meio das maravilhas da natureza e da consciência humana. Mas, em vez de reconhecer e adorar a Deus em resposta a essa revelação, a humanidade caída rejeitou a Deus, mergulhando ainda mais no pecado.

Como resultado dessa escolha de se afastarem de Deus, o Senhor os entregou a uma mente depravada. Uma mente que considera que Deus não tem valor algum torna-se ela mesma sem valor. Ela se torna corrompida, enganada e merecedora apenas da ira divina. O veredito final, então, é que a humanidade não redimida é culpada de todas as acusações, sem base alguma para absolvição. Este é o veredito de Paulo: "pois todos pecaram e estão destituídos da glória de Deus" (Romanos 3:23). Essa acusação divina silencia toda boca e encerra todo argumento contrário. Não há defesa: a humanidade é incapaz de se salvar. Há apenas um caminho para se alcançar paz com Deus, e não é pelas obras. A justiça vem somente por meio da fé, em resposta à graça de Deus.

É aqui que Paulo revela que as "más" notícias são parte necessária das "boas" notícias. Após mostrar que Deus é um juiz santo, ele revela o Deus de amor, que estende os braços para pessoas perdidas, desviadas e pecadoras. Os pecadores são salvos, explica Paulo, ao se voltarem para Deus em busca da justiça que só o Senhor pode dar. Deus "justifica" (ou seja, declara justos os pecadores arrependidos) unicamente com base nos méritos da justiça de Cristo. A morte de Jesus na cruz forneceu o caminho da salvação para todos os que vêm a Deus com fé. A justiça perfeita de Cristo, o único padrão aceito por Deus, é agora creditada na conta do crente. Esse ato de Cristo concede perdão da culpa e da penalidade do pecado.

Paulo, teólogo por excelência, sabia que seus leitores teriam indagações ao ouvirem isso. "Quão plena ou segura é essa salvação em Cristo?" "Como o ato de apenas um homem na história pode ter tamanho impacto sobre a humanidade?" "Se a antiga natureza morreu, por que ainda há uma luta constante contra o pecado?" Assim, Paulo se propõe a demonstrar as implicações práticas da salvação para aqueles que foram justificados.

Ele declara que o evangelho não termina no milagre da justificação. Desse modo, ele inclui a *santificação*, o processo pelo qual Deus torna santos os pecadores redimidos, transformando-os à semelhança de Cristo. Os crentes podem viver em obediência à Palavra de Deus por meio do poder do Espírito de Deus, cuja obra Paulo agora destaca. É o Espírito quem liberta os redimidos do pecado e da morte, muda sua natureza, os capacita a vencer os desejos da carne não redimida, confirma sua adoção como filhos de Deus e garante sua glória eterna. Não pode haver sucesso nem progresso na vida cristã sem total dependência da terceira Pessoa da Trindade.

Paulo pontua esta parte de sua carta com um ensinamento profundo sobre a total segurança do crente. Não apenas somos salvos pelo sangue de Cristo e habitados pelo Espírito, mas também estamos seguros no amor do Pai. Deus, que graciosamente nos salvou do pecado e da morte e iniciou em nós o processo de transformação, jamais nos abandonará. Paulo, também atento às preocupações de seus leitores judeus, explica como a lei do Antigo Testamento dada a Moisés se relaciona com a fé deles em Cristo. Após discutir o propósito e as limitações da Lei - a qual Paulo conhecia bem por ter sido fariseu —, ele assegura seus compatriotas judeus (e todos os outros) de que eles já não estão mais sob a jurisdição ou as penalidades dessa lei, mas sob a graça.

REFLEXÕES

Somos *salvos* por Cristo. Paulo escreve: "Não me envergonho do evangelho, porque é o poder de Deus para a salvação de todo aquele que crê" (Romanos 1:16). Alguns rejeitam termos como *salvação* e ser *salvo*, alegando que as ideias que eles transmitem estão ultrapassadas na sociedade moderna. Mas salvação é um termo pertencente a Deus, e não há outra palavra que melhor descreva o que ele oferece à humanidade caída por meio do sacrifício de seu Filho. Por Cristo, e somente por Cristo, podemos ser salvos do pecado, de Satanás, do juízo, da ira e da morte espiritual.

Toda humanidade tem culpa pelo pecado. "... todos pecaram e estão destituídos da glória de Deus" (Romanos 3:23). *Todos* significa literalmente *todos* – exceto Cristo, o único homem livre de pecado. A humanidade não redimida não tem qualquer defesa e é culpada de todas as acusações. Em outras palavras, a defesa deve manter silêncio antes mesmo de algo ser dito, pois o Deus onisciente demonstrou a impossibilidade de qualquer argumento que leve à absolvição. O silêncio absoluto é a única resposta possível, assim como haverá completo silêncio no céu quando Jesus, um dia, quebrar o sétimo selo e liberar os sete juízos das trombetas sobre a terra condenada (veja Apocalipse 8:1-6).

O ato redentor de Jesus é eterno. Jesus quebrou o poder do pecado e da morte – mas o contrário não é verdadeiro. O pecado e a morte não podem quebrar o poder de Cristo! A condenação causada pelo pecado de Adão é reversível; a redenção trazida por Cristo, não. O efeito do ato de Adão é permanente apenas se não for anulado por Cristo. Já o efeito do ato de Jesus é permanente para os que creem e não está sujeito a reversão nem anulação. Temos a grande segurança de que, uma vez em Cristo Jesus, estamos nele para sempre.

Jesus nos chama para sermos transformados. Cristo não está à procura de pessoas que queiram apenas adicioná-lo à sua vida como um seguro contra o inferno; ou aplicar seus elevados princípios morais; ou apenas serem superficialmente reformadas com uma melhora da velha natureza. Jesus chama aqueles que desejam *uma nova natureza* criada segundo sua santa semelhança. Jesus chama aqueles dispostos a morrer com ele, a fim de ressuscitar com ele. Quando nos achegamos a Cristo conforme a sua vontade, ele muda o nosso destino – da morte eterna para a vida eterna.

PERGUNTAS DE ESTUDO

1. O que Paulo revela no capítulo de abertura de Romanos sobre a promessa das boas-novas e sobre a Pessoa das boas-novas (veja Romanos 1:1-7)?

2. Por que Paulo argumenta que, quanto à posição de uma pessoa diante de Deus, ninguém tem o direito de se gloriar ou cultivar orgulho religioso (veja Romanos 3:9-20)?

3. Como Paulo refuta a ideia de que recebemos a salvação pela fé, mas precisamos preservá-la por meio de boas obras? Que evidência ele apresenta de que a salvação é incondicional (veja Romanos 5:1-11)?

4. Como você resumiria a resposta de Paulo à ideia de que os crentes em Cristo podem continuar vivendo como viviam antes, ou seja, como descrentes (veja Romanos 6:1-23)?

5. Que ilustração Paulo usa para explicar como os crentes estão mortos para a Lei (veja Romanos 7:1-6)? O que mais chama sua atenção nessa ilustração?

6. Em que áreas você se sente frustrado por causa de suas inclinações pecaminosas? Com base em Romanos 7:13-25, quão eficaz é o legalismo na luta contra as inclinações da carne?

7. De acordo com as declarações de Paulo em Romanos 8:1-17, que ações ou ministérios o Espírito Santo realiza em nós, por meio de nós e para nós?

8. O que Paulo quer dizer com as referências aos "gemidos" em Romanos 8:18-25? O que mais você aprende nesse trecho sobre o Espírito Santo?

SEMANA 40

OS CRENTES ANDAM EM JUSTIÇA

ROMANOS 9–16

LEITURAS DIÁRIAS: **274** | Romanos 9 **275** | Romanos 10 **276** | Romanos 11 **277** | Romanos 12 **278** | Romanos 13 **279** | Romanos 14 **280** | Romanos 15–16

Até este ponto, a carta de Paulo à igreja em Roma tem sido repleta de doutrinas essenciais tanto para judeus quanto para gentios. Ele está na metade da carta e já abordou temas de aplicação universal, como a ira de Deus contra a humanidade pecadora, a universalidade do pecado, a segurança da salvação e o processo de santificação, além de uma notável exposição e defesa da doutrina da justificação.

Agora, esse apóstolo judeu aos gentios precisa esclarecer algumas verdades importantes a respeito de Israel, bem como desmentir falsos ensinos que muitos dos primeiros crentes judeus aceitavam como verdade. Primeiro, Paulo trata da questão sobre se, à luz da oferta de salvação de Cristo a todos os gentios, os judeus foram abandonados por Deus como povo. Eles ainda tinham um lugar ou propósito único no plano redentor de Deus?

Paulo observa que o pecado de Israel havia anulado a aliança mosaica – a aliança da lei dada por meio de Moisés no Sinai –, mas esta foi substituída pela *nova* aliança em Cristo. Essa nova aliança é eterna e unilateral, o que significa que a promessa de Deus de realizar algo se baseia em seu caráter, e não na resposta ou nas ações do beneficiário. Com profunda sabedoria, Paulo demonstra que, embora nem todos os descendentes físicos de Abraão sejam verdadeiros herdeiros da aliança de Deus com ele, Israel ainda tem um papel futuro no plano de Deus. Aqueles que se voltam para Deus em arrependimento e fé são seus filhos, seu povo escolhido, a verdadeira descendência espiritual de Abraão: "Irmãos, o desejo do meu coração e a minha oração a Deus pelos israelitas é que eles sejam salvos" (Romanos 10:1). O Deus soberano será fiel em cumprir suas promessas àqueles de Israel que aceitarem o sacrifício de seu Filho.

Após escrever páginas cheias de profundas verdades teológicas, Paulo dedica o restante de sua carta à explicação de como essas doutrinas devem se manifestar no dia a dia do crente. Para ele, a teologia nunca pode ser separada da vida prática. Ela sempre tem implicações reais. Por isso, Paulo exorta os romanos a viverem com fidelidade e justiça. O tipo de vida que ele descreve é, na verdade, uma existência sobrenatural. Quando nos entregamos inteiramente a Deus como sacrifícios vivos, o Espírito nos capacita a viver, na prática, aquilo que já é verdade sobre nós em Cristo. O resultado é notável: somos transformados, e não moldados pelo mundo; generosos, e não mesquinhos; amorosos, em vez de hipócritas ou hostis; voltados ao próximo, e não centrados em nós mesmos; perdoados e dispostos a perdoar, em vez de buscar vingança.

O viver sobrenatural e o serviço espiritual andam juntos. Uma das maneiras pelas quais o Espírito capacita os cristãos para um serviço maior é por meio dos dons espirituais. Um dom espiritual pode ser definido como uma capacitação divina para o ministério que o Espírito Santo concede livremente a cada crente. Esses dons não podem ser conquistados, buscados por mérito ou gerados por esforço humano. Eles são simplesmente recebidos pela graça de Deus. Paulo apresenta aqui algumas categorias de dons espirituais: profetizar, servir, ensinar, encorajar, contribuir [dar]" (cf. Romanos 12:6-8), além de liderar e demonstrar de misericórdia. Cada crente tem pelo menos um dom, ou muitas vezes uma combinação de dons mesclados de maneira única. Os dons espirituais não existem para a exaltação própria; pelo contrário, devem ser usados, com amor, pelo bem dos outros na igreja.

O que Paulo revela é que o milagre da salvação impacta todos os relacionamentos do crente, tanto na igreja quanto no mundo. Nossa resposta inicial à salvação deve ser apresentar plenamente nosso corpo como sacrifício vivo, santo e agradável a Deus. A próxima preocupação de Paulo é com a manutenção de relacionamentos corretos dentro da igreja, com os irmãos e irmãs em Cristo, e até com os inimigos. Em seguida, ele foca na necessidade de relacionamentos corretos no mundo. Primeiro, demonstramos respeito pelas autoridades governamentais; depois, amamos o próximo e vivemos em santidade. Isso nos destacará contra o pano de fundo sombrio de um mundo sem Deus.

Paulo, então, retorna ao tema do poder do pecado. Mas, desta vez, ele alerta os crentes sobre o poder do pecado de destruir o caráter espiritual e moral de uma igreja. O pecado que está em evidência não é o único perigo à saúde e à unidade espiritual de uma igreja. Satanás muitas vezes age para criar divisões entre os cristãos por causa de preferências pessoais e tradições históricas. Essas questões não são nem ordenadas nem proibidas nas Escrituras, porém, quando impostas aos outros, as atitudes e comportamentos que as acompanham inevitavelmente causam confusão, discórdia e ressentimento. Ao longo da história da igreja, essas diferenças enfraqueceram o trabalho, o testemunho e a unidade de inúmeras congregações, destruindo a comunhão e a frutificação.

Na igreja de Roma, a unidade foi ameaçada quando os crentes maduros (fortes) entraram em conflito com os crentes imaturos (fracos). Os judeus fortes compreendiam sua liberdade em Cristo e sabiam que as exigências da Lei mosaica já não eram obrigatórias. Os gentios maduros compreendiam que ídolos não eram deuses e, portanto, podiam comer a carne oferecida a ídolos. Mas, em ambos os casos, a consciência dos irmãos e irmãs mais fracos era perturbada. Esses crentes mais fracos eram tentados a violar sua consciência, a se tornarem mais legalistas por sentimentos de culpa, ou até mesmo a pecar. Sabendo que os judeus e gentios maduros seriam capazes de compreender essas dificuldades, Paulo dirige a maior parte de seus comentários a eles antes de concluir sua carta.

Como Paulo abordou com tamanha firmeza tantos assuntos a uma igreja a qual nunca havia visitado, ele quis garantir, em seus comentários finais, que não parecesse insensível ou sem amor. Ele elogia os romanos por seu envolvimento na obra do evangelho, compartilha informações sobre seu ministério e planos futuros, e também reitera o desejo do seu coração de ministrar em Roma e de ter comunhão com a igreja ali.

> Nós, que somos fortes, devemos suportar as fraquezas dos fracos em vez de agradar a nós mesmos.
>
> Romanos 15:1

Paulo encerra a carta com a menção a mais de duas dezenas de amigos e colaboradores, oferecendo-nos um raro vislumbre de seus próprios relacionamentos e de sua gratidão por aqueles que foram tão úteis e encorajadores para ele na vida e no ministério. À medida que o rosto desses judeus e gentios redimidos e transformados passa por sua mente, Paulo conclui sua carta com um hino de louvor: "Ora, àquele que tem poder para confirmá-los pelo meu evangelho e pela proclamação de Jesus Cristo [...] ao único Deus sábio seja dada glória para todo o sempre, por meio de Jesus Cristo. Amém" (Romanos 16:25,27).

REFLEXÕES

Devemos obedecer às autoridades governamentais. Paulo escreve: "Todos devem sujeitar-se às autoridades governamentais, pois não há autoridade que não venha de Deus; as autoridades que existem foram estabelecidas por ele" (Romanos 13:1). Os crentes devem ser cidadãos exemplares: obedientes às leis em vez de agitadores; submissos em vez de rebeldes; respeitosos com o governo em vez de irreverentes. Devemos nos posicionar contra o pecado, a injustiça e a imoralidade com uma dedicação reverente, mas sempre dentro dos limites da lei civil e com devido respeito às autoridades civis. Devemos ser uma sociedade piedosa, fazendo o bem e vivendo em paz dentro de uma sociedade ímpia ao manifestar nossa vida transformada para que o poder salvador de Deus seja claramente visível.

Somos um exemplo de Jesus para o mundo. Aceitar uns aos outros como Cristo nos aceitou é uma marca evidente de piedade. A falta de amor mútuo é um insulto ao Salvador que nos trouxe para o reino de Deus. Uma congregação dividida, com brigas, contendas e julgamentos oferece ao mundo motivos para zombar da igreja de Cristo e rejeitar aquele que é sua única esperança de salvação.

Aquilo que é realizado por meio de nós é mérito de Deus. As pessoas que Deus usa para cumprir sua vontade são apenas instrumentos seus, por isso jamais devemos tomar o crédito pelo que ele faz por nosso intermédio. Assim como nenhum pincel recebe o mérito pela obra para a qual foi usado para pintar, nenhum cristão deve negar ou diminuir o que Deus realiza por seu intermédio, pois fazê-lo seria negar e menosprezar a própria obra de Deus.

PERGUNTAS DE ESTUDO

1. Quais personagens e eventos principais da história de Israel Paulo menciona em Romanos 9:6-29? Como Paulo argumenta em favor da ideia de que a incredulidade de Israel é consistente com o plano de Deus?

2. Que imagem agrícola Paulo usa em Romanos 11:16-24 para demonstrar que o afastamento de Deus em relação a Israel não é uma condição permanente?

3. Paulo conclama os crentes em Cristo a se entregarem completamente – corpo, mente e vontade – a Deus (veja Romanos 12:1-2). Segundo Paulo, o que está envolvido nesse processo?

4. Paulo apresenta alguns dos dons espirituais em Romanos 12:3-8. Quais você acredita serem os seus dons espirituais? Como você tem usado essas habilidades dadas por Deus para servir o corpo de Cristo?

5. Como Paulo utiliza alguns dos Dez Mandamentos em Romanos 13:8-10 para demonstrar que o amor é o cumprimento da lei? O que ele diz sobre o amor?

6. Com base em Romanos 14:1-13, qual era a situação na igreja em Roma? Por que você acha que havia tanto julgamento mútuo entre os irmãos?

7. Em relação a áreas às quais a Escritura nem prescreve nem proíbe determinados comportamentos, que conselho Paulo dá para determinar a melhor escolha a tomar (veja Romanos 15:1-6)?

8. Revise os nomes que Paulo menciona em Romanos 16:1-16. Que percepções você pode obter, a partir das saudações pessoais de Paulo, sobre o funcionamento da igreja no primeiro século?

SEMANA 41

OS CRENTE SÃO UNIDOS NA FÉ

1CORÍNTIOS 1–11

LEITURAS DIÁRIAS: **281** | 1Coríntios 1–2 **282** | 1Coríntios 3–4 **283** | 1Coríntios 5
284 | 1Coríntios 6–7 **285** | 1Coríntios 8 **286** | 1Coríntios 9–10 **287** | 1Coríntios 11

A relação de Paulo com a importante cidade comercial de Corinto começou durante sua segunda viagem missionária, quando passou dezoito meses ministrando na cidade. Após sua partida, soube de casos de imoralidade na igreja e escreveu uma carta (hoje perdida) para confrontar o pecado presente na congregação. Mais tarde, enquanto servia em Éfeso, recebeu novas informações sobre divisões e outros problemas entre os coríntios.

Os coríntios também haviam escrito a Paulo para pedir esclarecimentos sobre algumas dúvidas. Paulo planejava permanecer um pouco mais em Éfeso e depois passar o inverno em Corinto, então respondeu com a carta que conhecemos como 1Coríntios. Ele enviou a carta com Timóteo, seu colaborador na fé, antecipando sua própria partida para Corinto enquanto escrevia.

Mesmo segundo os padrões pagãos de sua própria cultura, Corinto era conhecida por sua devassidão e depravação. O edifício mais proeminente da cidade era um templo dedicado a Afrodite, a deusa grega do amor, que abrigava cerca de mil sacerdotisas que eram prostitutas “religiosas”. Na carta, Paulo lista alguns dos pecados específicos pelos quais a cidade era conhecida. Tragicamente, alguns dos piores pecados ainda eram encontrados entre os membros da igreja. Esse mundanismo era o problema mais grave da igreja de Corinto. A maioria dos crentes não conseguia se desvincular de maneira consistente de seus antigos hábitos pagãos. Por isso, foi necessário que Paulo escrevesse para corrigir essa situação, bem como ordenar aos cristãos fiéis que rompessem com a comunhão com os membros impenitentes e os excluíssem da igreja.

Logo no início da carta, Paulo quis deixar claro que sua mensagem era autoritativa, pois vinha da parte de Deus. Dado o tom corretivo de sua mensagem, isso era uma grande necessidade. Um dos requisitos para ser apóstolo era ter sido testemunha ocular do Cristo ressuscitado. Paulo explicou à igreja de Corinto que ele vira o Cristo ressuscitado de uma maneira única. Ele também amorosamente os lembrou de que pertenciam a Deus e uns aos outros, em uma comunhão ampla e profunda. O apóstolo resumiu sua posição e suas bênçãos como crentes em Jesus Cristo, como filhos de Deus e como santos (ou "separados"). Em outras palavras, era como se Paulo dissesse: "Olhem quem vocês são! Olhem o que vocês têm!". Então, ele escreveu: "Irmãos, em nome do nosso Senhor Jesus Cristo, suplico a todos..." (1Coríntios 1:10).

Os crentes de Corinto haviam falhado em muitos aspectos, mas a primeira coisa pela qual Paulo os repreendeu foi a contenda. Antes da crucificação de Jesus, ele orou para que sua igreja fosse uma só (veja João 17:20-23). Imediatamente após o Pentecostes, os crentes recém-capacitados estavam em harmonia uns com os outros: compartilhando, se alegrando, adorando e testemunhando juntos (veja Atos 4:32-35). Essa unidade produziu grandes frutos tanto no ministério entre eles quanto em seu testemunho ao mundo.

A igreja de Corinto precisava desse tipo de harmonia. Esses crentes imaturos, fascinados por personalidades cristãs de destaque, formaram grupos leais àqueles que os discipularam, como Apolo, Pedro (Cefas) e até mesmo Paulo. Outro grupo ainda declarava fidelidade somente a Cristo. Paulo fez um apelo para que se arrependessem dessas divisões, buscassem acordo doutrinário e se lembrassem da grande prioridade da igreja: *a pregação do evangelho*. Ele também aproveitou a oportunidade para destacar a verdadeira natureza e prática dos líderes piedosos: um estilo de liderança baseado na pessoa de Cristo e exemplificado em sua disposição de entregar a própria vida por seus seguidores. Os ministros cristãos, escreveu Paulo, devem ser mordomos (ou administradores) dos mistérios de Deus, pais espirituais cuidadosos e, acima de tudo, servos de Cristo.

> Mas Deus escolheu os que são loucos para o mundo a fim de envergonhar os sábios.
>
> 1Coríntios 1:27

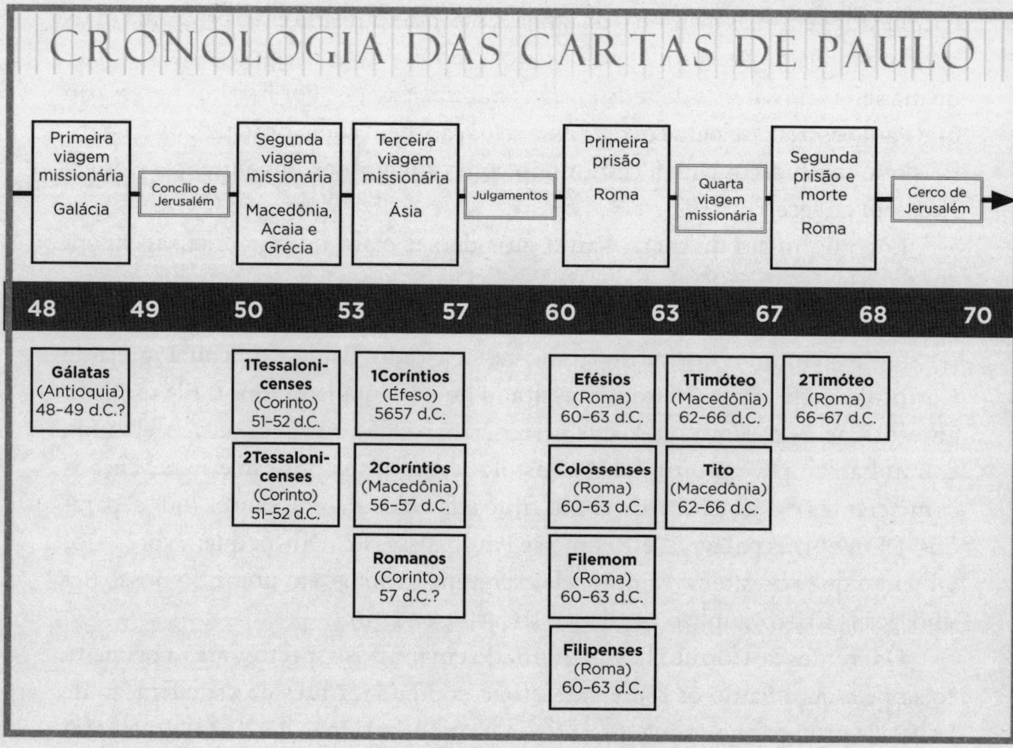

Paulo, então, passou a tratar do pecado sexual presente na igreja. Embora a imoralidade em si fosse grave, a conivência da congregação era ainda mais alarmante. O apóstolo não apenas ordenou que aqueles que persistissem no erro fossem disciplinados, como também explicou o modo, o propósito e o alcance dessa correção. Em seguida, abordou outros dois comportamentos pecaminosos que os coríntios haviam trazido de sua vida antes da conversão: a inclinação a disputas judiciais e os problemas conjugais.

Grande parte das dificuldades conjugais na igreja refletiam a cultura pagã da qual eles não haviam se separado totalmente. Nas sociedades grega e romana, a maioria das mulheres tinham um status um pouco acima do status de escravas, como propriedades dos maridos, que não raro as compravam e trocavam à vontade. Em muitas comunidades judaicas, a situação da mulher também não era muito boa. O divórcio havia se tornado fácil e comum, e era quase sempre um direito exclusivo do homem. Paulo ofereceu orientações para casamentos cristãos, bem como para crentes casados com incrédulos, exortando-os a serem fiéis um ao outro por toda a vida. Também ensinou sobre a vida de solteiro e afirmou que o celibato é bom e um dom de Deus – embora não superior ao casamento.

Paulo também abordou os papéis das mulheres na igreja. Os coríntios haviam perguntado sobre submissão feminina e o uso de véus. Paulo respondeu que não havia nada inerentemente espiritual no uso de um véu. Ele esclareceu ainda que, em Cristo, homens e mulheres crentes são iguais no mundo, na igreja e diante de Deus. Seus papéis na obra de Deus são diferentes em função, mas não em importância.

Uma questão delicada para aqueles cristãos era o consumo de alimentos oferecidos a ídolos – uma prática cercada de dúvidas. Após sua conversão, muitos passaram a evitar produtos vendidos nos mercados pagãos, pois isso os fazia lembrar (a eles e aos gentios mais sensíveis) da antiga vida pagã. Em resposta, Paulo forneceu orientações práticas sobre os princípios da liberdade cristã ao explicar o verdadeiro significado dessa liberdade e quando os crentes deveriam, por amor aos irmãos "mais fracos", escolher voluntariamente limitá-la.

Em outras instruções sobre como os coríntios deveriam se relacionar entre si, Paulo os advertiu contra o comportamento glutão e desordeiro durante suas refeições de comunhão. Ele os chamou à unidade e pureza na preparação e celebração da ceia do Senhor, lembrando: "Porque, sempre que comerem deste pão e beberem deste cálice, vocês anunciam a morte do Senhor até que ele venha" (1Coríntios 11:26).

REFLEXÕES

Devemos lembrar nossa posição diante de Deus. Paulo escreve que os crentes em Corinto foram "santificados em Cristo Jesus e chamados para ser santos, com todos os que, em toda parte, invocam o nome do nosso Senhor Jesus Cristo" (1Coríntios 1:2). Ele também escreve: "Fiel é Deus, que os chamou à comunhão com o seu Filho Jesus Cristo" (v. 9). Como cristãos, uma das mais fortes repreensões que podemos receber ao pecar é sermos lembrados de quem é nosso Pai. E lembrar a quem nós pertencemos deve ser uma das maiores barreiras contra o pecado. Lembrar nossa posição pode nos fazer melhorar nossa prática.

A Bíblia é a autoridade suprema. Paulo declara: "Irmãos, em nome do nosso Senhor Jesus Cristo, suplico a todos que concordem uns com os outros no que falam e que não haja divisões entre vocês" (1Coríntios 1:10). Quando a Palavra de Deus não tem plena autoridade, a divisão é inevitável. Isso ainda acontece nas igrejas hoje quando pastores e outros líderes começam a substituir as verdades das Escrituras por suas próprias ideias. Essa substituição raramente é intencional, mas sempre ocorre quando a Bíblia é negligenciada. Uma Bíblia que não é estudada com cuidado não pode ser seguida com cuidado. E, onde

LAVADOS, SANTIFICADOS, JUSTIFICADOS

1Coríntios 6:11

Lavados: Refere-se à nova vida por meio da purificação e regeneração espirituais.

Santificados: Resulta em um novo comportamento produzido por uma vida transformada. O domínio do pecado é quebrado e substituído por um novo padrão de santidade.

Justificados: Refere-se à nova posição que os crentes passam a ocupar diante de Deus. Por meio da morte de Jesus, nossos pecados foram lançados sobre ele, e, em troca, a justiça de Cristo nos foi creditada.

ela não for seguida, haverá divisão, porque não haverá uma base comum para as crenças. Quando a verdade das Escrituras não é a única autoridade, as diversas opiniões dos homens se tornam autoridade.

Os ministros devem servir ao Senhor corretamente. Ministros cristãos são chamados a servir sua congregação em nome de Cristo, mas não podem servir aos outros corretamente se não servirem ao Senhor corretamente. E não podem servi-lo corretamente se não tiverem uma visão correta de si mesmos: não como "arrogantes" (1Coríntios 4:18), mas como servos de Cristo. Quando ministros se envolvem tanto com as demandas da congregação a ponto de negligenciar a Palavra de Deus, deixam de atender às necessidades mais profundas do povo, pois ignoram o recurso mais essencial para compreendê-las e supri-las. Isso leva, em geral, ao comprometimento da verdade de Deus para satisfazer os desejos das pessoas. Antes de tudo, ministros devem ser servos de Jesus Cristo: "servi ao Senhor com toda a humildade" (Atos 20:19). Só então poderão servir bem aos outros.

Devemos nos afastar de padrões de pecado. Paulo, ao referir-se a um membro da igreja de Corinto que tem "relações sexuais com a mulher do próprio pai", instrui a congregação a se livrar do fermento velho e o remover do convívio (1Coríntios 5:1,7). Isso não significa que todos na igreja devam ser perfeitos, pois isso é impossível. Todos caem em pecado e têm falhas. A igreja é, de certo modo, um hospital para aqueles que sabem que estão doentes. Eles confiaram em Cristo como Salvador e desejam segui-lo como Senhor – ser o que Deus quer que sejam. Portanto, não são os que reconhecem seu pecado e têm fome de justiça que devem ser excluídos da comunhão, mas aqueles que *persistem* e *não se arrependem*, ou seja, que permanecem em um padrão contínuo de pecado sobre o qual já foram advertidos e aconselhados. Devemos continuar amando e orando por todos eles, para que se arrependam e voltem a viver uma vida pura. E, caso um irmão se arrependa, devemos, com alegria e prontidão, "perdoá-lo e consolá-lo" e recebê-lo novamente na comunhão (2Coríntios 2:7).

A espiritualidade não é determinada pelo estado civil. Em 1Coríntios 7:1-40, Paulo instrui os coríntios sobre questões relacionadas à vida de solteiro e ao casamento. O casamento foi instituído por Deus e é o padrão para os relacionamentos entre homem e mulher (veja Mateus 19:5-6), bem como uma grande bênção para a humanidade. Mas não é obrigatório nem para os crentes nem para qualquer outra pessoa. O ponto de Paulo é: se você é solteiro, isso é bom; e, se é casado ou vier a se casar, permaneça casado e mantenha relações conjugais normais, pois isso provém de Deus.

Obedecer a Deus é uma forma de honrá-lo. Todo pecado desonra Deus, mas o pecado do seu próprio povo o desonra de modo ainda mais profundo. Como o Senhor nos honrou especialmente ao nos conceder sua graça perdoadora, nós o desonramos especialmente com nosso pecado. Quando Deus, em justiça, precisa nos corrigir, isso também é desonra para os incrédulos - assim como as nações ao redor de Israel e Judá questionavam se ele cuidava mesmo do seu povo. Todo pecado tira glória de Deus. Da mesma forma, Deus é honrado quando seu povo é fiel e obediente. Assim como nosso pecado reflete contra sua honra, nossa obediência reflete a favor dela. Quando abandonamos o pecado, glorificamos nosso Pai celestial. E, quando usamos nossa liberdade cristã para agradar-lhe e beneficiar seus outros filhos, ele é ainda mais glorificado.

LIBERDADE CRISTÃ (1Coríntios 8:1-13)

Gregos e romanos acreditavam que espíritos malignos podiam se apegar aos alimentos antes de serem consumidos, e que só seriam expulsos se a comida fosse sacrificada a alguma divindade. O sacrifício tinha como objetivo não apenas agradar à divindade, mas também purificar a carne de qualquer contaminação demoníaca. Paulo e os crentes maduros sabiam que não precisavam se preocupar com alimentos que eram oferecidos a ídolos e depois vendidos no mercado. Eles sabiam que essas divindades não existiam e que espíritos malignos não contaminavam a comida. No entanto, alguns dos novos convertidos ainda imaginavam que os ídolos eram reais, e suas consciências os acusavam fortemente quanto ao consumo de alimentos oferecidos aos ídolos. Paulo entendeu que esses crentes poderiam cair novamente em antigos pecados ao se envolverem com esse tipo de comida e, por isso, advertiu os crentes mais maduros: "Contudo, tenham cuidado para que a liberdade de escolha de vocês não se torne motivo de tropeço para os que são fracos" (1Coríntios 8:9). Em seguida, Paulo fez uma advertência séria: "Quando você peca dessa maneira contra os seus irmãos, ferindo a consciência fraca deles, peca contra Cristo" (v. 12).

PERGUNTAS DE ESTUDO

1. Quais aspectos específicos da vida dos coríntios levaram Paulo a agradecer a Deus por eles? De que formas eles foram enriquecidos em Cristo (veja 1Coríntios 1:4-9)?

2. Qual situação específica em 1Coríntios 1:10-17 havia criado desarmonia na igreja de Corinto? Como Paulo exortou a congregação a buscar a unidade?

3. Qual era o ponto central da mensagem de Paulo aos crentes, segundo suas palavras em 1Coríntios 2:1-5? Como essa mensagem se aplicaria a uma igreja nos dias de hoje?

4. Como Paulo descreveu sua vida como apóstolo (veja 1Coríntios 4:1-13)? Por que você acha que ele falou a respeito dessas coisas? O que isso revela sobre o coração dele?

5. Que situação imoral os coríntios permitiram e por quê (veja 1Coríntios 5:1-13)? Qual comando apostólico Paulo dá à igreja em relação a esse irmão em pecado?

6. Que verdades gerais sobre casamento e divórcio Paulo ensina em 1Coríntios 7:1-40? O que o apóstolo diz sobre o celibato?

7. Que conselho Paulo dá aos crentes a respeito de alimentos sacrificados a ídolos (veja 1Coríntios 8:4-13)? Quando um cristão deve voluntariamente limitar sua liberdade?

8. Como a submissão voluntária de Jesus ao Pai serve como exemplo de que nunca é degradante viver nossos papéis designados por Deus (veja 1Coríntios 11:1-12)?

SEMANA 42

OS CRENTES SERVEM UNS AOS OUTROS

1CORÍNTIOS 12—2CORÍNTIOS 6

LEITURAS DIÁRIAS: **288** | 1Coríntios 12—13 **289** | 1Coríntios 14 **290** | 1Coríntios 15—16 **291** | 2Coríntios 1 **292** | 2Coríntios 2—3 **293** | 2Coríntios 4—5 **294** | 2Coríntios 6

A má compreensão, o uso indevido e a falsificação dos dons espirituais eram questões que afetavam seriamente a igreja em Corinto. Alguns desses crentes reconheceram o problema e escreveram a Paulo. Dessa forma, em 1Coríntios 12—14, o apóstolo responde às suas perguntas com orientações práticas sobre o propósito, a atribuição, o discernimento e o uso desses dons.

Paulo ajudou seus leitores a distinguir os dons dados por Deus, controlados pelo Espírito e que glorificam a Cristo (destinados ao serviço mútuo e à edificação da igreja), das experiências místicas de *êxtase* e *entusiasmo* encontradas nas religiões pagãs de Corinto. Paulo também escreveu sobre a raiz do problema do uso imaturo dos dons espirituais pelos coríntios: a falta de amor. No que conhecemos como o "capítulo do amor" da Bíblia (1Coríntios 13), Paulo apresenta a atitude e o ambiente adequados para o exercício dos dons espirituais na igreja.

Os coríntios também tinham dúvidas a respeito da ressurreição corporal dos crentes. Em resposta, Paulo estabeleceu com clareza que todos os que estão em Cristo serão ressuscitados para a vida eterna. Para isso, ele relembrou as evidências da ressurreição física de Jesus e destacou o impacto de negar essa verdade central: "Se não há ressurreição dos mortos, Cristo não ressuscitou; se Cristo não ressuscitou, é inútil a nossa pregação, como também é inútil a fé que vocês têm" (1Coríntios 15:13-14). Em seguida, ele discute como uma ressurreição geral seria possível e como "todos seremos transformados" (v. 51).

O "cântico de vitória" de Paulo no encerramento de 1Coríntios 15 inspirou obras-primas como "Messias", de Handel, e o "Réquiem", de Brahms. Celebrando com louvor a certeza da ressurreição, Paulo proclama a grande transformação, o triunfo e a gratidão que a ressurreição dos santos de Deus trará. Ele termina com uma exortação à santidade no presente, até que esse dia chegue, por meio da boa administração dos recursos, da realização da obra do Senhor, segundo a vontade de Deus, e do amor na comunhão cristã.

No entanto, essa não seria a palavra final de Paulo aos crentes de Corinto. Pouco depois de escrever a carta de 1Coríntios, ele foi informado de mais problemas em Corinto: um grupo de autoproclamados apóstolos havia se infiltrado na igreja, com a intenção de arruinar o ministério de Paulo para poder controlar o povo com suas ideias erradas. Para estabelecer sua influência, convenceram os crentes coríntios a se afastarem de Paulo – e a reputação do apóstolo sofreu um grande golpe.

A resposta de Paulo foi ir até Corinto. Essa chamada "visita dolorosa" não foi bem-sucedida do ponto de vista de Paulo. Alguém na igreja (possivelmente um dos falsos apóstolos) chegou a insultá-lo em público. Entristecido, ele retornou a Éfeso e, mais tarde, escreveu uma dura carta (conhecida como a carta "severa") – que não foi preservada na Bíblia –, e a enviou a Corinto por meio de Tito.

Para o alívio de Paulo, a maioria dos coríntios que ouviram aquela carta se arrependeu da rebelião contra ele. O apóstolo, sábio o bastante para compreender que ainda havia atitudes rebeldes entre alguns, escreveu, então, a carta que chamamos de 2Coríntios. Seus principais objetivos eram defender seu apostolado, exortar os coríntios a retomarem os preparativos para a coleta em favor dos pobres em Jerusalém e mais uma vez confrontar diretamente os falsos mestres que se opunham a ele e ao evangelho de Cristo.

Paulo inicia sua carta apresentando-se como apóstolo de Jesus Cristo pela vontade de Deus e respondendo à acusação de que suas aflições seriam castigos divinos por pecados pessoais. Na verdade, sua vida refletia um contraste marcante entre sofrimento e consolo. Ele deixa claro que, em meio às dificuldades, era confortado por Deus – e não punido. Como explicou aos crentes: "Pois, assim como os sofrimentos de Cristo transbordam sobre nós, também, por meio de Cristo, transborda a nossa consolação" (2Coríntios 1:5).

Em seguida, Paulo defende sua integridade e responde à acusação específica de que era desonesto, infiel e inconstante por ter mudado seus planos de viagem. Em vez de entrar em um jogo de "ele disse/ eles disseram", Paulo eleva toda a discussão ao nível dos motivos e atitudes do coração. Com isso, o apóstolo oferece um retrato inestimável de um homem de Deus íntegro, a ponto de exortar os crentes coríntios a perdoarem alguém que o havia ofendido (verbal e publicamente) durante a "visita dolorosa".

Paulo admite estar desanimado pelas suspeitas dos coríntios a seu respeito, mas também declara o ânimo que encontrou em Cristo. Voltando seu foco e sua escrita para a permanência da nova aliança, ele se alegra pelo relacionamento que os crentes podem ter com Deus por causa da plena salvação que Cristo trouxe. Como ele escreve: "Por isso, não desanimamos. Embora exteriormente nos desgastemos, interiormente estamos sendo renovados dia após dia" (2Coríntios 4:16). Os falsos mestres o acusaram de ser fraco e imperfeito em seu ministério. Em vez de negar essas acusações, ele as abraçou e concentrou-se ainda mais na glória de Cristo, declarando que a verdade preciosa do evangelho só pode brilhar em vasos humildes.

O que Paulo mais amava na vida era agradar ao Senhor. Suas ações não eram motivadas pelo medo da morte (na verdade, ele ansiava pelo céu!), mas pela realidade solene do tribunal de Cristo, onde as obras dos crentes serão julgadas e recompensadas. O incansável apóstolo compartilha que sofreria de bom grado neste mundo se isso significasse receber uma recompensa no mundo vindouro.

Na tensão entre fé genuína e incredulidade presente nesta carta, Paulo fala de uma paciência triunfante que, apesar da perseguição, das acusações ou mesmo da morte, suporta o trabalho árduo e permanece esperançosa, em antecipação à glória futura. Deus reconciliou-se com os pecadores arrependidos, oferecendo-lhes amizade por meio da cruz de Cristo. Além disso, ao tratar das realidades do ministério, ele expressa sua alegria pelo fato de muitos coríntios terem crido no evangelho. Contudo, a congregação também abrigava impostores disfarçados de cristãos, que causavam grande angústia a Paulo.

Outra acusação absurda era a de que Paulo não amava os coríntios e era abusivo, manipulador e autoritário. O que um servo de Deus poderia fazer além de lembrar os crentes de seu amor por eles? Com base em seu histórico de amor incondicional, Paulo exortou os coríntios a abrirem o coração para ele e a que se desassociassem de relações íntimas com incrédulos.

REFLEXÕES

A ressurreição é a nossa esperança. A futura ressurreição é a esperança da igreja e de todos os crentes. Aconteça o que acontecer com nosso corpo atual – seja saudável ou doente, belo ou simples, seja de vida curta ou longa –, este não é o nosso corpo permanente, e não devemos nos apegar a ele com tanto afinco. A nossa gloriosa esperança e certeza é que este corpo natural, criado por Deus, um dia será recriado como corpo espiritual. "O corpo que é semeado é perecível e ressuscita imperecível" (1Coríntios 15:42).

Fixamos os olhos em Cristo durante as provações. Como os crentes podem experimentar vitória em meio às dificuldades? Ao contemplarem a glória de Deus revelada em Jesus Cristo, refletida nas Escrituras. Em nenhum outro lugar a glória de Deus se manifesta tão claramente quanto em seu Filho. Portanto, a única maneira de viver a vida cristã com sucesso é ao contemplar "a glória do Senhor" (2Coríntios 3:18) e "tendo os olhos fitos em Jesus, autor e consumador da nossa fé. Ele, pela alegria que lhe fora proposta, suportou a cruz" (Hebreus 12:2).

Apegamo-nos a Cristo em tempos de provação. Algumas pessoas vão à igreja, professam a fé em Cristo e até se batizam. No entanto, quando surgem problemas, elas se afastam – e nunca mais voltam. Talvez tenham enfrentado um relacionamento rompido, a morte de algum ente querido ou alguma outra luta, e as circunstâncias foram tão intensas que culparam Deus e abandonaram a fé, convencidas de que o cristianismo não funciona. Como crentes, podemos passar por momentos de luta e dúvida, mas a nossa fé nunca será destruída. Nós nos apegamos ao Senhor apesar das provações porque o amamos. Esse tipo de perseverança amorosa resulta em uma bênção genuína.

PERGUNTAS DE ESTUDO

1. De acordo com o ensino de Paulo em 1Coríntios 12:1-11, qual é a fonte e o propósito dos dons espirituais? Esse ensino ainda se aplica hoje? Justifique.

2. Como a analogia do corpo feita por Paulo demonstra tanto a unidade quanto a diversidade de dons e habilidades dentro da igreja (veja 1Coríntios 12:12-31)?

3. De acordo com Paulo, se Jesus não tivesse ressuscitado dos mortos, quais seriam as consequências para os crentes (veja 1Coríntios 15:13-19)?

4. Como a verdade da ressurreição oferece um incentivo tanto para o serviço quanto para a santificação dos crentes (veja 1Coríntios 15:30-34)?

5. Qual quantia em dinheiro Paulo estipula que os crentes devem ofertar (veja 1Coríntios 16:1-4)? Como isso pode ser comparado com os requisitos do Antigo Testamento sob a lei (veja Levítico 27:30-33)?

6. Quais são as difíceis circunstâncias às quais Paulo faz referência em 2Coríntios 1:8-11? Que expressões Paulo usa para descrever essa situação?

7. Paulo usa uma imagem sobre um "triunfo" em 2Coríntios 2:12-17 que teria sido compreendida pelas pessoas no Império Romano. O que ele diz que recebemos em Cristo?

8. O que sugere a expressão "cooperadores de Deus" em 2Coríntios 6:1-10? Como Paulo descreve sua vida como servo de Deus?

SEMANA 43

OS CRENTES ESTÃO LIVRES DA LEI

2CORÍNTIOS 7— GÁLATAS 6

LEITURAS DIÁRIAS: **295** | 2Coríntios 7 **296** | 2Coríntios 8–9 **297** | 2Coríntios 10–11 **298** | 2Coríntios 12–13 **299** | Gálatas 1–2 **300** | Gálatas 3–4 **301** | Gálatas 5–6

Paulo demonstrava um profundo amor pela igreja de Corinto apesar de suas limitações e falhas. Esse afeto fica evidente em sua alegria e alívio ao ver o arrependimento dos coríntios após receberem a carta entregue por Tito: "Agora, porém, me alegro, não porque vocês foram entristecidos, mas porque a tristeza de vocês os levou ao arrependimento" (2Coríntios 7:9). Em seguida, Paulo aproveita a oportunidade para incentivá-los a se destacarem também na generosidade, dando detalhes sobre quando, como e por que os cristãos devem ofertar.

O objetivo de Paulo era incentivar os crentes a concluir a oferta destinada aos irmãos necessitados da igreja em Jerusalém. Ao tratar dos padrões de generosidade, Paulo cita o exemplo dos macedônios e, depois, o maior exemplo de sacrifício: Jesus Cristo. Ele assegura que a lei espiritual de "semear e colher" promove o reino de Deus e que, quando feito com o espírito correto, doar é o caminho para a verdadeira prosperidade e alegria.

Depois disso, em 2Coríntios 10—13, o tom da mensagem muda. Paulo passa a confrontar diretamente os falsos apóstolos que permaneciam na igreja e seus seguidores impenitentes. Diante da credulidade da igreja de Corinto, Paulo usa uma linguagem combativa para lembrar aos cristãos que a guerra espiritual na qual estão exige armas do arsenal celestial. Relutante, o apóstolo se vê forçado a se comparar com os falsos líderes, desafiando as pretensões destes e reafirmando a própria autoridade apostólica.

Embora se defender fosse algo desagradável para Paulo, as questões enfrentadas pelos coríntios eram tão graves que ele não podia permitir que esses lobos em pele de cordeiro minassem o ensino do evangelho. Assim, ele realiza uma espécie de "curso intensivo" para os coríntios sobre como distinguir um verdadeiro mensageiro de Deus de um falso. Nesse processo, revela a visão celestial recebida e seus sofrimentos pelo evangelho, demonstrando que, ao contrário dos falsos apóstolos, ele tinha qualificações genuínas.

Para realizar ainda maior distinção, Paulo contrasta sua visão correta de ministério com a visão distorcida de seus opositores. Ele diz aos coríntios que será possível identificar verdadeiros homens de Deus por qualidades como fidelidade, sacrifício, honestidade e desejo de edificar os outros, em vez de destruí-los. Por fim, apresenta um modelo do que significa amadurecer em Cristo. Suas palavras formam uma bela exposição sobre os elementos essenciais do crescimento espiritual.

A inclusão de 2Coríntios no cânon do Novo Testamento sugere que os coríntios responderam de forma favorável. Essa carta, na qual Paulo derramou seu coração, atingiu seu objetivo de reconciliar a igreja com ele. A próxima carta de Paulo, a epístola aos Gálatas, também foi escrita em resposta a um ataque de falsos apóstolos à igreja. Esses lobos estavam atacando o rebanho. Por essa razão, Paulo também escreveu às igrejas que havia ajudado a estabelecer na região da Galácia (atualmente parte da Turquia), durante sua primeira viagem missionária.

Como registrado no livro de Atos, a igreja primitiva começou com convertidos de origem judaica imersos nas tradições e práticas hebraicas. No entanto, um grande número de gentios também começou a aceitar Jesus como Messias, a maioria como resultado direto das viagens missionárias de Paulo. Infelizmente, essas igrejas gentílicas eram, com frequência, alvo de legalistas judeus (conhecidos como judaizantes) que, em essência, incitavam os crentes a adotarem os preceitos do judaísmo, sobretudo o ritual da circuncisão e uma devoção fanática à lei de Moisés. Esses também atacavam ferozmente a credibilidade de Paulo como apóstolo de Cristo.

Nas igrejas da Galácia, essa estratégia parece ter funcionado. Muitos crentes começaram a questionar a autoridade, legitimidade e motivações de Paulo. Também começaram a duvidar de sua mensagem. O resultado foi uma confusão entre as congregações e, por fim, um apóstolo indignado que mais uma vez teve de defender seu apostolado. A indignação de Paulo diante do fato de aqueles crentes se desviarem do evangelho da graça é evidente na dureza de suas palavras: "Ó gálatas insensatos! Quem os enfeitiçou?" (Gálatas 3:1).

A preocupação de Paulo não era com sua popularidade pessoal, mas com a integridade do evangelho verdadeiro. Por isso, ele explica que foi designado por Deus e compartilha informações valiosas sobre sua vida, relatando até mesmo detalhes de sua viagem mais importante a Jerusalém após a sua conversão. Tudo isso para provar que a mensagem proclamada por ele tinha o mesmo teor que a dos doze apóstolos.

As implicações eternas e teológicas dos ensinamentos dos judaizantes eram sérias. Por essa razão, Paulo foi além e explicou as distinções entre a lei e a graça. Nos rituais e padrões mosaicos, os gálatas estavam se afastando em direção a um substituto sem nenhum poder. Eles não haviam perdido a salvação, mas a alegria dela, ao voltarem para a escravidão de um legalismo autoimposto. Paulo, recorrendo a Abraão e a várias passagens do Antigo Testamento, lembra aos gálatas de que a salvação nunca veio de outro modo senão pela graça mediante a fé, completamente separada de qualquer mérito ou obra humana.

Na próxima seção, Paulo não apenas prega ao gálatas, mas derrama seu coração. Continuando a contrastar graça e lei, fé e obras, ele compara os dois filhos de Abraão, Ismael e Isaque. Ismael representa o caminho do legalismo, um símbolo dos judeus que nasceram apenas naturalmente e confiavam em suas próprias obras. Isaque representa o caminho da graça, um símbolo de todos os que passaram pelo novo nascimento espiritual ao confiarem na obra de Jesus. Paulo direciona seus leitores para a liberdade de que todos os crentes desfrutam, a filiação por meio da adoção espiritual e a herança que lhes pertence por causa da graça soberana de Deus.

A seção final de Gálatas é um retrato da vida cheia do Espírito. A fé genuína é mais do que crer na verdade divina, pois também envolve produzir o fruto divino sob a direção e pelo poder do Espírito. Por isso, Paulo diz aos crentes da Galácia: "... vivam pelo Espírito [...] [sejam] conduzidos pelo Espírito" (Gálatas 5:16, 18). É o Espírito Santo que faz com que a vida de fé funcione.

Paulo conclui com uma comparação entre aqueles que se gloriam na carne e os que se gloriam na cruz. Sua conclusão – um ataque final contra os judaizantes – condena o orgulho religioso e a hipocrisia. Paulo, então, celebra a cruz de Cristo como a fonte da justiça e da aceitação de todo crente diante de Deus.

REFLEXÕES

Devemos identificar os falsos mestres. Três princípios podem ser extraídos do contraste de Paulo entre si e os falsos apóstolos. Primeiro, não devemos nos deixar enganar por uma oratória suave, inteligente e aparentemente espiritual. Tal discurso pode esconder mentiras e engano. Segundo, devemos ir além das palavras dos mestres e examinar a vida deles. Aqueles que são consumidos pelo desejo de acumular riqueza e poder não são verdadeiros servos de Cristo. Por fim, não devemos fazer da tolerância uma grande virtude. A tolerância é a maior virtude apenas para aqueles que não têm convicções firmes. Discernir entre verdadeiros e falsos líderes espirituais é vital para a saúde da igreja. Deixar de exercer discernimento é escancarar a porta do redil e permitir que Satanás devaste o rebanho de Deus.

Lembre-se do verdadeiro fundamento. Os "pilares" do evangelho são a graça de Deus e a morte de Cristo. São esses os pilares que o legalismo naturalmente destrói. Quem insiste que podem, de alguma forma, alcançar a salvação por seus próprios esforços mina o fundamento do cristianismo e anula a preciosa morte de Cristo em seu favor.

Deus se importa com as motivações por trás das boas obras. Para que tenham valor aos seus olhos, elas precisam ser realizadas no poder do Espírito e com o objetivo de glorificá-lo. Quando feitas dessa forma, são agradáveis ao Pai; mas, se realizadas na força da carne e com o intuito de obter mérito ou reconhecimento humano, são rejeitadas. O legalismo se distingue da verdadeira obediência pela atitude da pessoa e pela condição de seu coração: o legalismo é um aroma repulsivo às narinas de Deus, enquanto a obediência é um perfume agradável.

> Assim, você já não é escravo, mas filho; e, por ser filho, Deus também o fez herdeiro.
>
> Gálatas 4:7

PERGUNTAS DE ESTUDO

1. O que o surpreende na descrição de Paulo da generosidade dos macedônios em 2Coríntios 8:1-7? Quais expressões ele usa? Qual era a situação deles?

2. Como Paulo descreve seu próprio comportamento, atitude e tom em relação aos coríntios (veja 2Coríntios 10:1-16)?

3. Segundo Paulo, o que é mais importante do que se sentir bem consigo mesmo ou engrandecer a si mesmo (veja 2Coríntios 10:12-18)?

4. Paulo enfatizou que não aceitou dinheiro dos crentes de Corinto (veja 2Coríntios 11:7-12). Por que ele destacou esse ponto?

5. Apesar de suas evidentes reservas, Paulo decidiu contar aos coríntios sobre sua visão do paraíso (veja 2Coríntios 12:1-10). Como ele descreve sua experiência?

6. O que Paulo revela como a força motriz por trás de suas ações no passado (veja Gálatas 1:10-24)? Como isso se compara com sua motivação atual?

7. Como Paulo contrasta a lei e a fé em Gálatas 3:10-18? O que ele diz sobre o destino de quem falha em cumprir totalmente a lei?

8. Paulo contrasta as obras da carne com o fruto do Espírito (veja Gálatas 5:19-26). Ele, porventura, argumenta que aqueles que praticam essas obras não são realmente cristãos? Se sim, por qual motivo? Se não, por qual motivo?

SEMANA 44

OS CRENTES LUTAM CONTRA O INIMIGO

EFÉSIOS 1—FILIPENSES 4

LEITURAS DIÁRIAS: **302** | Efésios 1–2 **303** | Efésios 3 **304** | Efésios 4–5 **305** | Efésios 6 **306** | Filipenses 1–2 **307** | Filipenses 3 **308** | Filipenses 4

Ninguém esperaria encontrar gratidão e alegria em uma prisão. No entanto, acredita-se que era exatamente nessa condição que o apóstolo Paulo se encontrava quando escreveu as cartas aos Efésios e aos Filipenses.

Durante os três anos em que Paulo pastoreou a igreja em Éfeso, provavelmente ensinou todas as grandes verdades contidas na carta. Ainda assim, Paulo queria que seus irmãos e irmãs na fé fossem gratos por suas bênçãos incomensuráveis em Cristo e vivessem de maneira digna dessas bênçãos. Por isso, ele começou essa carta com uma espécie de curso intensivo de teologia, oferecendo uma visão panorâmica do plano perfeito de redenção de Deus desde a eternidade passada. O fato de Deus escolher graciosa e amorosamente cada crente, judeu ou gentio, para a salvação levou o apóstolo a orações de louvor a Deus e a interceder com profundo amor para que os efésios fossem cheios de toda a plenitude de Deus.

Aqueles que foram salvos pela fé, escreveu o apóstolo, são novas criaturas sendo transformadas à imagem e semelhança de Cristo. "Porque fomos feitos por Deus, criados em Cristo Jesus, para boas obras, as quais Deus preparou previamente para que andássemos nelas" (Efésios 2:10). As velhas práticas ficaram para trás; como novas pessoas, Deus nos capacitou para vivermos juntos em uma entidade chamada igreja. Em unidade e amor, com Cristo como cabeça deste corpo e com cada membro fazendo sua parte para edificá-lo por meio dos dons do Espírito, devemos viver para a glória de Deus.

Paulo observa que a conformidade com Cristo deve *contrastar* com a conformidade com o mundo. Os efésios viviam em uma cidade espiritualmente sombria e pagã, mas foram salvos daquela escuridão e agora deveriam viver na luz. Deus ordenou a submissão humilde como um aspecto-chave da vida transformada, em especial nas relações de autoridade: esposas aos maridos, filhos aos pais, empregados aos patrões. Contudo, a principal preocupação dos crentes não deveria ser quem está *sob* sua autoridade, mas a quem devem estar *submissos*.

Essas instruções sobre a vida cristã fiel conduzem Paulo ao tema da batalha espiritual. Ele alerta que, ao viverem de modo digno da vocação – com humildade em vez de orgulho, unidade em vez de divisão, segundo o novo eu e não o antigo, como luz e não trevas –, os crentes enfrentarão oposição do Inimigo. No entanto, Deus não deixa seus santos desprotegidos nesse conflito cósmico. O Senhor provê toda a armadura necessária para que eles combatam e frustrem o adversário. A passagem final de Paulo em Efésios serve como um lembrete encorajador de que, em Cristo, os crentes não apenas são capazes de *resistir* aos ataques do Diabo, mas também podem *derrotar* as forças diabólicas que se opõem a Deus e à igreja.

Paulo conhecia de forma direta esse tipo de ataque espiritual. Em sua próxima carta, ele escreve à igreja em Filipos, informando os crentes sobre sua prisão domiciliar em Roma (local de onde compôs a carta). O apóstolo os exorta à unidade e a uma vida moldada pelo exemplo de Cristo. Paulo também explica sua decisão de devolver um dos ajudantes enviados por eles, adverte sobre falsos mestres e expressa gratidão pela oferta financeira recebida da igreja filipense.

> ... cuidando, cada um, não somente dos próprios interesses, mas também dos interesses dos outros.
>
> Filipenses 2:4

O vínculo de amor entre Paulo e esses crentes era tão forte que sua amizade e orações o encorajaram repetidas vezes durante a sua prisão. Paulo assegura aos filipenses que as circunstâncias dolorosas, na verdade, aumentaram sua alegria. Pouco importava estar acorrentado a um guarda romano dia e noite, ser alvo de calúnias ou encarar a possibilidade de execução. O que realmente lhe importava era que o evangelho de Cristo continuasse a ser proclamado, e, por isso, ele permanecia confiante de que a causa do Senhor prevaleceria.

Paulo, em seguida, convoca a congregação a se comportar como cidadãos do céu. "A nossa cidadania, porém, está nos céus, de onde esperamos ansiosamente o Salvador, o Senhor Jesus Cristo" (Filipenses 3:20). Essa era uma descrição que Paulo sabia que eles entenderiam. Filipos tinha o privilégio de ser uma colônia romana — um status especial que era motivo de orgulho cívico. Como cidadãos responsáveis, eles tomavam cuidado para não envergonhar sua cidade. Quanto mais, então, deveriam honrar o reino de Cristo?

O apóstolo também adverte quanto ao perigo da discórdia, a qual pode surgir até mesmo por meio de poucos indivíduos. Se permitirem que o grande exemplo do Filho de Deus, que voluntariamente desceu para a terra em forma humana para redimir a humanidade caída, sirva de motivação, estarão unidos em humildade. Paulo, então, ordena aos murmuradores da congregação que parem de reclamar e discutir, apresentando o exemplo de três homens piedosos: ele mesmo, Timóteo (seu filho na fé) e Epafrodito (um filipense a quem a igreja havia enviado para levar a oferta e servir a Paulo). Paulo declara que ele e esses dois homens são, com grande amor, devotados ao Senhor, e não aos próprios interesses. Eles arriscaram saúde, liberdade e a própria vida por amor a Cristo.

No poderoso testemunho de salvação de Paulo e na imagem de uma prova de corrida (representando a vida cristã), vemos sua preocupação com o crescimento espiritual. Ele já havia buscado impressionar os homens e a Deus com práticas sem valor. Agora, como um velocista, ele se dedica com todas as forças pela recompensa da perfeição espiritual, e deseja que outros crentes em Cristo sigam seu exemplo.

A igreja em Filipos enfrentava muitos perigos, os quais Paulo menciona ao longo da carta: perseguição, falta de unidade, falsos mestres. Mas é a disputa entre duas mulheres proeminentes que ameaça dividir a igreja: situação agravada pelo fato de os presbíteros e diáconos terem se omitido em vez de lidar com o problema. Por isso, Paulo os instrui a permanecer firmes na fé, mantendo sua posição como soldados na linha de frente. Ele conclui ao expressar novamente sua gratidão pela oferta financeira que enviaram. Por trás de suas palavras de agradecimento estão não apenas princípios de contentamento, mas também o retrato de um homem completamente satisfeito. Paulo podia se alegrar em toda e qualquer situação porque seu coração estava guardado pela paz de Deus e pelo Deus da paz.

REFLEXÕES

Devemos nos envolver ativamente na batalha espiritual. É comum os crentes se tornarem complacentes diante da gravidade do conflito espiritual que os cerca. Eles não se interessam pela "armadura de Deus" porque não estão envolvidos na guerra. No entanto, Deus não concede licenças nem isenções. Seu povo está em guerra e continuará em guerra até Cristo voltar e assumir o controle da terra. Um cristão que já não precisa mais lutar contra o mundo, a carne e o Diabo é um cristão que caiu na complacência. Um cristão que não enfrenta conflitos na vida é um cristão que recuou da linha de frente do serviço.

Devemos nos comprometer com uma vida santa. A salvação constitui-se de três dimensões no tempo: passado, presente e futuro. A dimensão passada é a *justificação*, ou seja, o momento em que colocamos nossa fé em Jesus e fomos redimidos. A dimensão presente é a *santificação*, isto é, o período entre nossa justificação e morte (ou, se ainda estivermos vivos, até o retorno de Jesus). A dimensão futura é a *glorificação*: quando a salvação será completada e receberemos nosso corpo glorificado. Viver em santidade, portanto, exige que coloquemos nossa vida a serviço de Cristo com todas as nossas forças.

Devemos buscar o prêmio. Pessoas que causam verdadeiro impacto têm um compromisso determinado com seus objetivos – e o mesmo princípio vale para os cristãos. Não existem fórmulas mágicas ou atalhos para uma vida que cause impacto pela verdade de Cristo. Essa vida é fruto de dedicação constante à meta de nos tornarmos mais semelhantes a ele, tanto no caráter quanto no ministério. Muitos servos fiéis de Deus sofreram muito para atingir esses objetivos, e muitos até pagaram com a própria vida. O que todos tinham em comum era a disposição de colocar seu conforto em segundo plano e priorizar a semelhança com Jesus neste mundo. Eles deixaram sua marca na igreja por meio de sua devoção inabalável a ele e de seus incansáveis esforços em favor do evangelho.

PERGUNTAS DE ESTUDO

1. Segundo Paulo, quais são os aspectos da obra de Deus em nossa vida relacionados ao passado, ao presente e ao futuro (conforme Efésios 1:3-6, 7-12, 13-14)? E por que você acha que ele escolheu apresentar essa perspectiva tão abrangente?

2. Paulo apresenta a declaração mais concisa da Bíblia sobre salvação "pela graça, por meio da fé" em Efésios 2:8-9. A que se refere a palavra "isto" no versículo 8? O que ela significa?

3. Quais obstáculos podem impedir individualmente o crescimento e amadurecimento espiritual de um cristão? O que pode impedir o crescimento de uma congregação inteira (veja Efésios 4:1-16)?

4. Que palavras de exortação Paulo dá aos seguidores de Jesus em Efésios 5:1-7? Por que não devemos participar de obras pecaminosas?

5. Quais peças da armadura de defesa são dadas aos filhos de Deus em sua luta contínua contra as forças do mal? Quais armas de ataque nos são dadas (veja Efésios 6:10-20)?

6. Quais palavras e expressões revelam o tipo de relacionamento profundo entre Paulo e a igreja em Filipos (veja Filipenses 1:3-11)?

7. Em vez de murmurar e discutir com Deus sobre as situações da vida, Paulo exortou os filipenses a se lembrarem de sua missão. Qual era exatamente esse chamado (veja Filipenses 2:12-18)?

8. Paulo descreve o tipo de pensamento que leva a uma experiência cristã estável (veja Filipenses 4:4-9). Quais são as marcas desse modo de pensar?

SEMANA 45

OS CRENTES DEVEM DAR UM EXEMPLO PIEDOSO

COLOSSENSES 1— 2TESSALONICENSES 3

LEITURAS DIÁRIAS: **309** | Colossenses 1—2 **310** | Colossenses 3—4 **311** | 1Tessalonicenses 1—2 **312** | 1Tessalonicenses 3—4 **313** | 1Tessalonicenses 5 **314** | 2Tessalonicenses 1—2 **315** | 2Tessalonicenses 3

Vários anos após a fundação da igreja em Colossos (provavelmente por Epafras), surgiu uma heresia que continha elementos do que veio a ser chamado de gnosticismo, além de aspectos do legalismo judaico. Epafras ficou tão preocupado com essa heresia que fez a longa viagem de Colossos até Roma, onde Paulo estava preso. Na carta aos Colossenses, Paulo ensina sobre várias áreas importantes da teologia e refuta esse falso ensino que ameaçava a igreja colossense.

Esses falsos mestres, os gnósticos, diziam aos cristãos da região do vale do rio Lico (onde a cidade de Colossos estava localizada) que Jesus não era suficiente – que eles precisavam de algo mais. Alegavam ter um conhecimento espiritual superior e revelações secretas que iam além de Cristo e da Palavra. Esses hereges formavam um grupo elitista que desprezava os cristãos considerados "não iluminados". Eles conseguiram enganar alguns crentes, afastando-os da confiança somente em Cristo.

Paulo, portanto, escreveu aos colossenses a fim de demonstrar a suficiência absoluta de Jesus Cristo para a salvação e a santificação. Os colossenses já tinham Cristo – e ele era suficiente –, por isso não precisavam se sentir intimidados pelos falsos mestres. Paulo também declara a suficiência de Cristo sobre a filosofia desses falsos mestres (a qual ele classificou como engano inútil) e sobre o legalismo.

Na sequência, Paulo exorta seus leitores a fixarem a mente nas realidades celestiais *enquanto* lidam firmemente com o pecado no presente, submetendo-se ao Espírito Santo. Os cristãos devem se "vestir" espiritualmente de acordo com sua nova identidade ao adotarem o estilo de vida do novo homem. Paulo fala das características pessoais e da vida no lar desse "novo homem", além de explicar como a fé em Cristo deve influenciar os relacionamentos entre senhores e servos (comparáveis hoje aos patrões e empregados). Ele, então, amplia o tema e passa a falar da oração, da sabedoria no viver diário cristão e de que os crentes devem ter um falar cheio de graça.

A parte final da carta de Paulo apresenta diversos cristãos que o ajudaram em seu ministério enquanto ele estava preso em Roma. Os oito homens mencionados não são todos conhecidos, mas muitos permaneceram ao lado de Paulo por anos e eram especiais para ele. Em última análise, Colossenses apresenta um forte argumento em favor da divindade de Jesus Cristo. O tema do livro pode ser resumido pelas palavras de Paulo em Colossenses 3:11: "Cristo é tudo e está em todos". Ele é Deus, Criador, Salvador e cabeça da igreja.

As próximas epístolas de Paulo são 1 e 2Tessalonicenses, também chamadas de "epístolas escatológicas". No entanto, em virtude da ênfase que dão à igreja, talvez seja mais apropriado chamá-las de "epístolas eclesiásticas". Paulo provavelmente teve muitos motivos para escrever 1Tessalonicenses – todos decorrentes de sua preocupação com o rebanho do qual havia sido forçado a se separar (veja Atos 17:1-9). O apóstolo carregava um peso imenso de responsabilidade por todas as igrejas, por isso deve ter sido reconfortante ministrar aos crentes de Tessalônica, a quem considerava dignos de elogio.

Alguns dos objetivos de Paulo incluíam encorajar a igreja e responder a falsas acusações. Ele consola os que estão sendo perseguidos, expressa alegria pela fé deles e os lembra da importância de uma moralidade pura. Ele também condena o estilo de vida preguiçoso, corrige uma compreensão errada dos eventos proféticos, desfaz tensões e exorta os crentes quanto aos fundamentos da vida cristã.

Em 1Tessalonicenses, Paulo revela as preocupações de um pastor e o tipo de cuidado espiritual que um líder deve oferecer ao seu povo. Paulo sabia que mesmo uma igreja forte como a de Tessalônica poderia ser tentada a se contentar com o *status quo* espiritual. Por essa razão, exorta os crentes ao longo da carta a buscar a excelência espiritual. Embora os padrões morais da cultura ao redor continuassem a se degradar, a moralidade dos tessalonicenses não podia seguir o mesmo caminho .

Esses crentes, embora tivessem algumas dúvidas, viviam na expectativa do retorno do Salvador . “O que acontece com os cristãos que morrem antes de Jesus voltar? Eles perderão a segunda vinda?” O propósito de Paulo ao tratar do Dia do Senhor não é principalmente teológico ou escatológico, mas pastoral; seu objetivo era oferecer esperança e consolo. Em uma objeção final, ele identifica os membros problemáticos que impediam o crescimento dos membros saudáveis e orienta a comunidade sobre como lidar com essas pessoas.

Após escrever 1Tessalonicenses, Paulo continuou a receber notícias de Tessalônica. Ele soube que a igreja havia amadurecido e crescido, mas que também sofria mais pressão e perseguição. Além disso, como em tantas outras congregações, sementes de falsa doutrina sobre o Senhor haviam sido plantadas, e as pessoas se comportavam de maneira desordenada. Assim, Paulo escreveu uma segunda carta a esse rebanho amado que se sentia desanimado pela perseguição e precisava de incentivo para perseverar.

A carta de 2Tessalonicenses tem um tom principalmente pastoral, embora aborde temas proféticos importantes. Nos dois primeiros capítulos, Paulo corrige um mal-entendido provocado por falsos mestres sobre a chegada do Dia do Senhor, explicando que esse Dia ainda não havia chegado e que certos eventos precisariam ocorrer antes. Ele, então, exorta seus leitores a estarem preparados para o fim dos tempos, sem se deixarem enganar, esquecer, ignorar, duvidar ou se sentirem inseguros e fracos.

No restante da carta, Paulo pede oração e faz uma advertência contra aqueles na comunidade que continuavam ociosos. Ele lembra os crentes de como havia agido quando esteve com eles: trabalhando “arduamente e com fadiga, dia e noite” (2Tessalonicenses 3:8). Ao longo da carta, o apóstolo oferece encorajamento aos perseguidos, correção àqueles mal instruídos e amedrontados, e repreensão aos desobedientes e indisciplinados. E conclui com uma bênção em forma de oração a Deus.

REFLEXÕES

Jesus é suficiente. Um dos grandes princípios das Escrituras é que Cristo é completamente suficiente em todos os âmbitos da vida e da piedade. Ele é suficiente para a criação, a salvação, a santificação e a glorificação. Ele é tão puro que nele não há mancha, mácula, impureza, corrupção ou erro. Ele é tão completo que não há outro Deus além dele. Ele é o Filho unigênito, e todos os tesouros da sabedoria e do conhecimento estão nele. Como proclama Paulo: "Pois toda a plenitude da divindade habita corporalmente em Cristo, e vocês estão plenos nele, que é a cabeça de todo poder e autoridade" (Colossenses 2:9-10).

Devemos praticar o que pregamos. Paulo afirma que ele e seus cooperadores foram "homens a quem Deus aprovou e confiou o evangelho" (1Tessalonicenses 2:4). Paulo sabia que podia confiar no poder de Deus porque estava comprometido com a verdade de Deus não apenas em sua pregação, mas também em sua forma de viver. Os inimigos da verdade muitas vezes tentarão destruir nosso ministério por meio da perseguição. Quando isso não funcionar, tentarão minar a confiança das pessoas em nossa mensagem ou em nossa integridade pessoal. Por essa razão, devemos seguir o exemplo de Paulo e não apenas *pregar* a verdade do evangelho, como também viver essa verdade.

Temos trabalho a fazer neste mundo. Paulo lembra aos tessalonicenses um mandamento que lhes havia dado quando estava com eles: "Se alguém não quiser trabalhar, também não coma" (2Tessalonicenses 3:10). A ética do trabalho em nossa cultura tem se deteriorado, mas a ética bíblica do trabalho permanece constante. Quando buscamos com diligência a vocação para a qual Deus nos chamou, honramos ao Senhor. Além disso, a Bíblia afirma que temos a responsabilidade de cuidar dos pobres: "A religião que Deus, o nosso Pai, aceita como pura e imaculada é esta: cuidar dos órfãos e das viúvas nas suas aflições" (Tiago 1:27). No entanto, nem o mundo nem a igreja têm a obrigação de sustentar aqueles que deliberadamente escolhem ser preguiçosos e não trabalhar. Como Paulo lembra aos crentes: "... porque não vivemos desregradamente quando estivemos entre vocês, nem comemos coisa alguma à custa de ninguém. Ao contrário, trabalhamos arduamente e com fadiga, dia e noite, para não sermos pesados a nenhum de vocês, não porque não tivéssemos tal direito, mas para que nos tornássemos um modelo a ser imitado por vocês" (2Tessalonicenses 3:7-9).

PERGUNTAS DE ESTUDO

1. Quais foram as três coisas pelas quais Paulo orou para que os colossenses fossem cheios (veja Colossenses 1:9)? Por que Paulo orou para que os colossenses fossem fortalecidos (veja v. 10-14)?

2. Reveja os diferentes mandamentos de Paulo em Colossenses 3:1-11. O que os crentes em Cristo devem "mortificar" ou "abandonar" em sua vida espiritual?

3. Quais instruções Paulo dá sobre a oração em Colossenses 4:2-4? Qual é a diferença entre simplesmente orar e ser uma pessoa dedicada à oração?

4. Quais qualidades notáveis Paulo reconheceu e agradeceu na vida dos crentes tessalonicenses (veja 1Tessalonicenses 1:3-10)? Por que ele começou mencionando esses hábitos santos?

5. Que metáfora Paulo usa para ilustrar seu "estilo" de ministério em 1Tessalonicenses 2:7-9? Quais palavras e expressões ele utiliza para desenvolver essa imagem?

6. Paulo escreveu para informar e confortar os crentes em Tessalônica. Que verdades encorajadoras ou reconfortantes você encontra em 1Tessalonicenses 4:13-18?

7. Em 2Tessalonicenses 1:9-12, Paulo fala sobre Deus ser "glorificado" por meio do seu povo. O que isso significa? Como isso é realizado pelos crentes em Cristo?

8. Quais foram alguns dos métodos e artimanhas usados pelos falsos mestres para confundir e perturbar os crentes tessalonicenses (veja 2Tessalonicenses 2:1-4)?

SEMANA 46

OS CRENTES PREGAM O EVANGELHO

1TIMÓTEO 1–2TIMÓTEO 4

LEITURAS DIÁRIAS: **316** | 1Timóteo 1–2 **317** | 1Timóteo 3 **318** | 1Timóteo 4–5 **319** | 1Timóteo 6 **320** | 2Timóteo 1 **321** | 2Timóteo 2 **322** | 2Timóteo 3–4

A primeira carta a Timóteo é uma das duas epístolas inspiradas que Paulo escreveu a seu amado filho na fé. Em Atos 16:1-5, aprendemos que Timóteo era natural de Listra, uma cidade na província romana da Galácia. Sem dúvidas, Paulo o conduziu a Cristo durante sua primeira viagem missionária, ao passar por Listra. Quando retornou à cidade em sua segunda viagem, escolheu Timóteo, que provavelmente era adolescente ou um jovem adulto, para acompanhá-lo.

Timóteo seria discípulo, amigo e cooperador de Paulo pelo restante da vida do apóstolo. Paulo o enviava como seu representante às igrejas em muitas ocasiões, e a primeira carta a Timóteo o encontra em mais uma missão, servindo como pastor da igreja em Éfeso. Paulo era bastante apegado a essa igreja – fruto de três anos de ministério pessoal ali. Apesar de sua rica história espiritual, a igreja de Éfeso havia sido alvo de falsos mestres. Assim, Paulo escreveu essa epístola para preparar Timóteo para o ataque desses inimigos do evangelho.

Paulo também exorta Timóteo a tornar a oração pelos perdidos uma prioridade na igreja de Éfeso: "Antes de tudo, peço que se façam súplicas, orações, intercessões e ações de graças por todos os homens" (1Timóteo 2:1). (O evangelho distorcido pregado pelos judaizantes em Éfeso, os quais ensinavam salvação apenas para um grupo seleto, certamente restringia a intercessão evangelística dos crentes.) Além disso, Paulo orienta Timóteo sobre as qualificações necessárias para pastores e diáconos, destacando a relação direta entre a saúde espiritual de uma igreja e a integridade dos seus líderes. As qualidades de caráter que Paulo destacou contrastavam fortemente com as características dos líderes não qualificados que assumiram cargos em Éfeso. Além disso, certas mulheres haviam assumido autoridade de maneira indevida. Todas essas situações precisavam ser corrigidas em público.

Depois de abordar os problemas causados pelos falsos mestres, Paulo trata diretamente deles, focando em sua origem e em seu ensino. Ele afirma que qualquer tolerância ao erro desonra o Deus da verdade, e qualquer pessoa que defenda ideias ímpias deve ser publicamente repreendida. Em seguida, Paulo tece uma série de conselhos inspirados pelo Espírito para Timóteo em várias áreas da vida da igreja: o tratamento a homens e mulheres mais velhos; o cuidado com as viúvas; as obrigações da igreja de honrar, proteger, repreender e escolher presbíteros; e alguns sinais que identificam mestres corruptos.

Paulo encerra suas instruções ao aconselhar o jovem pastor sobre como orientar os ricos em relação aos bens materiais. Ele também exorta Timóteo a resistir à tentação e apegar-se a seu chamado divino. Timóteo era o homem de Deus para a igreja de Éfeso. Sua eficácia dependeria daquilo pelo que lutasse, do que buscasse, do que fugisse e daquilo a que fosse fiel.

Quando escreveu 2Timóteo, Paulo estava preso outra vez, provavelmente como parte da perseguição de Nero contra os cristãos. Desta vez, Paulo não tinha esperança de ser libertado. Anteriormente, estivera em prisão domiciliar e podia receber visitas e continuar seu ministério; agora, cerca de cinco ou seis anos depois, estava em uma cela, acorrentado, abandonado por quase todos – por temerem a perseguição – e diante de uma execução iminente.

> Combata o bom combate da fé. Tome posse da vida eterna, para a qual você foi chamado e fez a boa confissão na presença de muitas testemunhas.
>
> 1Timóteo 6:12

Paulo, então, exorta Timóteo a ir rapidamente a Roma para uma última visita. (Não se sabe se Timóteo chegou à cidade antes da execução de seu mentor.) Além disso, Paulo percebia que o jovem pastor em Éfeso estava sob o risco de enfraquecer espiritualmente diante da pressão da igreja e da perseguição do mundo. Suas palavras finais a Timóteo contêm muitas exortações: cerca de 25 imperativos. Talvez Timóteo questionasse seus dons, seu chamado ou suas chances de sucesso. Seja qual for a natureza de suas dificuldades, é evidente que Timóteo estava desanimado.

Paulo aconselha Timóteo a compreender que não lhe faltava nada da parte de Deus; o que ele precisava era apropriar-se plenamente de tudo o que já havia recebido. Ele precisava ser diligente, usar seus dons, manter a sã doutrina, confiar nas Escrituras e resistir aos falsos mestres que haviam se infiltrado no rebanho. Na primeira parte da carta, Paulo exorta Timóteo a ser forte; na última, insiste para que ele continue pregando a Palavra.

Com imagens marcantes de um mestre, um soldado, um atleta e um agricultor, Paulo apresenta diversos elementos importantes de uma vida cristã vibrante. Antecipando possíveis dúvidas de Timóteo, o apóstolo também oferece fortes motivações para a fidelidade. A partir daí, Paulo inspira e encoraja o jovem pastor a ser, acima de tudo, um homem da Palavra.

Em muitos aspectos, 2Timóteo funciona como um inventário espiritual. Paulo examina os motivos e o caráter de Timóteo, com ênfase em sua condição interior, não em realizações externas. Ele também dá instruções para evitar, expor e combater impostores espirituais e heresias na igreja. Ao apontar seu próprio exemplo de fidelidade e reiterar as convicções fundamentadas na Escritura, Paulo instrui Timóteo a "[seguir] o modelo da sã doutrina [...] com fé e amor em Cristo Jesus" que recebeu dele (2Timóteo 1:13) e a ser um corajoso defensor da fé. Ele lembra seu jovem colega dos ricos recursos que possui na Palavra de Deus.

À medida que Paulo se aproximava do fim de sua vida, ele podia olhar para trás sem arrependimentos. De fato, seu tom em 2Timóteo é de triunfo. (A maioria dos estudiosos acredita que essa foi a última carta escrita por Paulo.) No capítulo final, ele examina sua vida sob três perspectivas: a realidade presente, para a qual estava preparado; o passado, no qual havia sido fiel; e o futuro, no qual esperava sua recompensa celestial. Aqui vemos o coração de um homem de Deus cuja missão era viver para a glória de Deus, ajudando a edificar a igreja de Jesus.

TIMÓTEO E TITO

Timóteo, cujo nome significa "aquele que honra a Deus", tornou-se o principal discípulo de Paulo, sendo bem recomendado pelos irmãos em Derbe e Icônio. Como Paulo o chama de "verdadeiro filho na fé" (1Timóteo 1:2), é provável que Timóteo tenha se convertido durante a primeira viagem missionária de Paulo, embora tenha sido criado por uma mãe e uma avó piedosas. Seu pai era um grego incrédulo (veja Atos 16:1-3).

Timóteo permaneceu fiel a Paulo do começo ao fim. Paulo o enviou na segunda viagem a Tessalônica, na terceira a Corinto, a Filipos durante sua primeira prisão domiciliar em Roma e a Éfeso durante suas viagens finais. O nome de Timóteo aparece na saudação não apenas nas duas cartas aos Tessalonicenses, mas também em 2Coríntios, Filipenses, Colossenses, Filemom e até mesmo em Romanos 16:21. Em algum momento, Timóteo foi preso e mais tarde libertado (veja Hebreus 13:23), presumivelmente após a morte de Paulo.

Tito não é mencionado nominalmente em Atos, mas é provável que tenha sido levado à fé em Cristo por Paulo antes ou durante sua primeira viagem missionária. Mais tarde, Tito ministrou com Paulo na ilha de Creta e foi deixado ali para fortalecer e dar continuidade à obra. Após a chegada de Ártemas ou Tíquico para assumir a liderança do ministério, Paulo desejava que Tito se juntasse a ele em Nicópolis, na província da Acaia, na Grécia, e permanecesse ali durante o inverno.

Devido ao envolvimento de Tito com a igreja de Corinto durante a terceira viagem missionária de Paulo, ele é mencionado nove vezes em 2Coríntios (veja 2:13; 7:6,13-14; 8:6,16,23; 12:18), sendo chamado por Paulo de "meu irmão" (2:13) e "meu companheiro e cooperador" (8:23). Esse jovem presbítero já estava familiarizado com os judaizantes (falsos mestres na igreja), os quais, entre outras coisas, insistiam que todos os cristãos, tanto gentios quanto judeus, estavam obrigados a seguirem a lei de Moisés. Tito havia acompanhado Paulo e Barnabé anos antes ao Concílio de Jerusalém, onde essa heresia foi debatida (veja Atos 15; Gálatas 2:1-5).

REFLEXÕES

Evangelismo começa com oração evangelística. Paulo escreve a Timóteo: "Antes de tudo, peço que se façam súplicas, orações, intercessões e ações de graças por todos os homens" (1Timóteo 2:1). O maior exemplo de oração evangelística é o nosso Senhor. Isaías 53:12 nos diz que "pelos transgressores [ele] intercedeu." Na cruz, orou: "Pai, perdoa-lhes, pois não sabem o que fazem" (Lucas 23:34). Deus respondeu a essas orações com 3 mil conversões no Dia de Pentecostes e incontáveis outras ao longo dos séculos. Nós oramos pelos perdidos dessa forma? Temos a mesma paixão que levou John Knox a clamar: "Dá-me a Escócia ou eu morro"? Nossa atitude é como a de George Whitefield, que orou: "Ó, Senhor, dá-me almas ou leva a minha"? Podemos, como Henry Martyn, dizer: "Eu não posso suportar minha existência se Jesus não for glorificado"? Deus honra a oração evangelística. Entre os que mataram Estêvão estava um jovem chamado Saulo de Tarso. Será que a salvação do grande apóstolo foi resposta à oração de Estêvão: "Senhor, não os consideres culpados deste pecado"? O evangelismo começa com a oração evangelística.

Líderes cristãos devem ser marcados por integridade. Mais do que inteligência, carisma, eloquência, diligência, visão, capacidade administrativa, poder de decisão, bom humor ou qualquer outra habilidade natural, a qualidade *mais* essencial na liderança espiritual é a integridade. Embora valorizada também no contexto secular, sua ausência no ministério cristão compromete totalmente a credibilidade do líder. Integridade é viver o que ensinamos e pregamos. Por isso, todas as qualificações para líderes dadas em 1Timóteo 3:1-13 descrevem o caráter moral. Não é uma lista típica que um analista corporativo elaboraria, pois a questão não são as habilidades de liderança, mas o exemplo espiritual. Aqueles que conduzem outros à semelhança de Cristo devem seguir um padrão de comportamento piedoso que outros possam imitar. Devem ser irrepreensíveis em sua vida moral e doméstica, maturidade espiritual e reputação pública.

Devemos liderar outros pelo nosso exemplo. Paulo escreve a Timóteo: "Ninguém o despreze pelo fato de você ser jovem, mas seja um exemplo para os fiéis" (1Timóteo 4:12). A maior ferramenta de um líder é o poder de uma vida exemplar. O escritor puritano Thomas Brooks disse: "O exemplo é a retórica mais poderosa". Dar um exemplo de vida piedosa que outros possam seguir é a condição essencial para a excelência no ministério. Quando falta um padrão de piedade, o poder da pregação é esvaziado, restando apenas uma casca vazia. A pregação com autoridade é enfraquecida se não há uma vida virtuosa por trás.

Fazemos tudo para a glória de Deus. Não há aspecto da vida ou da conduta, por mais insignificante que pareça, que não deva ser direcionado para a glória de Deus. Todo trabalho legítimo tem valor intrínseco porque é o ambiente no qual vivemos a nossa fé cristã. O cristianismo não é um ideal, mas algo que triunfa no mundo real. Como crentes, geralmente interagimos com esse mundo no local de trabalho, onde vivemos nossa fé todos os dias. Devemos ser uma "cidade construída sobre um monte" (Mateus 5:14). Por isso, nossa conduta no trabalho deve demonstrar aos outros o poder transformador de Cristo. Nosso desempenho profissional trará louvor ou blasfêmia ao nome de Deus.

> ... pois o amor ao dinheiro é a raiz de todos os males. Algumas pessoas, por cobiçar o dinheiro, se desviaram da fé e se afligiram com muitos sofrimentos.
>
> 1Timóteo 6:10

Atenção aos indícios de amor ao dinheiro. Paulo adverte: "De fato, a piedade com contentamento é grande fonte de lucro [...]; por isso, tendo o que comer e com que nos vestir, estejamos com isso satisfeitos" (1Timóteo 6:6, 8). Mas como reconhecer se caímos nesse laço? Primeiro, quem ama o dinheiro valoriza mais o lucro do que conquistá-lo com honestidade ou ao prestar um bom serviço. Devemos buscar a verdade e a excelência, pelas quais o dinheiro pode ser a recompensa. Segundo, quem ama o dinheiro nunca está satisfeito. Como as filhas da sanguessuga de Provérbios 30:15, tudo o que diz é: "Dê! Dê!". Em contraste, Paulo escreveu: "... aprendi a contentar-me em toda e qualquer circunstância" (Filipenses 4:11). Terceiro, quem ama o dinheiro tende a ostentar. Esse tipo de pessoa sente prazer excessivo em exibir o que o dinheiro compra. Quarto, há resistência em compartilhar: quem ama o dinheiro prefere gastá-lo apenas consigo. Por fim, quem ama o dinheiro muitas vezes cai em pecados para consegui-lo: Pode fraudar impostos, adulterar relatórios ou furtar no trabalho. Quem compromete seus princípios por dinheiro revela um coração que ama mais o dinheiro do que a Deus, a justiça e a verdade.

O ministério fiel tem um custo e uma recompensa. O ministério fiel no serviço de Deus é, ao mesmo tempo, agradável e penoso. Traz sofrimento e alegria, decepção e gratidão. O dever pode trazer a dor mais profunda ou a alegria mais elevada. Quando não cumprimos nosso dever espiritual, isso traz insatisfação, arrependimento e angústia, por mais fácil que pareça a infidelidade. Por outro lado, um dever espiritual cumprido traz satisfação e alegria, independentemente do custo da fidelidade. O cristão obediente ao seu dever diante do Senhor pode dizer com Pedro: "Contudo, se sofre como cristão, não se envergonhe, mas glorifique a Deus por meio desse nome" (1Pedro 4:16).

Deus é quem provê a força necessária para nos tirar de situações de estagnação espiritual. Há muitos anos, engenheiros em Nova Jersey estavam construindo uma ponte sobre a foz de um rio na costa atlântica. Ao fincarem as estacas, encontraram o casco de um navio enterrado na areia. Para manter a rota planejada da ponte, o casco teria de ser removido. Tentaram todos os meios mecânicos para movê-lo, mas ele permanecia preso. Por fim, um jovem engenheiro sugeriu posicionar vários barcos dos dois lados do casco, passar cabos por baixo dele e prendê-los firmemente aos barcos na maré baixa. Quando a maré subisse, o casco se soltaria um pouco. Na maré seguinte, os cabos seriam apertados outra vez, e com a maré alta o casco se soltaria mais um pouco. Após vários ciclos de maré, o navio foi por fim liberado. O que a força humana não conseguiu, as forças imensamente maiores da natureza conseguiram com facilidade. Muitos cristãos e igrejas hoje são como aquele casco: presos em estagnação espiritual. Reconhecem o problema e tentam de todas as formas humanas se libertar, mas sem sucesso. Contudo, aquilo que os filhos de Deus não conseguem realizar por sua própria força, o Pai celestial pode fazer pelo poder do seu Espírito. Como Paulo aconselhou seu jovem cooperador na fé: "Portanto, você, meu filho, fortifique-se na graça que há em Cristo Jesus" (2Timóteo 2:1). Devemos realizar a obra na força que Deus provê para que cada um de nós seja capacitado a perseverar "como bom soldado de Cristo Jesus" (v. 3).

PERGUNTAS DE ESTUDO

1. Como Paulo descreve o que os falsos mestres haviam feito (veja 1Timóteo 1:3-7, 18-20)? Como o testemunho pessoal de Paulo se relaciona com sua advertência contra os falsos mestres?

2. Que instruções Paulo dá a Timóteo quanto às vestimentas das mulheres em sua congregação (veja 1Timóteo 2:8-10)? Quais razões Paulo apresenta para essa instrução?

3. O que as duras palavras de Paulo em 1Timóteo 4:1-5 sobre os propagadores de falsas doutrinas revelam sobre a importância da verdade?

4. Como as viúvas deveriam ser cuidadas na igreja (veja 1Timóteo 5:3-16)? Que distinções foram feitas? Atualmente, quem são as pessoas em situações de necessidade semelhante?

5. Por que Paulo compartilha com Timóteo as ações contrastantes de seus companheiros de ministério (veja 2Timóteo 1:15-18)? Como Paulo esperava desafiar e ao mesmo tempo encorajar Timóteo com isso?

6. Paulo usa três analogias em 2Timóteo 2:1-7 para destacar várias qualidades indispensáveis de uma vida espiritual sólida. Qual é o ponto principal de cada analogia?

7. O que você aprende sobre os métodos de "mentoria" de Paulo em 2Timóteo 3:10-14? Como Timóteo seguiu cuidadosamente e modelou o exemplo de Paulo?

8. Segundo 2Timóteo 4:1-5, por que a pregação é um chamado tão sério? O que deve ser elencado acerca do ofício da pregação?

SEMANA 47

OS CRENTES TÊM UMA ÂNCORA EM CRISTO

TITO 1—HEBREUS 6

LEITURAS DIÁRIAS: **323** | Tito 1–2 **324** | Tito 3 **325** | Filemom 1
326 | Hebreus 1–2 **327** | Hebreus 3 **328** | Hebreus 4–5 **329** | Hebreus 6

Tito, assim como Timóteo, tornou-se um discípulo amado de Paulo e companheiro de trabalho no evangelho, provavelmente servindo com Paulo em suas segunda e terceira viagens missionárias. O propósito de Paulo ao escrever a carta a Tito era encorajar e fortalecer esse jovem pastor que o sucedeu em um árduo ministério.

Tito era o representante direto do apóstolo, enviado à ilha de Creta para fortalecer as igrejas e capacitá-las para a evangelização eficaz em uma cultura pagã. O tema central da carta, portanto, gira em torno da liderança na igreja. Paulo diz a Tito que somente aqueles cujo caráter atenda aos padrões divinos devem ser admitidos ou mantidos no ministério.

Tito também deveria preparar as igrejas para combater o falso ensino e a vida devassa de certos líderes. Paulo encarrega Tito – e, por meio dele, as congregações de cada cidade – não apenas de denunciar o comportamento desses líderes, mas também de silenciá-los e até mesmo removê-los da comunhão. Para os membros das igrejas, a principal preparação evangelística era viver uma vida piedosa. O comportamento deles diante das autoridades governamentais e dos incrédulos também era crucial para o seu testemunho. Além disso, afirma Paulo, a pregação da sã doutrina gera na igreja relacionamentos marcados por humildade, submissão e amor. O propósito de Deus ao levantar presbíteros e ordenar que seu povo viva de maneira reverente uns com os outros é dar testemunho do seu plano de salvação. Paulo exorta Tito a falar com autoridade sobre essas coisas.

Ao longo da carta, torna-se evidente que a missão de Tito vai além de simplesmente *manter* a igreja em Creta. Seu papel inclui levar mais pessoas à *fé* em Cristo. As observações finais de Paulo exortam Tito a lembrar os crentes da importância de sua atitude, seu testemunho para o mundo incrédulo e seus relacionamentos. Um testemunho humilde por parte de um corpo de crentes bem ordenado será a mensagem mais convincente do evangelho.

A pequena carta de Filemom foi escrita por Paulo a um membro proeminente da igreja em Colossos. Paulo enviou a carta com um homem chamado Tíquico, que acompanhava o escravo fugitivo de Filemom, Onésimo, em seu retorno ao mestre. Onésimo não era crente quando roubou dinheiro de Filemom e fugiu, mas depois conheceu Paulo em Roma e se converteu. O apóstolo passou a amar Onésimo, pois ele prestava um serviço valioso a Paulo em sua prisão. Mas, ao roubar e fugir, Onésimo havia quebrado a lei romana e defraudado seu senhor. Paulo sabia que essas questões precisavam ser resolvidas. Por isso, enviou Onésimo de volta a Colossos, junto com essa bela carta pessoal, exortando Filemom a perdoar Onésimo e recebê-lo de volta ao serviço como um irmão em Cristo.

Paulo usa essa situação da vida real para ensinar a importância do perdão e o caráter espiritual daquele que perdoa. Paulo não apela à lei ou a princípios, mas ao amor. Ele pode fazer isso porque conhece Filemom como um homem espiritualmente maduro, cujo coração está em paz com Deus.

A carta aos Hebreus, escrita por um autor desconhecido, foi dirigida sobretudo a cristãos de origem judaica. Embora esses indivíduos fossem, em sua maioria, convertidos a Cristo, provavelmente havia entre eles alguns incrédulos atraídos pela mensagem da salvação, mas que ainda não haviam se comprometido. Essa geração de cristãos hebreus havia praticado os sacrifícios levíticos no Templo de Jerusalém, mas era um grupo imaturo e que tentava manter as tradições espiritualmente ineficazes do judaísmo. Além disso, eles sofriam perseguição por parte de outros judeus.

O propósito do autor ao escrever a carta é enfatizar a superioridade do cristianismo sobre o judaísmo e dar confiança aos crentes quanto à supremacia de Cristo. Jesus é mais elevado do que qualquer anjo e superior a qualquer herói do Antigo Testamento que os judeus estimavam. Cristo está acima de qualquer instituição do Antigo Testamento; é maior do que qualquer ritual do Antigo Testamento; e melhor do que qualquer sacrifício do Antigo Testamento.

JESUS É SUPERIOR AOS ANJOS

Um precedente havia sido estabelecido na comunidade de judeus messiânicos de Qumran que viviam perto do Mar Morto. Eles se afastaram da sociedade, estabeleceram uma comunidade e incluíram a adoração de anjos em sua linha de judaísmo reformado. Chegaram até a afirmar que o anjo Miguel tinha uma posição mais elevada do que o Messias vindouro. Essas aberrações doutrinárias podem explicar a ênfase de Hebreus 1 na superioridade de Cristo sobre os anjos.

Hebreus descreve as diferenças entre o judeu não salvo, que permanece no judaísmo, e o judeu redimido, que abraça o cristianismo. O autor adverte os judeus dentro da comunidade que conheciam as verdades básicas do evangelho, mas ainda não confiavam unicamente em Cristo, a aceitarem Jesus não apenas no aspecto intelectual, mas de todo o coração. O escritor resume essa advertência com uma declaração da história de Israel: "... não endureçam o coração de vocês, como na rebelião, durante o tempo da provação no deserto" (Hebreus 3:8).

Alguns desses judeus incrédulos provavelmente haviam feito uma profissão superficial de fé, sem crer de forma plena em Cristo. Sem entrar nas bênçãos da nova aliança, eles não poderiam ter a vida eterna. Por outro lado, os crentes genuínos foram lembrados das certezas das promessas de Deus: a garantia divina de que todos os que se achegam a Deus por meio de seu Filho serão salvos. Deus nunca falhou em suas promessas e jamais falhará. Assim, é impossível que alguém que confie em Cristo perca sua salvação.

O lado positivo do evangelho é que a salvação faz infinitamente mais do que livrar os pecadores da morte espiritual: ela produz vida espiritual. A salvação deve ser buscada não apenas por causa das terríveis consequências de *rejeitá-la*, mas também pelo que se ganha ao *abraçá-la*. Os crentes entram no descanso perfeito de Deus devido à beleza e à graça de seu misericordioso Sumo Sacerdote.

O cerne de Hebreus é o sacerdócio de Jesus. Ele realizou o que os sacerdotes da antiga ordem jamais poderiam fazer. Em um único e perfeito ato final de sacrifício, ele abriu permanentemente o caminho até Deus. Como resultado, qualquer pessoa, a qualquer momento, pode entrar na presença de Deus pela fé em Cristo.

REFLEXÕES

O trabalho da igreja é um esforço em equipe. Paulo enfatiza, em Tito, que todos os crentes têm um papel a desempenhar na igreja. Não é possível que um pastor, ou mesmo uma equipe de pastores em uma igreja grande, atenda a todas as necessidades de uma congregação. Além de não haver tempo suficiente para que uma só pessoa faça tudo, outros crentes inevitavelmente têm dons espirituais e habilidades que o pastor não tem, por meio dos quais boas obras podem ser realizadas e as necessidades dos crentes, atendidas. Além disso, uma igreja harmoniosa, amorosa e serviçal também será um farol para o mundo, atraindo os incrédulos à luz da salvação por meio da fé em Cristo.

Os verdadeiros crentes permanecem em Cristo. O autor de Hebreus escreve: "... pois temos sido participantes de Cristo, se nos apegarmos até o fim à confiança que tivemos no princípio" (3:14). Se realmente cremos no evangelho, então, ao final do dia, ao final do ano e ao final da vida, nosso compromisso com ele ainda permanecerá. A maior prova da salvação é a perseverança na vida cristã. Permanecer fiel ao Senhor marca a diferença entre *professar* a fé e verdadeiramente *possuí-la*.

Deus veio até nós. Ao enviar Jesus, Deus entrou no mundo e sentiu tudo o que nós jamais sentiremos. Se Deus não tivesse feito isso, ele jamais poderia ter sido um sumo sacerdote, um mediador ou um intercessor. Ele jamais poderia ter oferecido o sacrifício perfeito e absoluto pelos pecados do seu povo, conforme exigido pela justiça divina. A encarnação não foi uma opção, mas uma necessidade absoluta. Se a humanidade haveria de ser salva, Deus precisava descer até nós para, então, nos conduzir de volta a si.

PERGUNTAS DE ESTUDO

1. A saudação inicial de Paulo em Tito 1:1-4 está repleta de verdades. O que Paulo diz sobre seu próprio chamado? O que ele revela sobre o caráter de Deus?

2. A quais grupos específicos de pessoas Paulo dá instruções em Tito 2:1-10? Quais são as exortações específicas dadas a cada grupo?

3. O que Paulo ensina em Tito 3:1-8 sobre o milagre da salvação? O que ele ensina nessa passagem sobre o dom da graça de Deus à humanidade?

4. Paulo revela muito sobre sua situação e seu histórico com Filemom (veja v. 1-9). Como ele usa isso para introduzir seu pedido em relação a Onésimo (veja v. 10-14)?

5. O que significa dizer que Deus, "nestes últimos dias, nos falou por meio do Filho" (Hebreus 1:2)? O que significa dizer que Cristo foi constituído "herdeiro de todas as coisas"?

6. A que o autor de Hebreus compara a Palavra de Deus? Qual é o papel da Palavra de Deus na vida do crente e do descrente (veja Hebreus 3:12-13)?

7. Por que Jesus é capaz de se compadecer das nossas fraquezas? Tendo em vista aquilo que fez por nós como nosso grande sumo sacerdote, como somos incentivados a nos aproximar de Deus (veja Hebreus 4:14-16)?

8. O que significa dizer que alguns dos destinatários da epístola aos Hebreus eram "negligentes para ouvir"? Quais eram os sintomas dessa condição (veja Hebreus 5:9-14)?

SEMANA 48

OS CRENTES PERSEVERAM EM MEIO ÀS PROVAÇÕES

HEBREUS 7—13

LEITURAS DIÁRIAS: **330** | Hebreus 7 **331** | Hebreus 8 **332** | Hebreus 9 **333** | Hebreus 10 **334** | Hebreus 11 **335** | Hebreus 12 **336** | Hebreus 13

Em Hebreus 7, o autor chega ao ponto central de seu livro. Esse capítulo trata da parte mais significativa do judaísmo: o sacerdócio. Sem sacerdotes, não havia sacrifícios; e, sem sacrifícios, não havia perdão dos pecados. A obediência à lei era importante, mas a oferta de sacrifícios era ainda mais essencial – e apenas os sacerdotes podiam oferecê-los. Não é de admirar que o sacerdócio fosse tão exaltado no judaísmo!

O autor apresenta seu argumento mencionando uma figura misteriosa que aparece brevemente no Antigo Testamento: "Melquisedeque, rei de Salém e sacerdote do Deus Altíssimo" (Hebreus 7:1). Embora haja muitas especulações sobre sua identidade, o mais prudente é considerá-lo um personagem histórico real cujo ofício sacerdotal serviu como uma "tipologia" do sacerdócio futuro de Cristo. Em outras palavras, Melquisedeque foi um homem antigo que Deus quis usar como uma imagem de Jesus. Sua vida e ministério serviram como uma analogia limitada do que Cristo faria muito tempo depois, durante seu ministério terreno. Assim como o sacerdócio de Melquisedeque foi superior ao sacerdócio levítico-araônico, o ministério de Cristo é superior ao de Melquisedeque.

De modo geral, a epístola aos Hebreus apresenta um contraste entre as provisões limitadas e temporárias da antiga aliança e as provisões infinitamente superiores da nova aliança oferecida por Jesus, o sumo sacerdote perfeito. Entre essas provisões "superiores" estão esperança, aliança, promessa, sacrifício, realidade, pátria e ressurreição superiores. Aqueles que pertencem à nova aliança habitam uma atmosfera celestial, adoram um Salvador celestial, têm um chamado celestial, recebem um dom celestial, são cidadãos de uma pátria celestial, aguardam uma Jerusalém celestial e têm seus nomes escritos nos céus.

Um dos obstáculos à fé dos hebreus era a dificuldade de entender que toda a lei cerimonial do Antigo Testamento tinha um caráter provisório e preparatório. Por isso, o autor busca uma explicação clara do caráter superior da nova aliança. Seu objetivo não é desmerecer a antiga forma de se relacionar com Deus, mas mostrar sua natureza incompleta e provisória. O autor de Hebreus afirma que Cristo, cujo ministério perfeito e completo superou o ministério dos sacerdotes antigos, agora habita um novo santuário. O local de ministério de Cristo, sob esse novo arranjo, não é um tabernáculo terrestre, mas celestial. Ali, ele continua a ministrar em favor do seu povo, apresentando ao Pai os verdadeiros dons do coração: adoração, arrependimento e gratidão.

A posição exaltada de Jesus e o santuário celestial onde ele ministra são provas claras da superioridade do seu ministério. O antigo sacerdócio e o sistema sacrificial eram apenas sombras da realidade do perdão real e da reconciliação verdadeira com Deus por meio de Cristo. "Ao chamar de 'nova' essa aliança, ele tornou antiquada a primeira; e o que se torna antiquado e envelhecido está a ponto de desaparecer" (Hebreus 8:13).

A morte de Cristo foi por muito tempo uma pedra de tropeço para os judeus – um Messias sofredor e moribundo contradizia suas pressuposições teológicas. Ciente dessa limitação, o autor de Hebreus se empenha em mostrar por que o sacrifício do Messias era necessário e qual era sua verdadeira natureza. Ao registrar a morte de Jesus do ponto de vista teológico, e não histórico, os hebreus foram lembrados da ineficácia dos antigos sacrifícios e levados a compreender o significado e a profundidade da morte de Jesus. Cristo foi o sacrifício perfeito e definitivo pelos pecados – por toda a humanidade, por toda a eternidade.

O que se segue é um estudo mais amplo sobre a fé: o que ela é e como se manifesta na vida. Hebreus 11, às vezes chamado de "*Hall* da fama dos santos", é uma galeria de honra dos personagens do Antigo Testamento que viveram e morreram pela fé. Os nomes desses homens e mulheres seriam familiares à audiência original: Abel, Noé, Abraão, Sara, Jacó, José, Moisés, Gideão, Sansão,

Davi – para citar alguns. Também incluída, talvez surpreendentemente, está "a prostituta Raabe", que, por sua fé no Deus de Israel, "não foi morta com os que haviam sido desobedientes" quando os muros de Jericó caíram. Assim, o autor deixa claro que, desde o tempo de Adão, Deus tem honrado a *fé* – e não as obras.

A carta aos Hebreus foi escrita em um contexto de perseguição. Os cristãos judeus haviam abandonado as tradições religiosas nas quais foram criados. A perseguição vinda de seus compatriotas judeus era, em grande parte, social e econômica – embora alguns crentes já tivessem sido presos. Por isso, o autor encoraja esses crentes cansados a correrem a corrida da vida cristã com perseverança, lembrando-os de que Deus usa as dificuldades como forma de treinar seus filhos. Ele encerra a epístola com um capítulo prático, apresentando alguns dos princípios essenciais da ética cristã – princípios que demonstrarão o verdadeiro evangelho ao mundo, encorajarão as pessoas a crerem em Cristo e glorificarão a Deus.

REFLEXÕES

Jesus foi o único ser humano sem pecado. Jesus era imaculado, sem qualquer mancha moral ou espiritual. Durante 33 anos, ele conviveu continuamente com pecadores e foi constantemente tentado por Satanás. No entanto, Jesus nunca foi contaminado pelo pecado ou pela impureza! Assim como os raios do sol podem brilhar sobre o mais imundo e estagnado pântano sem perder seu brilho e pureza, Jesus viveu sua vida em um mundo pecaminoso e impuro sem perder nada de sua beleza e santidade. Ele percorreu este mundo e permaneceu intocado por qualquer mancha. Teve contato direto e pessoal com Satanás, mas saiu tão puro quanto antes de encontrá-lo. Nunca houve um sacerdote imaculado – até Jesus.

Havia um propósito na antiga aliança. A simbologia da antiga aliança não era má, e nunca foi. Ela tinha um propósito dado por Deus. Apontava para o Filho, representava o Filho e prefigurava o Filho antes que ele viesse à terra. Mas, quando o Filho veio, a simbologia perdeu sua funcionalidade. O antigo sistema de sacrifícios, na verdade, terminou quando o véu se rasgou ao meio e o sacrifício de Jesus foi concluído (veja Mateus 27:50-51). Naquele momento, o sacrifício único e irrepetível de Cristo foi consumado, de modo que todos os que estão em Cristo passaram a ter acesso direto a Deus (veja 1Timóteo 2:3-6). A destruição do Templo selou o encerramento da Antiga Aliança ao acabar de vez com o local físico de sacrifícios, que, aliás, já não tinha mais utilidade. O tempo da lei mosaica e dos sacerdotes levíticos havia terminado. O tempo do Filho havia chegado para sempre.

O sacrifício de Jesus foi único e definitivo. Na ceia do Senhor, nos lembramos da morte sacrificial de Cristo, conforme Jesus nos ordenou. Contudo, Cristo não é sacrificado novamente. O Senhor ordenou a seus discípulos que se lembrassem de sua morte, não que tentassem repeti-la. A obra do sacrifício está consumada. Portanto, não haverá outro sacrifício. E o perdão é oferecido àqueles que confiam nesse sacrifício perfeito. "No entanto, depois que Jesus acabou de oferecer um único sacrifício pelos pecados, que é válido para sempre, se assentou à direita de Deus" (Hebreus 10:12). A salvação – gloriosa e perfeita – é prometida na antiga aliança e adquirida na nova.

> Porque, por meio de um único sacrifício, ele aperfeiçoou para sempre os que têm sido santificados.
>
> Hebreus 10:14

A vida cristã é uma maratona, não uma corrida de cem metros. Perseverança é uma determinação firme de continuar avançando. É prosseguir mesmo quando tudo em você quer desistir. Em uma corrida de cem metros, a velocidade é o mais importante, pois a prova termina rapidamente. Todavia, em uma corrida de oitocentos metros, é a resistência que faz a diferença. A vida cristã se parece mais com uma corrida longa do que com uma corrida curta. Muitos cristãos bem-intencionados começam com rapidez, mas, à medida que a corrida avança, eles desaceleram, desistem ou simplesmente caem. A igreja sempre teve muitos cristãos de arrancada curta, mas o Senhor quer aqueles que são "maratonistas". Haverá obstáculos, cansaço e exaustão. No entanto, cada um de nós precisa perseverar se quisermos vencer. Deus se importa com a nossa constância. "Portanto, 'fortaleçam as mãos enfraquecidas e os joelhos vacilantes. Façam caminhos retos para os seus pés', para que o manco não se desvie; antes, seja curado" (Hebreus 12:12-13).

PERGUNTAS DE REFLEXÃO

1. De que maneiras o autor de Hebreus retrata o sacerdócio de Jesus como superior ao da antiga aliança (veja Hebreus 7:11-22)?

2. Segundo Hebreus 8:1-13, em que consiste a superioridade da nova aliança em relação à antiga aliança? Cite alguns exemplos específicos.

3. Como o Templo e o Tabernáculo terrenos descritos pelo autor de Hebreus contrastam com o santuário celestial onde Cristo está ministrando agora (veja Hebreus 9:1-5)?

4. Em Hebreus 10:19-25, o autor lista algumas "marcas" que serão evidentes na vida daqueles que respondem positivamente ao evangelho. Quais são essas marcas?

5. O que é a fé segundo a descrição e os exemplos apresentados em Hebreus 11:1-29? Quais dos personagens do Antigo Testamento mencionados pelo autor lhe são familiares?

6. Por que correr uma corrida é uma boa metáfora para a vida cristã (veja Hebreus 12:1-2)? Que outras analogias são usadas no Novo Testamento?

7. Revise o ensinamento sobre a disciplina divina dado em Hebreus 12:3-11. O que você aprende sobre seus propósitos, sua prevenção e seus perigos? Por que ela não deve ser desprezada?

8. Como você descreveria o significado de "sacrifício de louvor" em Hebreus 13:15? Que outros tipos de sacrifícios agradam a Deus?

SEMANA 49

OS CRENTES POSSUEM UMA HERANÇA ETERNA

TIAGO 1—2PEDRO 3

LEITURAS DIÁRIAS: **337** | Tiago 1–3 **338** | Tiago 4–5 **339** | 1Pedro 1–2 **340** | 1Pedro 3 **341** | 1Pedro 4–5 **342** | 2Pedro 1–2 **343** | 2Pedro 3

Tiago é amplamente reconhecido como o primeiro livro do Novo Testamento a ser escrito. Seu autor foi o irmão mais velho de Jesus (por parte de mãe), também irmão de Judas. A princípio, Tiago não creu que Jesus fosse o Messias, mas, após sua conversão, tornou-se um dos principais líderes da igreja em Jerusalém. Seu estilo lembra o livro de Provérbios. Tiago escreve com fervor, exortando seus leitores a uma obediência incondicional à Palavra de Deus. Ele complementa a ênfase de Paulo na justificação pela fé com sua própria ênfase na frutificação espiritual que evidencia uma fé verdadeira.

Tiago escreveu principalmente para cristãos judeus dispersos pela perseguição. Dado o contexto, ele inicia sua epístola enfatizando que a fé genuína se revela acima de tudo em tempos de provação. Tiago afirma que uma fé que não se *manifesta em obras*, na verdade, não é fé. Com isso, ele não diz que uma pessoa é salva pelas obras; na realidade, ele afirma que a salvação é um dom gracioso de Deus. Tiago, de fato, enfatiza que a autenticidade da profissão de fé em Cristo se evidencia mais pelo que a pessoa faz do que pelo que ela diz.

Tiago complementa seu argumento com duas ilustrações: Abraão e Raabe. Cada um foi justificado, não por palavras ou rituais religiosos, mas por suas ações ao colocarem tudo o que lhes era precioso nas mãos do Senhor, confiando nele sem reservas. É no turbilhão dos planos, das decisões, provações e encruzilhadas da vida que a fé verdadeira inevitavelmente se manifesta.

Tiago destaca que a maneira como alguém fala pode revelar se sua fé é verdadeira: "Da mesma boca procedem bênção e maldição. Meus irmãos, isso não está certo!" (Tiago 3:10). Ele também aponta que a sabedoria é outro teste da fé. Os detentores da sabedoria humana (sabedoria terrena) evidenciam por sua vida que não têm um relacionamento salvador com Cristo. No entanto, aqueles com fé salvadora genuína manifestarão a sabedoria do alto: a sabedoria de Deus.

Em seguida, Tiago aborda a atitude de uma pessoa em relação ao mundo. Ele argumenta que viver fielmente como cristão envolve separar-se das contaminações do mundo e aproximar-se de Deus. Fazer a vontade de Deus é mais um teste de uma fé genuína. Um desrespeito constante à vontade de Deus revela orgulho – e Deus resiste aos soberbos, mas dá graça aos humildes.

Com base nos ensinamentos de Jesus, Tiago apresenta uma condenação àqueles que professam adorar a Deus, mas na verdade adoram o dinheiro. Ele instrui os que sofrem nas mãos dos ricos e poderosos a serem pacientes e se manterem no fundamento. Aos crentes judeus, ordena que não façam juramentos, mas que, falando a verdade, tornem-se distintos. Por fim, Tiago sustenta o compromisso com a oração como requisito essencial para suportar o sofrimento. Sua exortação abrange toda a igreja: individualmente, os crentes devem orar, assim como a congregação. Seu foco principal está nos feridos da batalha espiritual: os perseguidos, fracos e derrotados que precisam de cura espiritual por meio da oração.

Pedro também escreveu sua primeira carta aos seguidores de Jesus dispersos pelo Império Romano por serem alvos de crescente perseguição. Essa hostilidade aos cristãos provavelmente começou após o incêndio de Roma causado por Nero, que culpou os cristãos pelo desastre. Como o principal apóstolo daquele tempo, Pedro reconheceu a necessidade de ajudar seus irmãos e irmãs difamados a viverem de maneira vitoriosa. Assim, com a pena de escrever em mãos, seu objetivo era lembrar-lhes da herança futura que os aguardava.

Pedro exorta esses irmãos a que vivam uma vida fundamentada na esperança, livre de amargura e focada na segunda vinda do Senhor. Além disso – apresentando Cristo como modelo de uma atitude triunfante em meio à hostilidade –, ele chama esses sofredores a viverem com honra e humildade diante dos incrédulos e dos demais crentes. Ele observa que uma atitude vigilante gera uma "mentalidade de peregrino". Isso lembra os crentes de que são cidadãos do céu, e apenas peregrinos na terra. Essa perspectiva também os leva a considerar o tribunal de Cristo, onde serão recompensados pelo que tiver valor eterno.

Na parte final da carta, Pedro se dirige aos líderes da igreja. Tempos de sofrimento e perseguição exigem a mais nobre liderança. Aqueles que pastoreiam o rebanho de Deus têm responsabilidades que jamais devem ser tratadas com leviandade. Pedro conclui lembrando seus leitores de que, por meio da humildade e submissão, do amor mútuo e da paciência diante do sofrimento, eles podem glorificar a Deus e evangelizar um mundo hostil. E Deus, em meio a tudo isso, os aperfeiçoará, firmará e fortalecerá.

Enquanto 1Pedro foi escrita para encorajar cristãos em sofrimento, 2Pedro foi escrita para expor, frustrar e derrotar os falsos mestres. A diferença nos temas explica certos contrastes, como o fato de uma carta ensinar que a segunda vinda de Cristo está próxima e a outra abordar seu aparente atraso. A primeira carta foca na iminência de Cristo a fim de encorajar os crentes perseguidos. A segunda, ao lidar com o problema dos zombadores, enfatiza os motivos pelos quais o retorno iminente de Cristo ainda não havia ocorrido.

Mais do que uma queixa contra mestres disfarçados de ovelhas, a mensagem de Pedro afirma que a melhor defesa contra o erro espiritual é conhecer a *verdade*. Ele enfatiza a necessidade de um conhecimento profundo e íntimo de Cristo. O cristianismo é baseado na verdade objetiva, histórica, revelada e racional de Deus, destinada a ser compreendida e aceita com fé. Como diferenciar entre alegações contraditórias da verdade? Conhecendo as Escrituras divinamente inspiradas, repletas de autoridade e dignas de confiança. Pedro também queria que os crentes discernissem os enganadores. Por essa razão, ele descreve suas características, expondo tanto seu caráter imoral quanto suas doutrinas destrutivas.

Pedro encerra tratando dos tempos finais e do juízo vindouro. Ele quer que seus irmãos perseguidos saibam que, apesar dos escárnios dos falsos mestres, o Dia do Senhor é certo. Diante da certeza desses eventos, ele convoca o povo de Deus à santificação. Com tantas almas em risco, os crentes precisavam viver uma vida exemplar e usar bem seu tempo para mostrar aos outros o caminho da salvação.

REFLEXÕES

As boas obras evidenciam a fé. Ninguém pode ser salvo pelas obras. A salvação é inteiramente "pela graça [...] por meio da fé" (Efésios 2:8). No entanto, também é verdade que "a fé, por si só, se não é acompanhada de obras, está morta" (Tiago 2:17). A verdadeira fé não apenas deve produzir boas obras autênticas, como inevitavelmente o fará – em especial arrependimento e submissão ao senhorio de Cristo. Essa é a expressão da nova natureza, criada no novo nascimento (veja 2Coríntios 5:17). Essa obediência e arrependimento não serão perfeitos, mas as boas obras estarão presentes. Pode-se dizer que não nos custa nada nos tornarmos cristãos, mas nos custa tudo viver plenamente como cristãos.

Deus é digno de nosso louvor. Em uma sociedade centrada no ser humano, o desejo de Deus de que somente ele receba toda glória pode parecer inadequado, mas isso ocorre apenas porque as pessoas não têm noção de sua grandeza, santidade e glória. As visões que elas têm dele são meramente projeções de si mesmas. O louvor que as pessoas tanto desejam é imerecido, e seus motivos para buscá-lo são pecaminosos. Entretanto, Deus busca glória pelos motivos certos, uma vez que só ele é digno dela. Seu desejo por glória é santo, pois ele é totalmente digno.

Não podemos ser passivos diante do mal. Pedro escreve: "No entanto, houve falsos profetas no meio do povo, como também surgirão falsos mestres entre vocês. Estes introduzirão secretamente heresias destruidoras, chegando a negar o Soberano Senhor que os resgatou, trazendo sobre si mesmos repentina destruição" (2Pedro 2:1). Quando a alma eterna das pessoas está em jogo, a igreja não pode ser passiva. Tampouco pode se esconder por trás de uma falsa humildade que teme ser julgadora, ou de um falso amor que teme ofender os outros. Jesus foi totalmente humilde, mas nunca chamou o mal de outra coisa senão de *mal*. Cristo foi totalmente amoroso, mas nunca deixou de alertar seus ouvintes para salvá-los do inferno. E ele não teve nada além de uma intensa ira contra aqueles que, com seus falsos ensinos, afastavam as pessoas de Deus e as levavam diretamente ao inferno.

PERGUNTAS DE ESTUDO

1. O que aprendemos sobre a recompensa que Deus promete àqueles que suportam provações e tentações (veja Tiago 1:2-15)? Como as provações atuam como um fator de igualdade entre ricos e pobres?

2. Quais dois exemplos Tiago cita para mostrar como a fé sem obras não tem valor algum (veja Tiago 2:14-24)? Por que esses são bons exemplos de uma fé morta?

3. Segundo Tiago, onde está a raiz do problema da fala maldosa? Que tipos de males são causados pela língua (veja Tiago 3:1-12)?

4. O que é significativo no fato de Pedro chamar os crentes de "peregrinos" (veja 1Pedro 1:1-12)? O que esse termo sugere para nós, crentes dos dias atuais?

5. Que tipo de conduta e estilo de vida radicalmente diferentes Pedro diz que são esperados de todos os seguidores de Cristo (veja 1Pedro 2:11-12)? O que são os "desejos carnais"?

6. Qual a exortação de Pedro aos crentes diante do sofrimento? (veja 1Pedro 3:13-22)? O que isso significa? Como agir dessa forma?

7. Pedro fala sobre o poder de Cristo em 2Pedro 1:1-11. Por que esse é um ponto de partida importante? O que o poder de Cristo faz pelos crentes?

8. Pedro tinha plena consciência de que seus dias na terra estavam contados. À luz de sua morte iminente, qual era sua grande preocupação (veja 2Pedro 1:12-15)?

SEMANA 50

OS CRENTES AMAM UNS AOS OUTROS

1JOÃO 1—JUDAS 1

LEITURAS DIÁRIAS:	**344** | 1João 1–2	**345** | 1João 3	**346** | 1João 4
347 | 1João 5	**348** | 2João 1	**349** | 3João 1	**350** | Judas 1

Embora se acredite que o "discípulo amado", João, já estivesse em idade avançada quando escreveu as três epístolas gerais que levam seu nome, ele ainda estava ativamente envolvido no ministério junto às igrejas no final do primeiro século. Como o último dos apóstolos, seu testemunho tinha extrema autoridade entre os cristãos. Muitos crentes em Cristo ansiavam por ouvir aquele que teve experiência direta com o Senhor Jesus durante todo o seu ministério terreno.

João, assim como outros líderes da igreja primitiva, estava preocupado com a grande quantidade de falsos mestres e suas mensagens destrutivas. Ele fala desses mestres - distintamente chamando-os de "anticristos" - como aqueles que se afastam da verdadeira comunhão cristã, negam a fé e enganam os fiéis. Embora não descreva com precisão a natureza da heresia (provavelmente uma forma inicial de gnosticismo), João responde a ela de forma brilhante em sua primeira carta, reafirmando com clareza os fundamentos essenciais da fé cristã.

Especificamente, João oferece a seus leitores um teste para determinar a autenticidade de um mestre, de uma mensagem ou da declaração de salvação de uma pessoa. Os verdadeiros crentes passarão no teste *doutrinário*: eles terão uma visão ortodoxa de Cristo e da realidade do pecado. Passarão também no teste *moral*: obedecerão a Jesus e amarão os irmãos. Ninguém pode afirmar que pertence a Deus ou que é enviado por ele se sua vida não for marcada por fé sólida, obediência e amor em harmonia.

Como um ancião respeitado na igreja, João era amado por sua devoção a Cristo e por seu amor pelos santos. Isso lhe rendeu o título de "apóstolo do amor". Por isso, não é surpresa quando ele afirma, no meio de sua carta, que os cristãos genuínos amarão de maneira radical. O capítulo 4 de 1João traz uma longa descrição do que é o amor, afirma que está à disposição de todos e fornece cinco razões pelas quais os cristãos devem viver por meio dele. O zelo de João pela verdade também molda sua carta. Ele apresenta os fundamentos do cristianismo em termos absolutos, muitas vezes por meio de contrastes marcantes, como: luz contra trevas; os filhos de Deus contra os filhos do Diabo. Aqueles que afirmam ser cristãos devem exibir as características dos verdadeiros cristãos. Os que não demonstram essas características nunca verdadeiramente nasceram de novo.

O apóstolo volta repetidas vezes a essas verdades para examiná-las por diferentes ângulos a fim de fixá-las na mente e no coração dos leitores. Em sua última "espiral", João enfatiza a natureza vitoriosa do crente. Esse é um dos testes fundamentais para a verdadeira comunhão. Embora a Bíblia use vários termos para descrever os cristãos, João destaca um em especial: *vencedor*. O crente continuamente vence o mundo.

> Amados, amemos uns aos outros, pois o amor procede de Deus. Aquele que ama é nascido de Deus e conhece a Deus.
>
> 1João 4:7

João conclui com uma apresentação do testemunho de Deus e do Espírito para confirmar a verdade da divindade de Cristo. Ele também apresenta cinco certezas cristãs: a certeza da vida eterna, a promessa de ter orações respondidas, a garantia de vitória sobre o pecado e sobre Satanás, a certeza de que os cristãos pertencem a Deus e a certeza de que Jesus é o verdadeiro Deus. A maior de todas essas certezas, a encarnação, garante todas as outras, pois se trata da base doutrinária sobre a qual os cristãos podem construir sua vida.

A carta de 2João também trata do problema dos falsos mestres na igreja, mas desta vez o foco do apóstolo está na hospitalidade. Nos dias de João, hospitalidade incluía abrir a casa e cuidar de cristãos necessitados, inclusive pregadores itinerantes. Entre as congregações supervisionadas por João, falsos mestres itinerantes se aproveitavam da hospitalidade cristã para alcançarem seus objetivos. A mulher e sua família mencionadas na saudação da carta podem ter acolhido esses falsos profetas, ou João temia que eles tentassem se aproveitar da bondade dela.

O apóstolo adverte severamente seus leitores contra demonstrar hospitalidade para esses enganadores. A hospitalidade cheia de graça ordenada aos cristãos deve ser criteriosa; sua bondade deve ser direcionada àqueles que aderem aos fundamentos da fé. A sã doutrina deve servir como teste para a comunhão. A verdade é a condição necessária da unidade e a base da hospitalidade.

Em sua terceira epístola, João exalta a prática da hospitalidade. Na mais pessoal de suas três cartas, ele elogia um homem chamado Gaio – o único destinatário da carta – pelo apoio que demonstrou a alguns ministros fiéis. Ao mesmo tempo, João reprova Diótrefes, que havia se recusado a receber os mestres visitantes de maneira digna de Deus.

Judas é a última epístola geral do Novo Testamento e recebe o nome de seu autor, que era meio-irmão de Cristo. Assim como seu irmão Tiago, Judas tornou-se líder da igreja em Jerusalém. Na época de sua escrita, todos os apóstolos já haviam sido martirizados, com exceção de João. Com os cristãos sob forte ataque político por parte de Roma e com a infiltração espiritual agressiva de apóstatas com ideias gnósticas, o cristianismo parecia extremamente vulnerável. Por isso, Judas convoca os crentes a batalharem pela fé e chama a igreja a defender com vigor a verdade bíblica em meio à intensa guerra espiritual.

A epístola de Judas é inteiramente dedicada ao enfrentamento da *apostasia*, isto é, do abandono da fé bíblica. Com descrições vívidas, Judas retrata os apóstatas, expondo tanto seu caráter quanto suas ações perversas. Eram falsos mestres que fingiam ser verdadeiros, mas cujo propósito era desviar o povo de Deus. Os apóstatas eram instrumentos de Satanás; sua atuação sorrateira os tornava perigosos, mas sua vida degenerada e seu ministério infrutífero denunciavam sua falsidade. Judas conclui encorajando os crentes no poder de Cristo. Ele proclama Jesus como aquele que é capaz de guardá-los de cair. Não importa o que os inimigos façam contra eles, o poder de Cristo os sustentará e os protegerá da apostasia.

REFLEXÕES

Obedecer a Cristo não permite neutralidade nem meio-termo. João costuma ter um pensamento preto no branco. Em seus ensinamentos, o apóstolo é direto, declarando as coisas de forma absoluta e antitética. Ele nos diz que ou andamos na luz ou vivemos nas trevas. Se nascemos de Deus, não pecamos – de fato, não podemos pecar. Somos ou "de Deus" ou "do mundo" (1João 4:4-5). Se amamos, nascemos de Deus; e, se não amamos, não nascemos de Deus. João afirma essas verdades de maneira direta, sem rodeios nem suavizações.

Devemos praticar a hospitalidade. Os cristãos não devem apenas suprir as necessidades de crentes e descrentes que aparecem em sua frente, mas também buscar oportunidades para ajudar aqueles que não conhecem. Essa é a definição bíblica de hospitalidade. Como Hebreus 13:2 instrui: "Não se esqueçam da hospitalidade, pois foi praticando-a que, sem saber, alguns acolheram anjos". Devemos encarar qualquer oportunidade de demonstrar hospitalidade como um privilégio, não como um dever penoso. Gaio, sem dúvida, tinha essa atitude em sua hospitalidade para com os mestres itinerantes, pois recebeu elogios de João (veja 3João 1:5).

Jesus nos protege do mal. Judas adverte contra os falsos profetas. Ele escreveu sua carta para tratar do tema da apostasia, ou seja, do afastamento da fé. Mas, em meio àquela apostasia, havia um grupo de verdadeiros crentes. Eles viam o falso ensino e a corrupção entrando na igreja, bem como os valores da sociedade desmoronando. Sem dúvida, estavam receosos de serem levados por toda aquela maldade. Contudo, Judas escreveu que não havia motivo para temer, pois os verdadeiros crentes são "chamados, amados por Deus Pai e guardados por Jesus Cristo" (v. 1). O termo grego enfatiza um cuidado vigilante para guardar algo tão precioso quanto um tesouro de valor incalculável. O que Judas estava dizendo? Que Cristo nos guarda de todo o mal.

PERGUNTAS DE ESTUDO

1. Em 1João 1:1-4, o apóstolo revela seu propósito geral ao escrever a epístola. Qual foi esse propósito? Como João descreve sua experiência com Cristo?

2. Qual advertência João enfatiza aos seus leitores quanto ao amor pelo mundo (veja 1João 2:15-17)? Quais são as consequências de ignorar esse mandamento?

3. O que João quis explicar ao exortar seus leitores a "examinarem os espíritos"? Qual é o primeiro teste de um verdadeiro profeta de Deus (veja 1João 4:1-6)?

4. Como João descreve o Espírito Santo em 1João 5:6-12? Quais são as três testemunhas que João afirma estarem em concordância sobre o Filho de Deus?

5. Qual é um bom conselho de João sobre relacionamentos cristãos em 2João 1:1-13? Como ele enfatiza a importância da verdade?

6. Por quais ações e características específicas João elogia Gaio? O que João diz nesta carta sobre os "missionários" (veja 3João 1:1-12)?

7. Em quais figuras e eventos da história bíblica Judas baseia suas advertências? Como ele descreve os falsos mestres na igreja (veja Judas 1:5-15)?

8. Quais aspectos do nosso relacionamento com Deus por meio de Cristo são destacados na doxologia de Judas 1:24-25? O que Cristo é capaz de fazer por nós?

SEMANA 51

OS CRENTES AGUARDAM O RETORNO DE JESUS

APOCALIPSE 1–11

LEITURAS DIÁRIAS: **351** | Apocalipse 1 **352** | Apocalipse 2 **353** | Apocalipse 3 **354** | Apocalipse 4–5 **355** | Apocalipse 6–7 **356** | Apocalipse 8–9 **357** | Apocalipse 10–11

Quando João escreveu o livro do Apocalipse, já era um homem idoso, exilado por causa da sua pregação fiel do evangelho. No momento de sua prisão, ele ministrava em Éfeso e nas cidades vizinhas. As autoridades romanas o baniram para a pequena e árida ilha de Patmos. Dessa localização remota no Mar Egeu, a sudoeste de Éfeso, João escreveu para fortalecer as congregações às quais já não podia ministrar pessoalmente.

João registra os detalhes de uma série de visões que lhe foram dadas como revelação do futuro do mundo. Ele descreve pessoas e eventos-chave que ocorrerão, incluindo a configuração política dos últimos tempos, a última batalha da história humana (Armagedom), a trajetória e a derrota do Anticristo, os eventos da segunda vinda de Cristo, o reino milenar de Jesus na terra (chamado de milênio), as glórias do céu e o estado final dos ímpios e dos justos. No entanto, o Apocalipse é primariamente a "Revelação de Jesus Cristo" (1:1) em sua glória.

Na visão inicial de João, Cristo é revelado como o Senhor glorificado da igreja. Para os crentes perseguidos no final do primeiro século, esse lembrete do ministério presente de Cristo certamente trouxe grande esperança e consolo. As congregações às quais João havia ministrado começavam a sentir os efeitos da perseguição. Pelo menos um homem – provavelmente um pastor – já havia sido martirizado, e o próprio João estava exilado. Mas a tempestade da perseguição estava prestes a desabar com força total sobre essas igrejas que o apóstolo tanto amava.

As sete igrejas mencionadas por João em Apocalipse 2 e 3 não são metáforas; eram igrejas reais situadas na província romana da Ásia Menor (atual Turquia). Jesus repreendeu cinco das sete igrejas por tolerarem o pecado, e a gravidade variava desde um amor esfriando em Éfeso até a apostasia em Laodiceia. Duas das igrejas, Esmirna e Filadélfia, foram elogiadas por sua fidelidade e perseverança. Elas servem de advertências severas ou bons exemplos para todas as outras igrejas.

João também teve o privilégio de visitar o céu. Essa foi sua segunda visão, e começa com a tentativa do apóstolo de descrever a indescritível majestade da sala do trono de Deus. Com relâmpagos e trovões saindo do trono, os querubins e anciãos (os quais representavam os redimidos da igreja) cantam hinos de louvor a Deus. Ao celebrarem Deus como Criador e Redentor, o Pai entrega a Cristo um rolo, o "título de propriedade do universo", selado com sete selos.

Jesus quebra os sete selos, um a um, e cada selo desencadeia uma manifestação do juízo de Deus sobre a terra durante os sete anos seguintes. Esse período da "Grande Tribulação" cumpre as profecias de Daniel e, como João antecipa, será um tempo de grande mal, com falsos cristos e falsos profetas, além de desastres naturais ocorrendo em todo o planeta.

João revela que o mundo caminha para uma batalha final catastrófica chamada Armagedom. Até que esse momento culminante ocorra, as guerras aumentarão, o crime se intensificará, haverá colapsos econômicos, e o mundo enfrentará calamidades naturais sem precedentes, marcando o derramamento da ira de Deus. A segunda metade da grande tribulação contará com o Dia do Senhor, no qual Deus derramará vingança sobre a terra em ondas crescentes. Embora seja um tempo de julgamento incomparável sobre o pecado da humanidade, também será um tempo de graça sem precedentes em salvação.

Os quatro primeiros selos liberam cavaleiros em cavalos de cores diferentes que representam a falsa paz (branco), guerra (vermelho), fome (preto) e morte (amarelo). O quinto selo descreve a força das orações dos santos pedindo a vingança de Deus. A abertura do sexto selo marca o início do Dia do Senhor. Tão

SETE IGREJAS DO APOCALIPSE

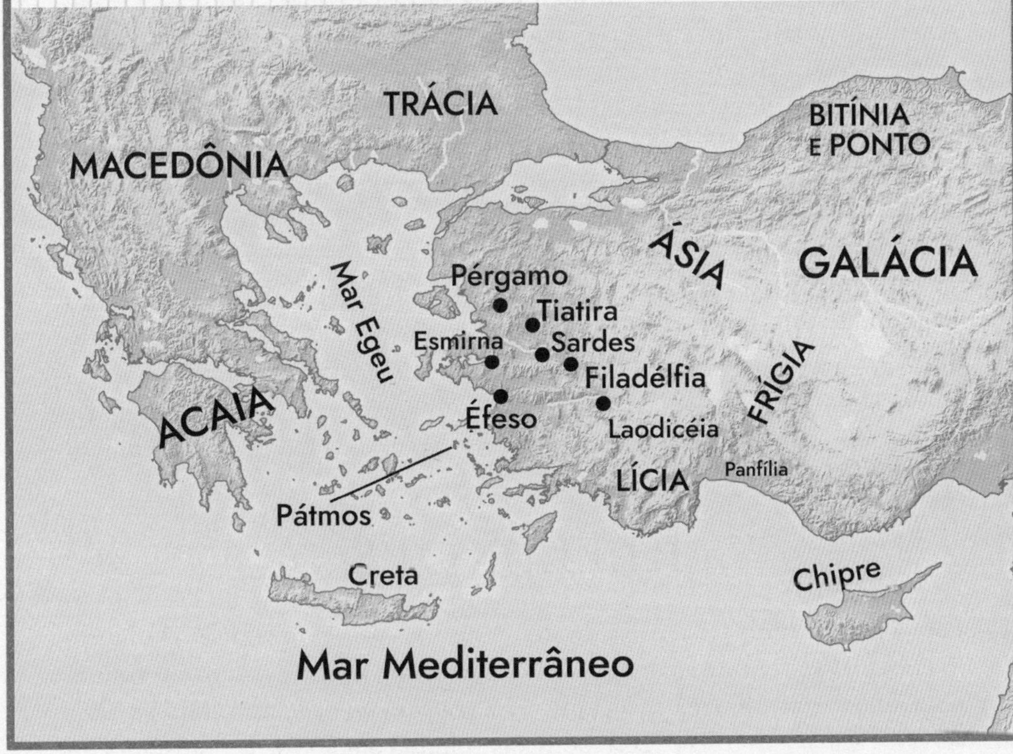

aterrorizantes serão esses juízos que as pessoas finalmente reconhecerão que Deus é a fonte das calamidades na terra. O Dia do Senhor será um dia de ira e vingança santa: de angústia, devastação, desolação, trevas e destruição. Envolverá uma renovação completa do universo e da terra, com julgamento e restauração em duas fases separadas por mil anos: o fim do período de sete anos da tribulação e o fim do milênio.

Quando o Cordeiro abre o sétimo e último selo, os juízos do Dia do Senhor se intensificam e se expandem. Esse último selo contém os juízos das trombetas e das taças. No Apocalipse, as trombetas anunciam principalmente juízos iminentes. As quatro primeiras trombetas sinalizam a destruição divina sobre o ambiente físico, enquanto as três últimas envolvem destruição demoníaca contra os habitantes da terra.

Após o juízo trazido pela sexta trombeta, há um intervalo, durante o qual Deus conforta seu povo com a certeza de que eles sairão vitoriosos. Duas testemunhas aparecem (vários comentários bíblicos sugerem que podem ser Moisés e Elias), a quem Deus concede poder e autoridade para pregar uma mensagem de julgamento e salvação durante a segunda metade da tribulação. Esses dois profetas representarão o clímax do testemunho de Deus a Israel: uma mensagem dupla de seu juízo e de sua graciosa oferta do evangelho a todos os que se arrependerem e crerem.

A sétima trombeta marca o fim desse intervalo. Ela desencadeará os sete juízos das taças e anunciará o iminente retorno de Cristo, que trará o tão aguardado dia em que todos os propósitos de Deus para a humanidade e o mundo serão consumados. Os ímpios serão punidos, os justos serão glorificados e o domínio do pecado será destruído.

A mensagem da sétima trombeta é que Jesus, o Rei dos reis e Senhor dos senhores, está prestes a tomar o governo da terra das mãos do usurpador, Satanás, e dos governantes humanos insignificantes. Como João relata: "Então, foi aberto o templo de Deus nos céus, e ali foi vista a arca da sua aliança. Houve relâmpagos, vozes, trovões, um terremoto e um grande temporal de granizo" (Apocalipse 11:19).

REFLEXÕES

Esteja preparado para a volta do Rei. Jesus veio pela primeira vez em humilhação, mas voltará em exaltação. Veio a primeira vez para morrer, mas voltará para julgar seus inimigos. Veio a primeira vez para servir, mas voltará para ser servido. Veio como o servo sofredor, mas voltará como o Rei conquistador. O desafio do livro do Apocalipse a cada pessoa é estar preparado para sua volta.

O mundanismo é um pecado sério. Para muitos na igreja atual, o termo *mundanismo* soa antiquado. Eles o associam a proibições como dançar, ir ao cinema ou jogar cartas. A igreja contemporânea não gera incômodo algum, pois é voltada ao consumidor e ao cliente. Ela raramente prega contra o mundanismo, pois fazer isso pode deixar os incrédulos (e até muitos crentes) desconfortáveis, o que seria visto como uma estratégia ruim de marketing. Mas, ao contrário de grande parte da igreja moderna, a Bíblia não hesita em condenar o mundanismo como o pecado grave que ele é. Mundanismo é qualquer preocupação excessiva ou interesse no sistema temporal da vida que coloca o que é perecível acima do que é eterno.

Deus tomará de volta o que é legitimamente seu. Os eventos de Apocalipse 4 e 5 antecipam o julgamento divino que será derramado sobre a terra pecaminosa, rebelde e amaldiçoada em Apocalipse 6—19. Assombrados com a majestade indescritível do trono de Deus, e com os relâmpagos e trovões que dele procedem, os querubins e anciãos iniciam uma série de hinos de louvor a Deus. Esses hinos celebram Deus como Criador e Redentor, regozijando-se por ele estar prestes a retomar o que é legitimamente seu. Esse é o momento que todos os cristãos, e também toda a criação (veja Romanos 8:22), anseiam ver realizado.

Deus executará o juízo. Embora a Bíblia revele que Deus é amoroso, misericordioso e cheio de graça – o Salvador dos pecadores –, ela revela outra verdade sobre ele, e esta não é muito popular hoje: Deus é um Deus de vingança contra aqueles que o rejeitam e que desprezam a salvação em seu Filho. A vingança de Deus não é equivalente à vingança mesquinha e ao desejo amargo de retaliação humanos. Antes, a santidade, justiça e retidão de Deus exigem que ele exerça vingança sobre os pecadores impenitentes. A vingança pertence somente a Deus, porque todo pecado é, em última instância, contra ele e uma ofensa a ele.

O Dia do Senhor está chegando. Na cultura atual, há um senso de que esta era pertence à humanidade; os homens se sentem livres para fazer o que quiserem, dentro de certos limites. Na realidade, este é o dia de *Satanás*, durante o qual o "deus desta era" (2Coríntios 4:4) recebeu certas liberdades dentro dos parâmetros da tolerância soberana de Deus. No entanto, o Senhor não permitirá que essa situação continue para sempre. Ele encerrará o "dia do homem", derrotará Satanás, destruirá o atual sistema mundano e maligno, e estabelecerá o reino terreno do Senhor Jesus Cristo. Esse tempo futuro de julgamento é conhecido, apropriadamente, como o Dia do Senhor. É um dia que envolve uma renovação completa do universo e da terra, por meio de juízo e restauração. O profeta Joel escreveu sobre esse tempo: "Ah! Aquele dia! Sim, o dia do Senhor está próximo. Ele virá como destruição da parte do Todo-poderoso" (Joel 1:15).

As duas testemunhas têm um propósito. Cumprindo a exigência do Antigo Testamento de duas ou mais testemunhas para confirmar um testemunho (veja Deuteronômio 19:15), os dois profetas de Apocalipse 11:1-14 representam a culminação do testemunho de Deus a Israel: uma mensagem dupla de seu juízo e de sua graciosa oferta do evangelho a todos os que se arrependerem e crerem. Embora seja impossível saber com certeza a identidade dessas testemunhas, várias observações sugerem que podem ser Moisés e Elias. Primeiro, como Moisés, eles ferem a terra com pragas; e, como Elias, têm poder para impedir que chova. Segundo, tanto Moisés quanto Elias estiveram presentes na Transfiguração, uma prévia da volta de Jesus a este mundo. Terceiro, ambos usaram meios sobrenaturais para provocar arrependimento. Quarto, Elias foi levado vivo aos

A TRIBULAÇÃO (Apocalipse 6—19)

Jesus disse à igreja em Filadélfia: "Visto que você guardou a palavra da minha perseverança, eu também o guardarei da hora da provação que está por vir sobre todo o mundo, para pôr à prova os que habitam na terra" (Apocalipse 3:10).

A menção de Cristo à "hora da provação" - um evento ainda futuro que, por um tempo, testará severamente o mundo - se refere à tribulação. Esse período de sete anos ocorre antes do reino terreno de Jesus ser consumado (o milênio) e é marcado pela manifestação da ira divina em uma série de juízos expressos como selos, trombetas e taças.

Os sete selos incluem: (1) o reinado do Anticristo [6:1-2], (2) conflito humano sobre a terra [6:3-4], (3) fome [6:5-6], (4) morte [6:7-8], (5) perseguição [6:9-11], (6) grandes desastres naturais [6:12-17] e (7) o início das sete trombetas [8:1-5].

As sete trombetas incluem: (1) incêndios [8:7], (2) poluição dos mares [8:8-9], (3) contaminação das águas doces [8:10-11], (4) alteração nos astros [8:12-13], (5) invasão demoníaca [9:1-12], (6) guerra demoníaca [9:13-21] e (7) o início das sete taças [11:15-19].

As sete taças incluem: (1) feridas incuráveis na pele [16:2], (2) morte de todas as criaturas marinhas [16:3], (3) transformação das águas doces em sangue [16:4-7], (4) seres humanos queimados por grande calor [16:8-9], (5) escuridão sobre o mundo todo [16:10-11], (6) antecipação do Armagedom [16:12-16], e (7) o Dia do Senhor [16:17-21].

céus, e Deus sepultou o corpo de Moisés onde ninguém o pudesse encontrar. Por fim, o quinto ponto: a duração da seca provocada pelas duas testemunhas (três anos e meio) é a mesma trazida por Elias.

Devemos alertar o mundo. João, por estar exilado em Patmos, não teve a oportunidade de pregar a todas as nações. Todavia, ainda podia registrar essas profecias para advertir os pecadores de que, embora o juízo esteja atualmente contido, chegará o dia em que o sétimo anjo tocará sua trombeta e o domínio do pecado será quebrado. Nesse dia, a liberdade de Satanás e seus demônios chegará ao fim, os ímpios serão julgados e os crentes, glorificados. Apocalipse 10 e 11 apresentam uma breve pausa de esperança, marcada de amargura, que relembra aos verdadeiros seguidores de Jesus sua responsabilidade evangelística de alertar o mundo sobre esse dia.

PERGUNTAS DE ESTUDO

1. Considere a impressionante aparência do Filho do Homem na primeira visão de João (veja Apocalipse 1:13-18). O que essas imagens transmitem sobre Cristo?

2. Observe as diferentes descrições que Jesus dá de si mesmo em Apocalipse 2:1, 8, 12, 18. O que essas descrições revelam sobre Cristo?

3. De acordo com Apocalipse 3:1-22, o que era verdadeiro sobre a igreja em Filadélfia? Qual é o significado da coroa mencionada no versículo 11?

4. Qual é a identidade e o significado do Cordeiro que João viu em pé em Apocalipse 5:1-7? Por que o Cordeiro era digno de abrir o livro?

5. Quem João vê adorando juntos nos céus (veja Apocalipse 7:9-17)? Segundo o ancião na visão de João, qual é a identidade dessas pessoas?

6. Alguns descreveram o resultado da quinta trombeta em Apocalipse 9:1-12 como “o inferno na terra”. O que acontecerá quando esse evento se desenrolar?

7. Em Apocalipse 10:1-7, João vê um anjo descer dos céus. O que acontece em seguida? O que o anjo faz e o que João é ordenado a fazer?

8. Que poder é dado às duas testemunhas na visão de João? O que acontece com elas quando terminam seu testemunho (veja Apocalipse 11:1-14)?

SEMANA 52

OS CRENTES OBTÊM UMA RECOMPENSA ETERNA

APOCALIPSE 12–22

358 | Apocalipse 12 **359** | Apocalipse 13 **360** | Apocalipse 14 **361** | Apocalipse 15–16
362 | Apocalipse 17–18 **363** | Apocalipse 19 **364** | Apocalipse 2 **365** | Apocalipse 21–22

Na história da redenção de Deus, Satanás e seus exércitos demoníacos atacaram a raça humana, transformando a terra no campo de batalha em sua guerra contra Deus, seus anjos e os eleitos. No futuro, Satanás lançará outro ataque mortal contra a humanidade. Esse ataque acontecerá durante a grande tribulação. Ele e suas forças batalharão, sem sucesso, contra Miguel e o exército celestial (isto é, os santos anjos de Deus). Como resultado de sua derrota, o Diabo e seus demônios serão lançados permanentemente à terra. Com seu campo de operações restrito e seu tempo se esgotando, Satanás reunirá todos os seus anjos caídos em uma tentativa desesperada de enganar e destruir a alma da humanidade.

Isto é o que vem a seguir na visão de João. Apocalipse 12 e 13 é, na verdade, uma digressão, levando o leitor novamente à tribulação sob a perspectiva de Satanás. Descobrimos que há três inimigos terríveis por vir: Satanás (o dragão), o Anticristo (a primeira besta) e o falso profeta (a segunda besta). As bestas representam o último Anticristo, cuja atuação abrange o mesmo período dos selos e das trombetas. Como o nome indica, o Anticristo se colocará contra Cristo e contra o povo de Deus. Paulo o chamou de "o iníquo" (2Tessalonicenses 2:8). Esse homem não é Satanás, embora a força por trás de suas ações seja de Satanás.

O Anticristo (a primeira besta) será principalmente um líder político e militar, mas o falso profeta (a segunda besta) será um líder religioso. Nos últimos dias antes da segunda vinda de Cristo, o falso profeta se exaltará, declarando-se Deus e exigindo a adoração do mundo. Política e religião se unirão em uma religião mundial.

A visão divina de João a seguir antecipa o fim da grande tribulação. Ele vê o triunfo e a vingança dos 144 mil israelitas fiéis redimidos pelo sangue do Cordeiro, a destruição do sistema mundial satânico e uma breve visão da batalha do Armagedom, o grande e terrível "lagar da ira de Deus" (Apocalipse 14:19).

O apóstolo João vislumbra os santos da tribulação que venceram a besta. Eles cantam louvores como um grande coral, regozijando-se pela realização de toda a obra redentora de Deus antes da volta de Jesus. João também apresenta os sete anjos encarregados de derramar as sete taças da ira: os julgamentos finais de Deus durante o período da tribulação.

As pragas das taças são descritas de forma rápida e intensa, cada uma mais forte e violenta do que a anterior. Juntas, retratam a queda do reino político, econômico e religioso do Anticristo e de seus seguidores. Essas taças de ouro, que os leitores originais de João associariam às funções do culto no Templo, são planas. Seu formato representa como os julgamentos serão derramados instantânea, não lentamente, afogando aqueles que recusam beber do cálice da salvação.

Apocalipse nos lembra de que, na batalha cósmica que ocorre agora e continuará no futuro, ninguém pode ser neutro. Todo ser humano pertence ou ao domínio das trevas ou ao reino de Deus. Nos últimos dias, Deus ainda oferecerá às pessoas o evangelho que concede vida: o evangelho do Senhor Jesus Cristo. No entanto, virá o dia em que o chamado sedutor do inferno será tão forte que será quase irresistível.

João retrata o reino do Anticristo, simbolicamente chamado de Babilônia (nome do berço original da idolatria), embriagando o mundo e arrastando-o para uma orgia de rebelião, ódio e idolatria. As pessoas ignorarão a pregação do evangelho e os avisos transmitidos pelos julgamentos de Deus, e se apegarão obstinadamente ao pecado. Ao rejeitarem todas as ofertas divinas de graça e misericórdia, a morte virá sobre a humanidade em uma escala sem precedentes.

Contudo, ainda assim, não se arrependerão. Na verdade, tomarão a decisão irrevogável de se aliar às forças do inferno e amaldiçoar Deus.

À medida que o destino desse reino satânico se desenrola e os sistemas mundiais da besta são destruídos, é apresentado um mundo que terminará com a Batalha do Armagedom e a segunda vinda de Cristo – eventos que marcam o fim da tribulação. Em seguida, vemos o aprisionamento de Satanás, o reinado milenar de Cristo sobre a terra (o milênio), a rebelião final de Satanás e o julgamento do grande trono branco.

Quando a fumaça se dissipar após o castigo final de Deus sobre os ímpios, a terra como a conhecemos deixará de existir. João registra a revelação da cidade de Deus e o início da eternidade. Claramente, o paraíso perdido no Éden será o paraíso recuperado! Satanás, a besta e o falso profeta serão lançados no lago de fogo. Deus criará um novo universo, novos céus e nova terra, que serão a morada eterna dos redimidos. Cristo, o Noivo, se casará com sua noiva, a Igreja, na cerimônia final da história da redenção. Os cidadãos dos céus (santos do Antigo Testamento, santos da tribulação e todos os que se converteram durante o reino milenar) habitarão a sua capital: a Nova Jerusalém. Será um lugar de perfeita santidade, marcado pela grande glória e presença de Deus.

O livro de Apocalipse começa com as palavras de Jesus às sete igrejas. Ele termina com as palavras penetrantes de Cristo, o Alfa e o Ômega, a Estrela da Manhã. O Senhor da vida e Rei da eternidade está voltando em breve! Que a nossa oração sincera e fervorosa seja a mesma de João: "Amém. Vem, Senhor Jesus!" (Apocalipse 22:20).

REFLEXÕES

Jesus é o rei soberano. A mensagem do Apocalipse é de que Jesus é o Rei dos reis e Senhor dos senhores. A história caminha para sua culminação no reinado terreno de Cristo. Quando ele retornar, trará bênçãos da aliança aos redimidos e juízo eterno àqueles que o rejeitarem. À luz dessa verdade solene, Pedro exclama: "... que tipo de pessoas é necessário que vocês sejam? Vivam de maneira santa e piedosa, esperando o dia de Deus e apressando a sua vinda" (2Pedro 3:11-12).

Alguns amarão mais as trevas do que a luz. A cena retratada em Apocalipse 17 e 18 revela que, apesar dos terríveis juízos de Deus, muitos ainda se recusarão a crer. Parece inacreditável que, embora tenham experimentado a fúria do julgamento divino e ouvido a mensagem da salvação, essas pessoas ainda se apegarão ao pecado. Mas a triste verdade é que "a luz veio ao mundo, mas os homens amaram as trevas no lugar da luz" (João 3:19). O mundo incrédulo rejeitou Jesus quando ele veio, rejeita hoje a mensagem que concede vida (o evangelho) e continuará a rejeitar a verdade durante a manifestação vindoura da ira e do juízo de Deus. Por continuarem a pecar deliberadamente depois de receber o conhecimento da verdade, essas pessoas não terão mais o que esperar senão uma terrível expectativa de juízo (veja Hebreus 10:26-27).

Deus quer que saibamos que ele vence. O livro do Apocalipse revela o fim da história humana, incluindo a configuração política final do mundo, a atuação do Anticristo e a culminante Batalha do Armagedom. Ele revela a glória vindoura do reinado terreno de Jesus durante o milênio, descreve o julgamento do grande trono branco e retrata a bem-aventurança eterna dos novos céus e da nova terra. Revela também a vitória final de Jesus Cristo sobre toda oposição humana e demoníaca. O Apocalipse também descreve a derrota definitiva de Satanás e do pecado, o estado final dos ímpios (tormento eterno no inferno) e o estado final dos justos (alegria eterna no céu). Em resumo, o livro do Apocalipse é a manchete do futuro do mundo, escrita por alguém que já viu tudo. "Aquele que dá testemunho destas coisas diz: 'Sim, venho em breve!'" (Apocalipse 22:20).

> A luz brilha nas trevas, e as trevas não a derrotaram.
>
> João 1:5

PERGUNTAS DE ESTUDO

1. Os personagens principais descritos por João em Apocalipse 12:1-17 são uma mulher, um filho homem e um dragão. Quem ou o que cada um desses personagens representa?

2. O que é a "imagem" feita pela besta? Por que a marca da besta é significativa durante o final dos tempos (veja Apocalipse 13:14-16)?

3. Os juízos das taças formam o conteúdo de Apocalipse 16. Qual é a natureza de cada uma dessas catástrofes? Qual foi a resposta dos habitantes da terra após esses acontecimentos?

4. Como os 144 mil são descritos em Apocalipse 14:1-13? O que eles estão fazendo? João viu diferentes tipos de anjos nessa visão. O que cada um deles fazia?

5. A cena em Apocalipse 17 começa com a imagem de uma prostituta. O que é o adultério espiritual? Qual foi o título que João viu escrito na testa da prostituta e o que ele significa?

6. Como os reis e os negociantes reagem ao ouvir a notícia da destruição da Babilônia em Apocalipse 18:9-20? Em que eles colocavam sua segurança?

7. O que João declara em Apocalipse 20:1-3 sobre o juízo de Satanás? Qual será a recompensa das testemunhas fiéis durante o reino milenar (veja v. 4-6)?

8. Que semelhanças você vê entre o jardim do Éden e a nova cidade de Deus em Apocalipse 22? Quais consequências da Queda serão revertidas no novo reino de Deus?

SOBRE O AUTOR

John MacArthur foi pastor e professor da Grace Community Church, em Sun Valley, Califórnia. Ele também foi autor, conferencista, chanceler da The Master's University and Seminary e professor emérito no ministério de mídias Grace to You. Após se formar no Talbot Theological Seminary, John assumiu o pastorado da Grace Community Church em 1969. Ainda hoje, milhares de membros participam todas as semanas das reuniões igreja em dezenas de grupos de comunhão e programas de treinamento, que, em sua maioria, são liderados por leigos: todos dedicados a preparar os membros para o ministério em níveis local, nacional e internacional.

Em 1985, John tornou-se presidente do The Master's College (anteriormente Los Angeles Baptist College; desde 2016, The Master's University). É uma instituição cristã confessional credenciada de artes liberais, localizada em Santa Clarita, Califórnia, que oferece programas de graduação e pós-graduação. Em 1986, ele fundou o The Master's Seminary, um seminário dedicado a treinar homens para os ministérios pastoral e missionário em tempo integral.

John também foi presidente e professor de destaque do Grace to You. Fundado em 1969, o Grace to You é uma organização sem fins lucrativos responsável por desenvolver, produzir e distribuir os livros, recursos em áudio e os programas de rádio e televisão do *Grace to You*. O programa de rádio vai ao ar mais de mil vezes por dia no mundo de língua inglesa, alcançando os principais centros populacionais com a verdade bíblica. Também é transmitido mais de mil vezes por dia em espanhol, alcançando 27 países na Europa e América Latina.

John escreveu centenas de guias de estudo e livros, incluindo *O evangelho segundo Jesus*, *Nossa suficiência em Cristo*, *Fogo estranho*, *Com vergonha do evangelho*, *A morte de Jesus*, *A Parábola do Filho Pródigo*, *Doze homens extraordinariamente comuns*, *Doze mulheres extraordinariamente comuns*, *A Guerra pela verdade*, *Escravo*, *Uma vida perfeita*, *O evangelho segundo Paulo*, *As parábolas de*

Jesus comentadas por John MacArthur e *Uma vida fiel*. Seus livros foram traduzidos para mais de vinte idiomas. A *Bíblia de Estudo MacArthur*, principal recurso de seu ministério, está disponível em inglês, espanhol, russo, alemão, francês, português, italiano, árabe e chinês.

John foi para o Pai em julho de 2025, deixando esposa, quatro filhos e quinze netos, além de um legado de piedade e coragem que influencia e há de influenciar gerações de cristãos em todo o mundo.

Este livro foi impresso pela Geográfica, em 2025,
para a Thomas Nelson Brasil.
O papel do miolo é Pólen Natural 70g/m²
e o da capa é Cartão 250g/m².